“博”出精彩

Bo Chu Jingcai

——上海高校辅导员优秀博客文集

主　编　高德毅

副主编　赵　扬　耿绍宁

上海教育出版社
SHANGHAI EDUCATIONAL PUBLISHING HOUSE

图书在版编目(CIP)数据
“博”出精彩/高德毅主编.
—上海：上海教育出版社，2011.9
ISBN 978-7-5320-7864-6

Ⅰ.①博… Ⅱ.①高… Ⅲ.①辅导员—工作
Ⅳ.①G451

中国版本图书馆CIP数据核字(2011)第195733号

责任编辑 任黎星
封面设计 陆 弦

“博”出精彩
——上海高校辅导员博客文集
高德毅 主编

出版发行 上海世纪出版股份有限公司
上 海 教 育 出 版 社
易文网 www.ewen.cc
地 址 上海永福路123号
邮 编 200031
经 销 各地新华书店
印 刷 上海市印刷十厂有限公司
开 本 700×1000 1/16 印张 18 插页 3
版 次 2011年9月第1版
印 次 2011年9月第1次印刷
书 号 ISBN 978-7-5320-7864-6/G·7960
定 价 47.00元

编委会

序

近年来，网络技术高速发展，互联网信息传播速度大大加快。网络信息技术的快速发展，使传统的网络社区从一个相对封闭的网络空间转向基于兴趣或者利益等关系形成的可以无限延伸的关系网络。互联网上形形色色的信息、观点和思潮给大学生的思维方式、生活方式、学习方式、交往方式、娱乐方式甚至语言习惯等带来了深刻的影响，对大学生的思想政治观点、价值观念等造成了剧烈的冲击。如何更好地建设校园网络文化、运用网络开展思想政治教育，是高校教育工作者，特别是广大辅导员必须思考和破解的难题。

互联网，特别是校园网，已经成为大学生思想政治教育的前沿阵地。在这块阵地中，培育积极健康的网络文化，主动开展思想政治教育，能够潜移默化地陶冶大学生的情操、规范大学生的行为、净化大学生的心灵、引导大学生的价值取向。辅导员博客的迅速发展，正为高校网络文化建设以及大学生思想政治教育带来了新的机遇。辅导员博客对于提高大学生网络思想政治教育的主动性和有效性具有不可忽视的作用：一是进一步加强辅导员与学生之间的沟通和交流。在实际工作中，高校辅导员难以实现与学生一对一的沟通和交流。辅导员博客打破了师生之间沟通、交流渠道不畅的局面，有效拉近了学生和辅导员之间的心理距离。二是进一步深化辅导员对学生的教育和引导。辅导员博客能有效消除学生在实际交流中的顾虑，实现辅导员和学生之间心与心的交流，发挥对学生的教育与引导功能。三是快速反映学生思想动态。辅导员博客能够快捷反映学生的意见和观点，了解、跟踪学生的思想动态，为及时开展线下工作、预防不良事件发生奠定了基础。

上海高度重视高校网络文化建设和大学生网络思想政治教育。2009年底，我们出版了《“博”导人生——上海高校辅导员优秀博客文集》。这本以辅导员网络作品为内容的文集，对推进大学生思想政治教育以及高校网络文化建设具有重要意义。两年过去了，博客功能愈发强大，微博客异军突起，辅导员博客更是经历了迅猛成长的发展过程。为了进一步展现上海高校辅导员运用博客开展思想政治教育、推动校园网络文化建设的风采，体现辅导员“博客育人”的良好成果，我们在广泛征集和精心评选的基础上，编辑、出版了《“博”出精彩——上海高校辅导员优秀博客文集》。这本书，在内容上，保留了“优秀博客”和“优秀博文”板块，新增加“微言‘博’语”栏目，收录了辅导员在开展教育活动过程中的精彩微博，力求展现丰富多彩的网络教育形式；在语言风格上，尊重博客和博文原有的语言风貌和表达方式，尽量还原博文朴素、平实、生动、活泼且饱含深情的特色；在思想上，力求展现博文所蕴含的育人之道，体现辅导员在思想、学习、生活和职业规划等方面对学生进行精神引领和思想指导的作用。这本书为高校教育工作者，特别是广大辅导员，在提高网络素养、提升运用网络开展大学生思想政治教育的能力和水平方面具有启发性意义，值得大家仔细品读。

展望未来，我们要更加积极、主动地推动高校网络文化繁荣发展，推进思想政治教育进入网络新阵地，牢牢把握高校网络文化建设和大学生思想政治教育的主动权。“易班”是市教卫党委、市教委打造的新型的、满足学生个性化需求的网络互动社区，是丰富校园网络文化的新载体和网络育人的新空间。我们要积极主动地利用“易班”在推动高校网络文化发展和思想政治教育中的新理念和新范式，运用“易班”提供的新功能和新应用，让高校网络文化建设和思想政治教育更贴近、亲近学生的思想和实际，更加富有成效地让广大学生自觉理解和接受。沿循这样的理念，高校网络文化建设和大学生思想政治教育就能体现时代性，准确把握规律性，大力增强实效性。

中共上海市教育卫生工作委员会书记

李宣海

2011年9月

目录

第一部分
"博"你所爱——精品博客

老蒋年级博客

黄静的博客

08级国金二班主页

我在建桥的日子

第二部分
"博"采众长——精彩博文

思想解惑

学海无涯

心灵鸡汤

生涯导航

五彩校园

服务世博

第三部分
微言"博"语——"易班"微语录

第一部分

“博”你所爱

——精品博客

风和日丽 首页 日志 相册 视频 微博 资料 分享

赶路人-收获源自心灵的幸福！

首页 新页面 使用此博客主题

多功能日历-365

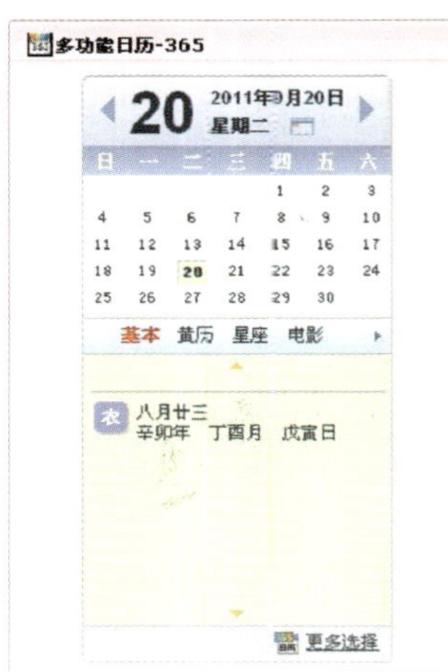

推荐给好友

大家的端午节

分享我的端午节

大家的端午节

北京今日餐饮团购八月巨献 糯米网主推特惠嘉年华团购活动

天津团购大全八月巨献 糯米网主推特惠嘉年华团购活动

沈阳电影团购八月巨献 糯米网主推特惠嘉年华团购活动

【2011-9-18】糯米网一季度净营收90万美元

【2011-9-18】糯米网一季度净营收90万美元

▲糯米网一季度净营收90万美元▼

优惠券糯米商家网站上线

咸香鸡的做法

粽子的包法

6月17家团购网站总销售额7.6亿 环比增17.4%

查看更多>>

推荐给好友

我关注的圈子

泸州情缘

日志

2011-09-10 | 感动源自内心的爱

分享

文/风和日丽

教师节的前一天，照例领导召集开会，工作展望、工作寄语、节日祝福……

其间，秘书长给大家展示了一封学生给某老师的感谢信，字里行间透着感激，我也被感动了。这位老师是个专业老师，也是我的好朋友，她用心、用爱支撑了很多彷徨中的大学生，此次展示的也只是她很多感动的一个小数点……

站在讲台后面的秘书长向大家发问：在座的教师们，你们节日里收到了学生的贺卡、鲜花吗？…… 我理解，没有收到学生的祝福，不一定不是一个好老师，但是，收到学生祝福的，必定是被学生首肯了的……

我暗自喜悦，因为在我的办公室，正静悄悄地绽放这一束芬芳的捧花，香气袭人的百合弥漫了整间办公室，而学生的贺卡此时就捧在我的手里。工作忙碌，还没有来得及看他们留给我的寄语，正想可以利用开会的时候，好好、偷偷地享受同学给我的悄悄话。

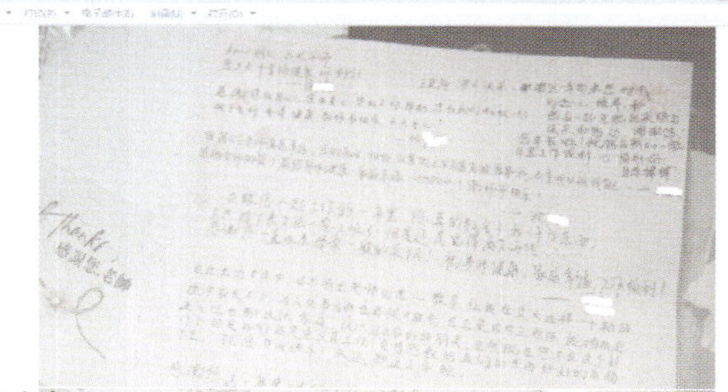

博客：风和日丽

链接：http://fhrl-wy.blog.sohu.com

博主：王业（上海交通大学）

有什么新鲜事想告诉大家?

博主宣言:

作为一名热爱学生的老师、乐于助人的长者,设置的栏目有:求职案例、谈谈教育、职场话题、论文发表、咨询笔记、求职就业、网聊札记、礼仪综述、工作札记。作为一名女性、一个热爱孩子的母亲、一个热爱家庭的主妇,设置的栏目有:生活经历、守望相助、为人父母、心路历程、随感散记、生活的事。作为一名热爱生活的女性,设置的栏目有:美文转载、康乐田园、人生感悟、阅读分享。博客不仅丰富了我的精神世界,也让周围的同事、学生得到了很多精神分享。在这块精神田园,大家同呼吸、共感慨。

话题　图片　表情　发布

学生评价:

雪色浪漫:当生活中遇到不快,工作中小有不顺,总是要看看王老师的博客。老师中肯的分析、贴心的提示,总让我感同身受,看罢时常有种春风化雨如沐阳光的感觉。

伊始莫莫:静若清池、动如涟漪的她拥有深厚的文化底蕴、高雅的修养层次和丰厚的人生阅历,透过她的博客烹调出一款款醉人的味道。她用隽永的文笔渗透出人生的真谛,让读者收获源自心灵的祝福。

是玉非璞:阅读王老师的博客,感觉正如博客的昵称一样,风和日丽!从中我不仅了解到简历撰写及面试方面的具体知识,更借鉴王老师的经历逐渐明确了自身的职业规划。

生涯旅程中的成功与失败

俗话说：“三十而立，四十而不惑，五十而知天命……”可见，人的一生是一个不断变化的动态过程，那么，这个动态是靠什么来推动的呢？我认为，无数个成功和失败，是推动生命成长的重要动力。

何谓成功？成功就是达成所设定的目标。

成功，是每个人达到自己理想之后一种自信的状态和一种满足的感觉，一种积极的感觉。其实成功并没有统一的标准，每个人对于成功的定义各不相同，但有一点大家一致认同，那就是获得成功的方法只有一个——先得学会付出常人所不能付出的东西！

那么，成功的重要因素是什么？

首先，一定要事先有目标、有计划、有决心，这是成功的基础。

其次，一定要有行动。

当完全满意自己的时候，我们就会缺乏改变现状的动力，而只有对自己某方面不满意了，才会激发行动力。当我们愿意去为改变自己而努力的时候，我们的人生才会开始改变。我们可以满足于自己的成就，但永远不要满足于现状，只有这样，我们才会有一个持续的动力想去改善它。

失败不是发生在一夜之间的，同样，成功也不是在一夜之间产生的。成功与失败都来自于每日行动的累积。这就是成功者与失败者最大的差别——行动的次数。只有行动（或行动的次数），才是成功最最重要的关键！

那些各领域最顶尖人士之所以会成为顶尖，就是因为对现况还不满意。世界网球第一的桑普拉斯，对发球还是不满意；迈克·乔丹，对自己的表现还是不满意。有人问毕加索：“你人生当中最好的作品到底是哪一幅？”他回答是“下一幅”。这种态度，造就了毕加索，也造就了桑普拉斯和迈克·乔丹。

没有人喜欢失败。对于失败，人们本能地会恐惧，会逃避。其实，用哲学的思想来看待失败，我们就会发现，失败并不是一个结果，只是过程中的某个节点的记录，因为人生的长河是流动的，今天的成功可能是下一个失败的起点，而这次的失败可能是下一个成功的基础。失败是一个积极的概念还是一个消极的概念，就看我们用什么样的态度去对待它。如果我们无法面对失败的记录，自暴自弃，丧失追求目标的信心，那么失败很有可能就成为人生道路上的一段阴霾。相反，如果我们能够积极地找出失败的原因，总结教训，为下一个行动计划注入新的能量，那么眼前的这个失败对于下一个成功就完全富有积极意义了。没有永远的成功，也没有永远的失败。

那天在课堂上，因为时间有限，所以我只以求职面试为例和同学们沟通了"成功与失败"的相对性。利用求职面试这个环节启发大家，要认真对待自己平时所经历的人和事，无论我们做什么，都要清楚自己在干什么、干得怎么样、为什么干。要善于反思和总结，成功了要总结成功的因素，失败了要找出失败的原因。如果能够从失败中找出原因，并清楚地找出应对的对策，并有足够的行动能力去执行，那么，这个所谓的"失败"本身就是一个宝贵的"成功"。

招聘单位只有在考察招聘者过去的能力强弱的时候，才会从应聘者之前所经历的成功上挖掘信息；而当招聘单位需要考察应聘者忍耐力和承受力的时候，往往会从应聘者的失败经历、对待失败的态度和之后的行动能力等方面去发现他们所需要的潜质。所以，失败对于人生来说，是不是消极，完全取决于我们的态度和行动。

那天"生涯指导课"，我进行了一项简单的问卷调查，在了解学生毕业后的打算这一项，有一个学生给了这样的答案："爸爸妈妈希望我能考研，可是本人想就业又怕就业。"

我想，这其中的"害怕"可能是因为对自己还没有足够的了解，不知道自己想做什么、喜欢什么、能做什么，对社会、职场也完全陌生，对自己不熟悉、不擅长的事务本能地选择逃避，所以，很多本科生，以及出于爱护孩子、家境宽裕的家长们，都希望孩子能够继续读研，等"再大一点"，有足够的能力再去面对棘手的选择和竞争。仿佛和谐的校园、单纯的人际关系可以为孩子营造一个安全的栖身之处。"逃了今天逃不了明天"，成长道路上要面临的问题终究还是要面对的，早面对，早突破，早成长。

如何使自己能够勇敢地直面人生？我以为，要认识自我，建立自信；做好规划，设定目标；加强学习，丰富知识；大胆实践，增强能力；用足最大化的资源，取得最大化的效率。

成功能够使人更加自信，失败能够使人更加顽强，所有的成功者必然都会经历无数次的失败，所以，经历失败并不可怕，可怕的是因为无法承受失败而选择半途而废，最终与成功失之交臂。

与人相处多一点换位思考

新人入职后，首先面对的就是人际关系的适应问题。之前在学校，和老师、同学的关系相对单纯许多，而到了单位，彼此之间又多了一层利益关系，人际关系也变得复杂很多。因此，很多毕业生到了单位之后，往往会被人际关系中的暗礁撞得头破血流。

案例中，美丽自信的小丽，毕业后进入一家事业单位工作，因和部门里的一位女同事合作得不愉快，心情很糟，故来求助。

小丽：老师，我最近心情不好。

风和日丽：哦？说说看怎么了？

小丽：我们单位有个女的，平时和我讲话态度很生硬，我根本没有惹过她，可好几件事情她都明显地针对我。

风和日丽：哦？会不会是你自己太敏感，对号入座了呢？

小丽：她是一个挺不好讲话的人，虽然在单位她还是和一些女同事相处得不错，但是她绝对不和我主动说话。我和她说话吧，她也爱答不理的，甚至连正眼都不看我一眼，真的很郁闷！

风和日丽：你说她挺不好讲话，又说她和一些女同事相处得不错？那么，我想知道，她平时都是和谁不好好沟通呢？还是仅限和你沟通不睦？

小丽：好像她就是针对我。对我很有敌意，或者说很排斥。

风和日丽：你和她工作有对接吗？（我开始帮她筛查沟通障碍的潜在因素。）

小丽：我是我们单位负责取信件的，她是隔壁科室的负责人，我也要帮她们科室取信。

风和日丽：每天要和她对接？有过工作上的冲突吗？

小丽：老师，事情是这样的，我们单位是有机密信件的，我师姐以前负责取信，她告诉我，不管是什么信件，只要不写具体的科室，我们都要拆开看，然后再看是什么科室的信件放在相应的文件栏里。

风和日丽：哦，挺清楚的嘛，后来怎么了呢？

小丽：以前师姐一直这样操作的，可到我这里，她对我就提出意见了，问我们领导，我有权拆开机密信么？谁给我的这个权利？

风和日丽：那领导咋说呢？

小丽：领导就在会上明确说，遇到类似的没有具体收件人和收件部门的信，让我拆开，还制定了机密件的登记本，这样防止出现问题。

风和日丽：很明确啊，那后来呢？

小丽：结果我拿着登记本请她签字，她又不肯签字，说自己没这个责任，不签字，签字要负责的。老师，您看这不是明摆着针对我么？

风和日丽：再后来呢？你怎么处理了？（我有意不表态，需要进一步了解情况，不能轻易贴标签。）

小丽：我就拿给我的主管领导呗，把事情汇报了。

风和日丽：领导怎么说？

小丽：我领导说，她不签就不签，我该给她还是给她，她不签是她的问题。

风和日丽：看来，领导也知道她是个角色，也不希望把矛盾激化。不过，我个人建议，本着小心的原则，她不签字你也要登记清楚，诸如信件交给谁了，时间和地点都写上，以免以后有事情发生了又扯皮。

小丽：嗯，我会小心的。可是老师，我就是明显地觉得，她就是针对我。

风和日丽：哦？那你想过没有，她有什么原因要针对你？你哪儿得罪过她？

小丽：绝对没有，我和她除了工作，没有什么别的交往，我第一次和她说话的时候，她就没正眼看我。

风和日丽：既然之前你和她没有过冲突，也没有什么利害关系，那么，也有可能是你们的性格和风格不投。人天生就有第六感，喜欢和什么人相处，有时从一开始的模式就能反映出来。对方是年近四十的女性，要知道这个年龄的女性在职场上，如果没有上到高级管理层，基本上不是走下坡路最多也就是维持现状了，可能你年轻的优越感、活泼阳光的性格以及积极的自信状态，加上你那一贯的高调气质，加深了她心理上的失落感了吧。

小丽：嗯，也许吧。可是，我不是有心要伤害她啊，我就是这样一个性格。

风和日丽：我也相信你不是故意的，但是，你的动机并不代表结果，结果可能是你的主动和积极让她有了压力感。

小丽：其实平时我还是很注意和科室搞好关系的，见谁都微笑、打招呼，有时过去倒开水也和大家找点话说说，大家对我都挺友好的呀。我以为能把快乐带给大家，应该会得到他们多一点的认可和接受的。

风和日丽：其实，社会上的人际关系不比在学校那么单纯，所以很多结果并不由我们的主观意志而转移。好的动机并不一定能直接发展到好的结果。

小丽：真的好复杂啊！老师，那您说我该怎么办啊？

风和日丽：作为一个新人，你已经懂得尽量和大家相处好，首先就说明了你的姿态是真诚的。但是，并不是我们一般性的友好方式能够打动所有的人。要善于发现不同的人的不同性格特点，对你这位同事来说，可能需要的就是多一份尊敬，你不妨把她当作学校里你曾做兼职的办公室老师，说话多一份恭敬和谦虚，多请教，她的建议你虚心接受，她的批评你就当前辈的叮嘱，这样你就会放松心态，不觉得压抑了呀。你放松了，她也就会放松对你所谓的“针对”了。

小丽：哦，老师，您的意思我还是要从自己的心态上调整，是吗？

风和日丽：是啊，与其无谓地抱怨别人，不如先改善自己。当然，你也要知道，这个世界上什么样的人都有，有你喜欢的，就一定有你不喜欢的；同理，对方也有喜欢你或者不喜欢你的自由，我们也不是十全十美的，因此也做不到一定能让所有的人都喜欢我们、认同我们，是不是？同事之间保持礼尚往来就可以了，有时相处不来，只要没有恶意冲突，工作上过得去就行了。你说呢？

小丽：嗯，老师说的有道理。我平时一定多注意。

现在的孩子大多是独生子女，从小在家里备受关注，到了学校，人际关系单纯，老师关心、阿姨呵护、同学友爱，特别是那些在学校里担任学生干部的学生、常年优秀学生，又是老师的得力助手，这样的学生自我感觉特别好，主观性也很强，可一旦进入社会，人际关系群和层面都有了复杂性的变化，而从自己的性格本色或者习惯性的常态方式与人沟通，有时就显得有心无力、无所适从。

从职业角度分析，为什么销售行业最能快速教会学生“做人”呢？那就是岗位特点要求销售人员在与客户打交道的时候，必须以对方的心理、情绪、需求等因素为前提和突破口，只有打动了客户，生意才有可能达成。相反，公司的产品再好，如果销售人员一意孤行、独断专行、霸道自我，即使你再积极、再自信，也不会有客户和你签单。久而久之，你的业绩不如别人，你在这个岗位又将如何生存？

对于销售人员来说，客户就是他生存和发展的源泉与动力，同理，在人际交往中，你的交往对象的感受将决定你的沟通是否有效。有效的沟通，是我们工作顺利的保证，是我们得到理解和支持的前提。与他人沟通的时候，多一点换位思考，少一点自我中心，多站在对方的角度体会对方的感受和需求，只有带着理解和真诚的心态与人沟通，才能让我们在职场上避免很多不必要的矛盾和冲突。

拥有“做梦”的年龄，先学“做梦”的技能

刚从大学生职业生涯规划赛场归来，作为今晚的评委嘉宾，颇有感慨。

年轻真好！可以有更多的时间去勾画和憧憬自己的未来。

职业规划，是一种梦想，但只有科学地规划自己的职业生涯，才能使自己增加实现梦想的成功率。

今年的比赛，无论是材料准备，还是活动组织，都明显地比去年上了一个台阶，可见同学们越来越有意识，越来越有经验，也足以证明同学们的重视程度和成长速度。

今年的大学生职业规划，有很大的进步，当然，也有很多共性的不足：

其一，准备还不够充分——这是致命的弱点！

比赛规则明明确定了每一个团队的规划展示时间，个人展示时间为5分钟，可是没有

一个选手能够在要求的时间内完成展示。

赛后了解，都是因为准备工作不够充分。为期一个月的时间，经过层层选拔，角逐胜出的选手都是反复在丰满自己的书面材料，却没有一位选手按照比赛的要求的时间掐表计算着去准备展示的，结果导致不能在有限的时间里合理地安排展示内容，使展示变成了结构不完整、逻辑不严密、内容不明确的尴尬环节。

每个选手的职业规划书都有几十页的材料，不可能给现场的评委嘉宾以及所有观众每人配备一本，因此，展示的完整性和精彩性就显得更加重要了。“成功永远是为有准备的人准备的！”如果大家对展示这一环节有足够的认识，那么胜出的机会就可以大大增加。

其二，不够守时守信——这是诚信问题！

几乎大部分选手到了规定的结束时间，都没能完成自己的陈述，主持人反复强调“时间到”，却没有一位选手遵守规则停止陈述。这也表现出大家对比赛规则缺乏尊重意识。

小的时候做群体游戏，通常之前大家会有个约定，而游戏一旦开始，大家都会认真遵守规则维护约定，谁不遵守就会被集体所抛弃。现代文明社会更需要文明规则，如果视公然确定的规则于不顾，哪怕只是一个小小的活动，也会让自己养成不够诚信、不守公约的坏习惯。不是危言耸听，在应聘面试上，很多面试官会非常关注这一环节的。

也许协会的组织者都是同学，大家碍于情面不好意思断喝叫停，也许评委嘉宾出于鼓励，动了恻隐和宽容之心，所以也没有严格计较。但我觉得还是有必要指出，供同学们日后重视！毕竟，将来走入社会，大家还是要懂得遵守规则的。

其三，大多数规划缺乏风险控制——可能是因为太年轻，热情让他们以为“人定胜天”！

我们要有憧憬，但是也要顺应现实。梦虽然美，但总会醒；憧憬虽然美好，但毕竟只是自己的主观愿望。

从眼前规划到实现目标，要经过很长时间和很多环节，期间有主观的愿望和努力，而更多的影响因素还在于客观的环境和条件，而后者大部分是不由我们所控制的。所以，风险需要控制，计划需要调整，科学的职业生涯规划要有备选方案和备选途径，这样才能保证我们有一个相对成功的职业生涯。反之，缺少了这一环节，一旦自己原来的规划无法实现，就很可能让自己陷于被动的局面，造成自己或者他人的人生不幸！富士康的“十三跳”难道还不足以说明问题？

其他一些还需要注意的细节和环节，如幻灯片的制作、语言的表述能力和综合的陈述技能、形象和精神状态等都有待提高。

今天请了市里很多有实力的嘉宾，通过专家嘉宾对同学的提问，我也学到了很多。比如，针对一名致力于毕业后3至5年走创业道路的选手，嘉宾提问：“你准备在创业团队里担任什么角色？在你的规划里我没有看到，请你告诉我。”当时，就把选手问住了：“对不起，我没有考虑清楚。”试想，如果没有明确的途径和清晰的计划，如何让自己一步一步地接近目标呢？

有一个女生团队提问：“我们知道自己将要面临严峻的挑战，我们想请教在座的女嘉宾，如何才能处理好工作、家庭以及将来孩子的培养和教育之间的精力矛盾？”此时，所有的嘉宾和学生都把眼光投向我。

于是，我接过话筒：多年来，有无数女大学生对我提过这个问题。其实，职业生涯贯穿一个人的一生，其中，家庭生活也是其中非常重要的一部分，甚至比工作还要重要。职业女性如何处理这个问题，就要看自己的生活价值观，每个人对自己的满意度都不同，这需要不断历练、不断尝试、不断调整。同样，每个人的人生也都不同，人生是不可以复制的。有空，我愿意和我们的女大学生分享一下我的职业生涯。我的简要回答赢得了在场听众和嘉宾热烈的掌声。

职业规划，是一个梦，我们要用科学的方法指导学生探索自己、了解行业、逐步规划、行动实施、自我监控、评估风险、及时调整，从而让自己真正主宰自己的人生！有机会能帮助有梦想的同学尽可能实现他们的梦想，我很高兴。不是每一个人都会做梦的，学会做梦是很重要的！

套一句现成的话说：有规划不等于一定能实现梦想，但是，如果没有规划绝对无法实现你心中的梦想！

实习生如何看待上司的情绪

小梅（化名），研究生二年级学生。用她的话，"今年暑假，我有幸得到了一份在××公司实习的机会"。这个职位隶属于××公司世博项目办，主要负责公司高管和客户申请世博会证件的流程，以及世博园里××公司参与项目的维护统计。

我一直主张实习的学生或者初入职场的新人，平日里要注意观察、思考、学习和提高，做个有心人，最好养成做笔记的习惯，勤做笔记，是最有利于反省和思考的手段，是最有利于新人进步的方式。

把工作中遇到的困惑、案例、成就感、挫折感、努力的过程都记下来，内容不在多，写明时间、地点、人物、事情经过、感受心得、应对措施即可。

别看就这几项内容，积累多了，你的职场应变能力一定比别人提高快。

小梅认真做了笔记，很有感触。

今晚线上，她和我说了这样一件事。部门负责人是个非常乏味的人。办公室有个女同事35岁了才怀孕，但部门负责人整天针对她发火，不是说她动作慢，就是说她工作不积极，再就说她不主动……

"老师，"小梅说，"看到她难过，我在一旁看得都难过。我总觉得一个人说话，应该顾及对方的感受，不能那么自我啊，况且对方是个孕妇。"

小梅第一次从校门走入社会，遇到这样的人很震惊，于是她在日记里这样写道：人在职场更重要的是与人相处。在公司里，首先要搞清楚公司的基本架构，因为在职场人与人的关系更加立体，不像学校里那样简单。怎样与同事相处，怎样同上级相处，都是一门大的学问。

是啊，在家里，在学校，父母和老师说话的态度及语气通常都是和风细雨的，即使我们有做得不对的地方，也会讲道理，哪里有这般态度？

身为孕妇，本已很难承受日常的工作压力，加上身体的变化，通常整个人变得肿胀不灵活，脑垂体分泌的雌性激素也会让孕妇反应迟钝，因此工作效率肯定大不如前。而部门负责人可能因为压力过大，人手不够而着急，也可能使出杀鸡儆猴的策略，总之，这样的训斥让整个办公室的下属们都紧张得大气不敢喘，绷紧神经麻利地干活。

"老师，我总觉得人应该谦逊，对人友善，这样自己心里也舒服。"

小梅是个非常善良和单纯的姑娘，还没在社会上历练过，职场不是福利院，是出效益的地方，因此，充满了竞争，少不了优胜劣汰。提前知道这些，有利于她对职场残酷的一面有一个清晰的了解，也有利于她提高自我承受力。

于是，我对小梅说："恭喜你提前尝到了职场的味道。"

"老师，难道人就不能一辈子保持善良？不是讲做人要注意技巧吗？"

按理说，领导者确实应该讲究领导艺术和策略，但是，领导毕竟也是人，也有压力，也有脾气，当工作出不了业绩的时候，着急发火也是常有的事。因此有一点要明确：既然是人，总有缺点；既然是领导，总有过人的才能。为人下属，除了学习、服从、合作、支持之外，那就是忍耐。

至于做人技巧，无非是尊敬友好、以礼相待、换位思考等待人接物的方法，可以用来保护自己，争取好感，赢得认可，获得机会。

有了实习的经历，小梅开始有了同感。

可见，实习的深层次意义并不仅仅在于学会做什么，而在于感受职场氛围，看到负面的也不要沮丧，毕竟社会形形色色，人与人不同，领导与领导也不同，不是人人都这么"穷凶极恶"，与人为善、文明谦和、大度宽容、富有人情味的领导比比皆是。总之，提高观察力、学习力、思考力、辨别力、应变力、承受力……学会做人的能力最为重要！

职场处事23忌

1. 看穿但不说穿。很多事情，只要自己心里有数就好了，没必要说出来。

2. 高兴，就笑，让大家都知道；悲伤，就假装什么也没发生。

3. 在不违背原则的情况下，对别人要宽容，能帮就帮，千万不要把人逼绝了，给人留条后路……

4. 快乐最重要，何人、何物、何事使你快乐，你就同他们在一起；何物让你不快乐，你就离开它，没条件创造条件也要离开它。

5. 不要老在别人面前倾诉你的困境、袒露你的脆弱。

6. 没有十全十美的东西，没有十全十美的人，关键是清楚到底想要什么。得到想要的，肯定会失去另外一部分。如果什么都想要，只会什么都得不到。

7. 我喜欢一位朋友说的一句话："善忘是一件好事。"

8. 两个人同时犯了错，站出来承担的那一方叫宽容，另一方欠下的债，早晚都要还。

9. 自己不喜欢的人，可以报之以沉默微笑；自己喜欢的人，那就随便怎么样了，因为你的喜爱会挡也挡不住地流露出来。

10. 不要做刺猬，能不与人结仇就不与人结仇，也不跟谁一辈子，有些事情没必要记在心上。

11. 妥协的同时，也要坚持自己最基本的原则。

12. 不要停止学习，不管学习什么，语言，厨艺，各种技能。

13. 钱很重要，但不能依靠男人或父母，自己一定要保持一定的赚钱能力……

14. 不要太高估自己在集体中的力量，因为当你选择离开时，就会发现即使没有你，太阳照常升起……

15. 过去的事情可以不忘记，但一定要放下。

16. 即使输掉了一切，也不要输掉微笑……

17. 不管做了什么选择，都不要后悔，因为后悔也于事无补。

18. 不要因为冲动说一些过激的话。

19. 不要轻易许下承诺，做不到的承诺，比没许下更可恶。

20. 不要觉得不了解也会有爱情。在不了解的时候，我们仅仅是喜欢，达不到爱情。当彼此的缺点暴露出来以后，很多时候这喜欢也就会结束了。

21. 说话时可以很直接，人很直爽，总比虚伪好。

22. 对自己好一点，心情不好的时候，什么都别考虑，去吃自己爱吃的吧。

23. 要善于总结经验,认真吸取教训,决不再犯曾经犯过的错误。

(杨sir) VIP 1 (有16542人看过) 心中有个镜头，10-300 F1.0 is usm n天前 | 所有状态

主页 音乐 资料 日志 相册 个人网址：www.renren.com/fredyang

最新照片 全部相册

查看更多

留言板 所有留言

有多久没给杨毅军留言了？ 留言 悄悄话

图片 表情 颜色

杨毅军的新鲜事 好友留言

杨毅军 发表日志 随记

技术学院只有大四一届了。以前听网上对四个年级的总结，说大一刚进来，懵懵懂懂，是不知道自己不知道。到了大二，学了一年的基础课，变成了知道自己不知道。到了大三，变成不知道自己不知道。打了大四经过实习，各种历练，变成了不知道自己知道。知能合一，使我们对任何知识领域的目标。就像有些同学开车，从一开始拉一个手刹都要紧张，发动汽车的先后顺序都要默念三遍，到后来开车的时候…

5小时前 收起回复 | 喜欢

魏珺婕克逊 2011-08-28 11:53
开学见！ 回复

显示全部6条

殷超 2011-08-28 17:06
回复柴一周 Chaos:没上过姚老师课… 回复

添加回复

杨毅军 ：心中有个镜头，10-300 F1.0 is usm

08-25 12:21 收起回复 | 转发

丁晨瑜 Havoc
应该是EF 10-300mm f/1.0L Marco IS USM 回复

显示全部8条

杨毅军
回复丁晨瑜 Havoc:要慢一点。 回复

招呼
信
物
市：上海市
日：1976-9-10处女座
乡：上海 金山区
级：22级

51) 查看全部

术学院只有大四一届了。以前网上对四个年级的总结，大一刚进来，懵懵懂懂，是不知道自己不知道。到了大二，学了一年的基础课，变成知道自己不知道。到了大三，变成不知道自己不知道。打了大四经过实习，各种历练，变成了不知道自己知道。知能合一，是我们对任何知识领域追求的目标。就像有些同学开车，从一开始拉一个手 …

生涯教练认证感悟

生涯教练感悟（四）

查看全部

杨毅军的特别好友

JS青志队
大女儿

JS世博分站
二女儿

杨岚
小师妹

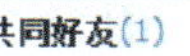

共同好友(1) 查看全部

肖迎

最近来访(16542)

徐思毅 朱嵘 邵逸伦

殷超 陈彬 罗福海

刘婕 陆哲一 谭晶琨

他喜欢的 公共主页

X档案 招商银行 iCoke俱乐

好友档案 凤凰新媒

最近玩过的游戏/应用

博客：杨毅军的博客

链接：www.renren.com/fredyang

博主：杨毅军（上海交通大学）

有什么新鲜事想告诉大家？

博主宣言：

也许是天性使然，从小便喜欢做社会工作，和人打交道。和学生的联系方法从一开始的口头交流，到QQ和MSN，再到飞信，从大学生在线，到"校内"，再到"开心"，接着又到微博，每次前进都多了一个与学生交流和沟通的渠道和机会。三人行必有我师，在博客中，我也得到了开拓与成长，我在帮助和关心他们的同时，也得到了他们的真情的反馈。

话题 图片 表情 发布

学生评价：

丢丢Vicky：作为大学生，能通过网络看到更多的人生故事，将使我们获得宝贵的财富。杨老师的博客陪伴着我们的大学生活，也将指引我们的职业生涯。

计婷→猫猫：杨老师的博客常常通过一些日常生活中的小事而引发很多为人处世的道理，让我们在网上信步之余，有所感悟，并且还能再次从中体会那些已然逝去的美好时光。

蓝口大咖啡：在世博会的时候，杨老师通过记录志愿者工作、生活中的点点滴滴，与"小白菜"和"蓝莓"们分享，让大家在互动交流之间找到共鸣，也促使大家投入更多的热情到工作中去。

恨关羽不能张飞　要八戒更要悟空

放暑假已经一周多了,看到有的孩子过得很充实,忙得比上学的时候还累,时间已经被分成了若干份,每个时间段都相当满;而另一些孩子,基本上是过着"活着"的生活,即"电脑—吃饭—睡觉"三个词语的循环往复。

两种生活都不错,只要你觉得自己好,因为毕竟是暑假。可是,如果年年有暑假就好了。问题是,没剩下几个了,而且接下来迎接我们的挑战远远大于机遇。毕业压力、考证压力、就业压力……如果不去面对,总有一天,我们会因为缺这缺那而追悔莫及。

所以,只能也只有规划好自己的时间。其实,有时候不是彻底的放松才是最好的休息,忙中偷闲,也许感觉更为畅快,否则天天平躺,时间长了,不是无聊得很吗?

看过一则对联:"鸟在笼中恨关羽不能张飞,人活世上要八戒更要悟空",很像孩子们面对暑假时候的态度。没放暑假的时候,可以说是鸟在笼中的感觉,不能飞翔,天天盼着暑假。可是真的到了暑假,享受了一段无聊的休息后,突然又开始强迫自己不能颓废、不能无聊、不能浪费时间,给自己定了很多"八戒"。但最后,由于自己没有端正好心态,没有转变思想,始终在无聊和有聊之间,始终是不停地"自怨自艾—下决心—无法执行—继续无聊—自怨自艾—下决心—无法执行……"周而复始,反而影响了自己今后在一些关键事情上的决定。

以前看过一本关于时间管理的书,大致的意思是我们每个人每天面对的事情,按照轻重缓急的程度,可以分为四个层次,即"重要且紧迫的事、重要但不紧迫的事、紧迫但不重要的事、不紧迫也不重要的事"。

其实我们大家把大量的时间都花在了第三、四象限上,好一点的同学也许会在第二象限上花些工夫,但是对于第一象限,也许就没有花那么多工夫。为什么呢?也许是因为不紧急的关系吧。

凡事预则立不预则废,有些不紧急的事情,往往是更重要的。这是时间管理。另一个就是心态的问题,不要老是周而复始地活在后悔和决定的循环之中。真正成功的人是抱着平常心并坚持不懈的人,并没有什么惊人之举,也许就是在第一象限考虑非常深入并坚持不懈而已。而相反，有些同学总觉得自己一事无成，其实不是因为脑子和其他方面的问题，也许就是在第一象限考虑得太少，而在第三、四象限花的时间太多了。

最后给大家一些建议：

第一，好好在暑假考虑自己的第一象限，无论是大一还是大四，大四考虑也许晚了一些，但是毕竟比不考虑好，而大一的孩子们，想象和发展的空间更大。

第二，学会拒绝。这对于处理好第三、第四象限的浪费时间问题，有很大的作用。

第三，抱着平常心，也就是悟空。这里的悟空，不是什么都不想，而是凡是想好了就不要再多想，抱着平常心而不懈努力。不要觉得成功一定是要悬梁刺股那么困难，也许就是一个坚持而已。

以上是针对部分同学暑假一周后开始的无聊困顿而写下的一些感想，写得很乱，仅供参考。最近我的第二象限，主要是带女儿进行亲子教育，也许在大家看来是不重要也不紧迫的，可是女儿就一个，好好地带她，对她的成长是很有帮助的。不同的年龄段，四个象限的内容是不一样的，这个问题以后再和大家交流。

舍与得

很久很久以前，凤凰只是一只很不起眼的小鸟，羽毛也很平常，丝毫不像传说中的那般光彩夺目。但它有一个优点：很勤劳，不像别的鸟那样吃饱了就知道玩，而是从早到晚忙个不停，将别的鸟扔掉的果实都一颗一颗捡起来，收藏在洞里。

有些鸟说："这有什么意思呀？这不是财迷精，大傻瓜吗？"可别小看了这种贮藏食物的行为，到了一定的时候，它可发挥大用处了！

果然，有一年，森林大旱。鸟儿们觅不到食物，都饿得头昏眼花，快支撑不下去了。这时，凤凰急忙打开山洞，把自己多年积存下来的干果和草籽拿出来分给大家，和大家共渡难关。

旱灾过后，为了感谢凤凰的救命之恩，鸟儿们都从自己身上选了一根最漂亮的羽毛拔下来，制成了一件光彩耀眼的百鸟衣献给凤凰，并一致推举它为鸟王。

以后，每逢凤凰生日之时，四面八方的鸟儿都会飞来向凤凰表示祝贺，这就是"百鸟朝凤"。

今天外联部组织一次饶有兴致的咖啡讲座，在各方面的共同努力下，终于成行了。星巴克两个店的店经理，他们和我们讲述了有关咖啡冲泡和喝咖啡方面的知识，整个讲座和品鉴，历时三刻钟。讲座中，店经理还和我们分享了"百鸟朝凤"的故事，我听后很有感触。不知道为什么，我总觉得凤凰之所以美丽，之所以能得到大家的朝拜，也许是因为她对别的鸟儿的真心付出吧。

想到最近，2006级的学生在找工作，有些同学找的不错，有些同学也许不那么理想。但是往往是一些不太计较个人得失的同学，获得的机会比别人更多一些。人们常说要舍得，我想也许舍比得要重要一点，不舍哪有得呢?

看到自己班上的很多同学，什么都要，一边读二专，一边读高级口译，一边还要CCNA，一边还要DOTA，往往最后什么都没有做好。而看看最后成功的那些同学，无一不是把某一样最擅长的挖掘得很深，在就业时也就获得了比一般同学更多的机会。我想也许这就是舍得吧。

又如学生会的干部，有些同学看来好像是影响学习，得不偿失。但是几年下来，既结交了朋友，又锻炼了自己，舍了时间，得了经验。每年统计毕业班工作offer，个人感觉较为突出的学生干部，大多也能得到社会和单位的认可，找到比较好的工作，我想这也是舍得吧。

百鸟朝凤是人生的一种境界，但是在朝凤之前，不是有那么多人都能看到未来的。踏实一点，勿以善小而不为，也许人生的大道会越来越宽。

再次感谢负责今天讲座后勤服务的同学们，谢谢你们的付出和努力!

乐购：from Hymall to Tesco

乐购在七宝的生意非常好，成为七宝校区同学的福音。可各位同学，谁知道乐购曾几何时，生意也没有那么好呢。

我记得若干年前，乐购给我的感觉，就是混乱，有点世纪联华的感觉。但是几年前，突然整个企业的CI一下子变了，整洁的班车，颜色鲜艳的LOGO，货架的重新规划，顾客盈门，生意蒸蒸日上。这让我百思不得其解。要知道由奢入俭难，由俭入奢易，就像人一样，好习惯变成坏习惯很容易，但是坏习惯变成好习惯，那就非常难了。

网上搜了一下，证实了我的想法。

乐购原先叫Hymall（hymall=happy buy mall 快乐地购物），由台湾顶新集团控股，现在乐购被英国的TESCO用1.8亿英镑收购了90%的股份，因此改名叫TESCO。所以现在中国乐购的英文名纷纷改为TESCO了。世界第三大零售商英国Tesco斥资1.8亿英镑，将其在乐购超市中持有的股份从50%增加到90%，从而终结了两年来与台湾顶新集团"冲突中磨合"的均股岁月。紧接着，由新CEO陶迩康等英资高管全面入主乐购，并旋即展开了一系列攻势凌厉的扩张、改造运动。

这也被视为Tesco在华战略调整的新举措。此前，乐购总部及大区的各个部门基本上都是1∶1的双主管的架构安排。内部人士介绍，之前由英国方面控制乐购的地产取得、收购、店址调研以及设计等，台湾管理层把持乐购的采购和营运权。

增资后，英方全面控制乐购，Tesco终于得以全面出击。

也许超市本来就是舶来品，和上海以前的"烟纸店"不可同日而语。

前天参加了社会实践部的第二次有关职业规划的讲座，请了三位进入顶级咨询公司的2006级学生来谈有关求职经验的讲座。很多同学其实不知道自己该选择什么工作，而不单单是A和B之间的困惑。A和B的困惑，可以通过大二、大三的实习，来亲身经历，来做出适合自己的选择。但是不知道自己该选什么，倒是更大的问题。

前些天，有个电视节目，主题是大学生该不该恋沪的问题。我想这里分为两个情况，一种是对于土生土长的上海大学生，一种是对于外地考进上海的学生。第一种情况，留在上海，看起来是理所应当的，毕竟上海是他们的家乡，同时上海也确实是中国最优秀的城市之一。这就好比是一个国际化公司和烟纸店的区别，那些劝别人到外地工作的所谓"能人"，你们愿意去烟纸店做个小伙计吗？上海籍学生如果有机会到国外深造，我想他们是不会太恋沪的。第二种情况，愿意回去，建设家乡，当然好；不愿意回去，留在上海做新上海人，就可能要承受房价高涨、竞争激烈的环境以及文化差异带来的很多问题。这个时候，讨论回到二线城市发展，哪个更好才变得有意义。并且现在很多新上海人已经有这样的想法——"在上海学本领，然后到二线城市生活和发展"，我想，这也许才是更理性的观点。

回到求职规划，我想有机会到外企锻炼，趁年轻多尝试，多学一点本领本来就是很好的。为了这个追求，应当学好专业本领，学好英语，多参加一些社会实践和工作实习。

烟纸店还是Tesco，是个问题，关键在于你自己的选择。

辞旧迎新 心想事成

明天就是2010年了。回首2009年，经历了许多，虽然是做团委书记的第五个年头，但是发现困难是越来越多了。在这里我要特别感谢，为了自己的梦想和前途不懈努力奋力拼搏的学生干部和广大同学。正是因为你们的努力，我们振奋而又愉快地度过了2009年。而且在这一年里，我们取得了丰硕的成果，60个大大小小的学生工作的奖项就是最好的说明。

有些奖项，不是用一行数据就能完全形容的，当中积聚了多少学生的汗水和劳动!暑期社会实践的团队，如孙庆圣负责的世博家庭旅馆的项目，从开始立项，到去交大医学院进行展示和答辩，从街头小巷的实地调研，到团市委几次修改，整理材料，进行总结和评比，大家都非常辛苦，投入的汗水和精力可以说是无以复加的，支撑他们的，是"不经一番寒彻骨，哪得梅花扑鼻香"的意志。虽然最后没有获得知行杯的奖项，只是获得了市级优秀实践项目的荣誉，但是他们得到的人生感悟和工作经验，绝非一个奖项所能涵盖。我觉得，这样的收获对他们来说已经足够了。祝愿所有社会实践的团队，新年快乐!希望大家不要因为工作难以开展而退缩，勇往直前才是年轻人的本色。如果有很多现成的东西摆在我们面前，那还要我们去开拓什么呢?

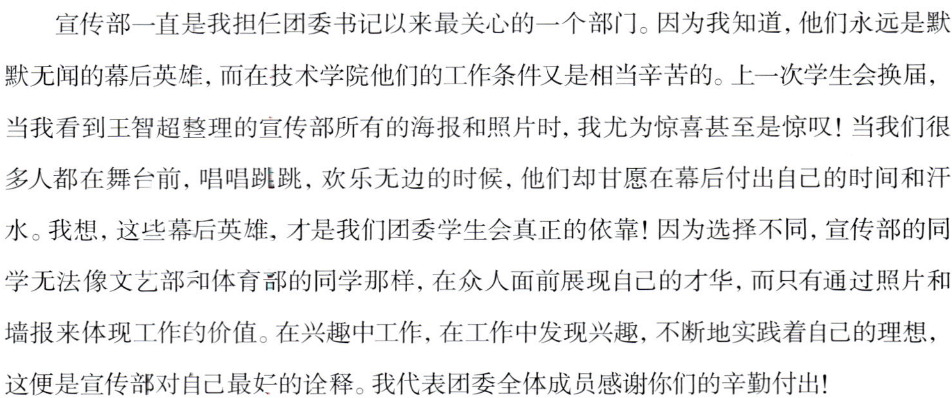

宣传部一直是我担任团委书记以来最关心的一个部门。因为我知道，他们永远是默默无闻的幕后英雄，而在技术学院他们的工作条件又是相当辛苦的。上一次学生会换届，当我看到王智超整理的宣传部所有的海报和照片时，我尤为惊喜甚至是惊叹！当我们很多人都在舞台前，唱唱跳跳，欢乐无边的时候，他们却甘愿在幕后付出自己的时间和汗水。我想，这些幕后英雄，才是我们团委学生会真正的依靠！因为选择不同，宣传部的同学无法像文艺部和体育部的同学那样，在众人面前展现自己的才华，而只有通过照片和墙报来体现工作的价值。在兴趣中工作，在工作中发现兴趣，不断地实践着自己的理想，这便是宣传部对自己最好的诠释。我代表团委全体成员感谢你们的辛勤付出！

青年志愿服务队也是我要特别感谢的部门。你们是一支自发组成的队伍，你们的工作宗旨是服务和奉献，你们是最能体现先进性和最具有活力的团组织。过去的一年，在老部长陆新颖和新队长李露怡的带领下，你们表现得更加出色。临近年底，为了迎接世博会，你们又承担了大量的世博志愿者选拔的工作，而我们学院要抽调300多名同学作为志愿者参加明年10月份的志愿服务。你们处处为大家着想，努力寻找一个公平合理的选拔办法。学校为此成立了各个学院的世博志愿者分站，经过选拔，我们学院分站的成员大多都是青年志愿服务队的成员。从初选，到筛选，到面试、笔试，分站的许多同学都付出了大量的时间，甚至都无法合理协调自己的学习和工作，但是他们的信念只有一条，那就是尽可能让真正优秀的同学进入这支队伍。虽然其中也遇到了部分同学的质疑，但大家尽心尽力地解释和协调，圆满完成了世博志愿者工作的首期招募任务。在这里，我要感谢分站站长李露怡同学，她的创意和执行力，是我见到学生干部中印象最深刻的。到工作后期，我看到她因为劳累而嘴唇起泡。我知道，大家都已经竭尽全力了。感谢各位青年志愿服务队同学对世博志愿工作的付出，这段工作和志愿服务的经历，相信也能成为你们今后的巨大财富。

感谢文艺部。从军训晚会到元旦迎新晚会，文艺部给我的感觉就像是一个坚不可摧的整体。他们的团队精神和凝聚力让我深深感动。两次晚会，都是在非常艰苦的情况下举行的，身体疲劳、节目质量、工作时间、场地条件等因素都困扰着文艺部。但让人感动的是，他们从不计较个人的得失，而是以团队的目标为首要任务。在这里，我要特别感谢殷超和王圣音,正是因为你们的不计得失,我们才圆满完成了这两项任务。感谢江厚佳,是你的眼泪让我知道了团结的力量!感谢顾佳玮,你的努力使最后的元旦晚会圆满成功!感谢费凡,你的热情感染了很多人!祝文艺部的同学们新年心想事成,明年有更大的进步!

感谢社团联的同学。你们就像一个小的学生会,你们是最有活力的组织。今年,你们获得了校明星社团和优秀社团等荣誉称号,继承和发扬了社团联的好传统。你们在陈依沁主席的带领下,在付裕委员的后勤保障支持下,圆满完成了任务,服务同学,并做好日常管理,积极为社团提供发展的各种条件,为学院广大同学的发展做出自己应有的贡献。祝大家在新的一年里心想事成!

还要感谢很多的部门。祝大家新年快乐,好好享受工作的快乐和同学的友情!祝大家在新的一年里学业进步,身体健康,万事如意!同时也要祝福以前的学生干部,祝你们在新的工作岗位上实现自己的人生价值!

栀子花香 "交白"情深

今天入园感觉到的气氛就不寻常,人流超过80万就是不一样,门口武警的眼神更加犀利了,门口安检连口袋中的餐巾纸都要拿出来看一下。

进了园,发现和10月7日的人流真是大相径庭了,到处都是人,连往日稀稀拉拉的纪念品商店,收银机前竟然也排起了两条长龙。难怪志愿者说除了男厕所不排队,所有的场馆都排队。石油馆更是开馆半小时就不再接受排队了。

到了下午,人数更是直线上升,到了傍晚已经突破100万。God,我们见证了历史,小白菜们疲惫的眼神中闪着一丝兴奋。

下午一到世博园区,我们的重阳节活动"栀子花开,交白情深"活动照常举行。原本担心人流过大,但是想想还是为了老人们豁出去了。在世博园内西侧人流较少的空旷地带拉开了展板,好不容易借到了一个可以敲章的桌子。我们以小组为单位,每小组负责一个小时的活动。很多老人们一开始还是将信将疑,当我们不厌其烦地告诉他们后,他们在我们的敲章桌前排起了长龙，有些老人还得到了我们送的栀子花，一缕芳香送上我们交大的浓浓情义。

08级国贸班的吴骁杰为了展板ps也煞费苦心，石越文案相当出色，总策划的时间加起来才一周，真是辛苦了，但我们为世博留下了我们的印迹。我们想说，世博您好，我们很年轻，我们曾经来过⋯⋯

下面是我们的新闻报道：

"栀子花白兰花⋯⋯"这声叫卖伴随着栀子花怡人的清香，是上海人家熟悉的场景。而今，这份清香更是弥漫到了世博中心的门口——交大技术学院的小白菜们特地为游园的老人们准备了几百支栀子花，亲手为经过的老人戴在身上，让芳香一直陪伴着老人畅游世博。

送栀子花的主意，是辅导员杨毅军和学生们一起"头脑风暴"出来的。"之前还想过好多，都一一否定掉了。"后来，他们征求了身边很多老人的意见，最终把栀子花送到了世博园，"很多老人都说喜欢栀子花，这样既简单，又贴心。"

世博大道前，小白菜叶玮正细心地为老人佩戴着，老少俩愉快地聊着天。"小姑娘真像我孙女。" 老人疼爱地摸着她的头说。叶玮甜甜地笑了，"栀子花给人一种怀旧的感觉，淡淡的花香很温馨"。

经过世博中心的老人还将得到一份特别的纪念：交大小白菜们会替他们印上上海交大重阳节特制祝福章，"寿"与"交白"的字样寓意交大小白菜祝福老人福如东海、寿比南山。

这个别致的小礼物给世博园里过的重阳节更添一笔难忘的记忆。

+ 加为好友 VIP (有5417人看过)转自徐谈❤Vitsippa!：转自梁爽:转自钟英超❤Hebe❤：十四连三排 张教官的短信"军训伤感 伤感军训 很抱歉上午没……家告别 感谢你们的礼物 这是一段美好的回忆 我会好好珍藏它 你们都很可爱~~~" n天前 | 所有状态

主页 音乐 资料 日志 相册 个人网址：www.renren.com/smileyanchen

留言板 所有留言

有多久没给严晨留言了？

留言 悄悄话

图片 表情 颜色

严晨的新鲜事 好友留言

严晨 分享 杨姝 的日志 帮一个欧美风淘宝店店主找兼职设计师（服装学院的帮我转一下）

淘宝了这么久，一直有关注ONLY 小凹的店，（地址：http://fun4u.taobao.com/?search=y&orderType=_hotsell）经常淘宝上扫货的姑娘肯定看到过，风格欧美偏中性。我有买过一件面料做工很不错的正红色西装。在新浪微博上关注了店主，高…

08-05 11:11 收起回复 | 分享 | 喜欢

严晨 2011-08-05 11:11 帮学生分享!加油! 回复

添加回复

严晨 ：我们是共产主义接班人

07-02 18:37 收起回复 | 喜欢

王祎 2011-07-02 11:21 哇，都长这么大了呀，快撤 回复

显示全部8条

严晨 2011-07-03 19:02 回复于翔：哈哈，你好可爱滴~~等她高中就让她写！ 回复

添加回复

严晨 ：小八辣子开会了

严晨的特别好友

王乔松 特崇拜史今的松弟弟~~也是一位好老师哦，嘻嘻~~

施春红 可爱毕加猪非你莫"鼠"^_^我的好妹妹,咔咔。

张晓冬 低调群的大哥，真诚敬业~~赞~~

张丹 超自然，超可爱，超喜欢吃薯片的美女丹

李华婷 喜爱绿色的婷妹妹~~

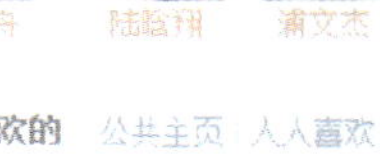

陈培俊 生命中的至爱

最近来访(5417)

李程 李琛 杨黎蕾

张翼 曾文水 苏小儿

江舟 陆晗翔 浦文杰

她喜欢的 公共主页 人人喜欢

东华大学

她的好友(952)

吕婧

招呼 信 礼物 ：12级

查看全部

1002班不哭!

可爱而勇敢的环艺1002……个学生 环艺1002班不……周二的红歌保卫黄河令……震撼，令人感动。别人也许……了解你们为了此次红歌付出……多少，但我心里很清楚，班……尽责，同学的支持和团结……就了这首曲目最终的精……期间，你们一遍遍修改，……排练，没人喊苦喊累，就……一个目标 …

02日 09:42

09-2010学年第一学期开学

26日 18:44

一次体验孕妇体操

19日 10:33

查看全部

一个欧美风淘宝店店主找兼职设计师（服装学院的帮我转）

博客：严晨的博客

链接：http://www.renren.com/smileyanchen

博主：严晨（东华大学）

有什么新鲜事想告诉大家？

博主宣言：

博客是共享与分享精神的体现。我愿用我的经历和教育过程中的幸福体验带给更多同学以启迪和帮助，让我们之间线上线下都始终融洽互动，让博客成为一种精神产物，激励同学们充实度过大学四年。今天，你BLOG了吗？

话题 图片 表情 发布

学生评价：

张翼：大爱无疆，一心为教育，时刻都惦记；关爱无界，只要想起，就会嘱托几句；叮咛无声，小小日记，尽是爱的点滴；活力无限，用青春，用热情，用歌喉，展现自我活力；办公室是您的常驻地，人人网是您的电话机。这里、那里，到处都是您的关爱鼓励，一颗丹心，尽化在小小空间里。

杨黎蕾：爱，因为在心中。一则通知，一种呵护。一声问候，一份关注。指尖敲下的不仅是一行行文字，更是对学生呕心沥血的谆谆教诲。字里行间都投射出严老师对我们的关心与爱护，每篇文章都是她送给我们的最珍贵的精神礼物。

李琛：从思想引导到各种通知，从永不言败的激励到亲近自然的交流，从用歌声带来的无痕教育到表达的种种感动，我们收获的不仅是思想上的点拨，更是生活中的温馨。

最初的梦想，一定会到达

期待已久的5个班各自的学涯规划班会终于在8班的示范班会成功落幕后，画上了一个圆满的句号。这一个月来，5个班的孩子们都表现出非常高的积极性，布置的学涯规划书都认真完成了，有些还融入了自己的真实情感，大家对自己的大学生涯应该如何度过有了一次深刻的思考。作为辅导员，看到你们每天的进步和成长，我真的很开心。

每个班的班会都有各自的特色，数艺0801班结合案例视频讲述“阳光心态”的重要性，非常有指导意义；艺设0806班通过自编自导的小品告诉我们该如何投入到大学生活中去，如何处理好学习与工作、兼职的关系，同时还表演了校园安全意识小品，达到了自我教育、自我管理的高境界，令人佩服；艺设0807班的教室布置得非常温馨，就像家一样，他们班采用面对面的交流方式，消除了同学们的紧张感，畅所欲言地交流各自的学涯规划书，学长交流板块做得尤为出色，互动效果很好；艺设0809班的主题班会“大学·青春·使命”立意高，脉络清晰，大学篇、青春篇和使命篇涵盖了大学生活的方方面面，对大学生涯做了一次非常好的规划。今天下午艺设0808班的示范班会的召开更是将活动推向了一个高潮，得到了学生处老师的充分肯定，五大板块的内容衔接自然，主线清晰。以“最初的梦想，一定会到达”作为学涯规划班会的主题，从播种梦想到实践梦想一步一步推向高潮，而在实践梦想环节又包含了阳光心态、学长谈经验、学习型和谐宿舍的构建、诚信做人的签名承诺仪式等多方面的内容。

看到孩子们把自己的梦想写在“梦想卡”上，再一个个投入到自制的梦想播种箱里，我仿佛看到了未来的希望，我会为你们的理想实现之路给予鼓励和帮助，真的很期待你们梦想实现的那一天。

班会虽然结束了，但我希望在未来的日子里，你们能始终对照自己的学涯规划书，不断完善自我，不断前进，早日实现你们每个人心中最美的梦想！

记得一首歌这样唱到：“他说风雨中，这点痛算什么，擦干泪，不要怕，至少还有梦……”孩子们，梦想已经启程，让我们一起扬帆启航！主宰命运的永远是你们自己，加油！

写给正在暑假实习和复习考研的孩子们

同学们，今年9月你们即将成为大四学生了，也就是半个社会人了，你们中的大多数人也许都在经历学生时代最后一个暑假，这个暑假你们不能再像大一、大二那样度过了，而是要好好地规划未来，对自己的未来负责。考研的同学正奋战在考研的题海中，实习的同学则在自己的岗位上体会着“劳动最快乐，劳动者最美丽”的真谛。

看到你们如此珍惜今年的夏天，珍惜学生时代最后的暑假，看到你们的成长和进步，我感到很欣慰也很幸福。大四这一年，虽然我不在你们身边，但是你们每一点进步都会印在我心口。我会默默关注你们的，不要让我失望。这是属于你们和我之间的约定，努力啊！

前几天接到一个孩子的电话，慨叹考研英语好难好难，都想放弃了。我想对所有曾有这样想法的孩子们说，其实不是别人把我们看低了，而是我们自己把自己看低了，谁说我们艺术类学生原来的英语基础不好，现在就学不好英语了？谁说我们就考不上研究生了？我没有对你们放弃希望，你们怎么能失去自信呢？为了让我们的“自信”在别人眼中不再是“自负”，所以我们就要每天为自己好好地充电，让自信变得厚实而有基础，让自信的笑容每天挂在我们的脸上。曾经流逝的时光也许无法追回，与其怨悔，倒不如静下心来把过去缺失的知识点补上，花百倍力气去做自己想做的事情，朝着自己的目标和梦想前进。哪怕每天只是向着目标靠近一点点，但只要这样做，就一定会是希望无限的。半途而废就100%没有希望了。

今天在家听着许飞的那首《我最响亮》，突然心头涌起了很多的力量和感动，所以写下这点文字，希望把我所感受到的力量传递给你们，给你们在38度高温下带来继续奋斗的动力。不管是正在实习抑或复习考研的孩子，还是曾答应我一定会在大四第一学期通过东华一级的孩子，作为你们的老师，我都希望你们在奋斗的过程中，首先要相信自己，不要轻易放弃。要始终相信“这一年夏天有最温暖的目光，记忆的远方，我披戴的荣光，照进天窗擦亮梦想。”同时，一定要保持良好的心态，把今天的我和昨天的我作比较，如果有进步，就要在心底默默地鼓励自己，继续前行。我们不要阿Q精神，而要拥有一种能正视自我的健康心态，这样才有可能后来居上，否则会陷入恶性循环，这也是我不希望在你们身上看到的。

孩子们，加油！注意劳逸结合，无论是学习还是实习都要"快乐"，也许学习的过程和实习的工作本身并不轻松，甚至非常辛苦，但乐在其中、苦中作乐的心态对你们真的很重要。考研的战场不仅是一场知识实力的较量，更是一场心理素质的抗衡，实习工作则更是体力、脑力、动手能力、合作能力的多重考验，从你们的校内日志中我已感受到了你们正在经历一场磨炼，即将收获的将是宝贵的财富。

关爱老人　情暖人间

服装学院党校的孩子们是我另一批可爱的学生。每年两期的党校，看着一批批优秀的学员结业了，又有新学员开始了思想提升、理论提升的征程，这样的接力过程，总是让我这样一个虽然年龄不大，却已经有8年党龄的老党员倍感欣慰和快乐。也许一开始进入党校学习的同学们对入党动机并不是很明确，只是觉得这是先进的组织，入党锻炼和提高自己，但这样的入党动机还太浅了。于是随着党课的不断深入，当我看到孩子们一天天地懂事和成长，我觉得党校对于这些要求上进的积极分子来说是多么的重要，同时也为他们的成长而感到开心满足。

第 8 期党校是我亲手带的第三批了，从第 6 期到第 8 期，这三批孩子都很出色，每期都有新的感动。有些老学员已经入党了，他们更努力地发挥着自己的光和热，为班级、学院、学校忙碌着、服务着，我知道他们并没有把入党当作终点，而只是一个新的开始。我还希望那些虽然已经党校毕业，但还没有入党的孩子们千万不要气馁，入党的过程每个人都不尽相同，组织上对你们也都在考察着，你们一定要多向辅导员老师交流汇报思想，以实际行动为身边人、需要你帮助的人提供帮助。哪怕只是举手之劳，也希望你们能长期坚持。

今天上午我带着100多名党校学员来到了上海法华颐老院，这实际上是一个老人收容所，很多老人是没有家人来看望的，晚年非常冷清。于是，这期党校首次开设了"爱心责任课”，通过社会实践的大平台，为孩子们提供一种体验式的教育，通过自己奉献爱心的过程，明白崇尚尊老敬老美德的重要性，提高社会责任感。

今天的活动非常成功，孩子们精心准备的节目、写满祝福的爱心贺卡、送给老人们的生活用品，点点滴滴都折射出这些党校孩子们纯洁善良的心灵和浓浓的心意。值得一提的是，联欢会顺利举办的背后，还有很多默默奉献的幕后英雄：每个组的组长和参与演出的学员们牺牲休息时间积极排练，而这次党校课程工作组的几位班委干部们则在前期联系和策划过程中投入了很多心血。

今天上午由于联欢会现场场地有限，还有一部分孩子负责到那些行动不便的老人房间里陪他们聊天、讲故事，这些孩子们虽然没法看到联欢会的精彩节目，但她们并不觉得遗憾，借着这篇日志，我也要向这些在房间里陪老人们度过快乐时光的孩子们说声谢谢。

这次的活动是我们集体的成功，这离不开每个同学的付出。诗朗诵《夕阳情》，孩子们和老人们最后的拥抱让人难忘；手语表演《感恩的心》，孩子们流露出的真情让我感动；歌曲独唱，孩子们送给老人的美好歌声在屋子里久久萦绕；老人和同学们一起演唱的《革命人永远是年轻》，令人心潮澎湃；戏曲表演，孩子们的心意博得老人们的阵阵掌声（难得的是，表演者知道老人们喜欢听戏曲，特地提前去学习的）；表演班孩子表演的剑舞，给老人们带来了无限活力和视觉享受；最后的全场大合唱《同一首歌》，让在场的每一人都沉浸在幸福的感受中。

我看到有老人流下了热泪，也看到孩子们中有人擦拭眼角。我想这就是我们所追求和向往的和谐社会，希望这些孤寡老人能在这里找到家的感觉，也呼吁更多的人能关注这些老人，关注弱势群体，因为每个人都会年老，他们的今天就是我们的明天。让我们携手夕阳，敬老扶老，把爱传出去！

这就是这次特殊党课后，我记录下的内心感受。在接下来的日子里，我的这些可爱的孩子们还会用自己的特长，为老人们布置居室，用画笔记录美好的世界，让法华颐老院的老人们不再孤独，不再寂寞，在走道上、房间里能时时刻刻看到孩子们画的画，时刻感受人间的美好，让他们对生活充满希望，这是多么好的事情。

心中有爱，冰也会融化！

学习德语的体会

人生的道路一直都是我自己选择的，虽然在信息学院4年的本科和2年半的工学硕士的学习生活结束后，我并没有像大多数同学一样选择与专业相关的工作，而选择留校担任一名辅导员。当时很多朋友都说我傻，连当时的学校面试官都问我为何不去外企工作，而选择留在学校，我的回答都是一样的：我爱我的孩子们，我喜欢教师这份光辉的事业，我喜欢看到我的言行给孩子们潜移默化的影响。所以我选择了并不富有的教师工作，但精神上的财富却比这社会上的很多人都富有、都幸福。

今天浏览校内网的时候，正好看到了一位大一女生给我的留言和提问，是关于打算学习德语准备出国的问题。我想也许这个问题是不少学生都想了解的，因为你们中有不少人都有出国深造的规划。学服装的，或是其他艺术设计的，都应该努力开拓视野，获取更多的设计灵感和养料。法国、意大利、日本、韩国、美国、德国都可以考虑，但要根据自己的实际情况、家庭条件、语言能力的倾向等多方面因素做出选择。

当时我选择学习德语，并不是想出国，而是兴趣使然。我从小就对语言充满了兴趣，大学除了学习自动化控制专业之外，还读了英语二专，研究生阶段又进修了德语。我还依然记得当时我参加的同济大学培训班里的情况：第一堂课40人的教室里座无虚席，但到了期中的时候教室里只有二十来个人，接着越来越少，最后考试的时候只有十几个人。后来我才知道，原来这个班的很多学员都是被公司逼着去学德语，或者为了找工作，或者为了出国，等等。很多学员都没能坚持到最后，毕竟学习语言是没有捷径可走的，如果畏惧困难，不投入精力和时间，很容易出现放弃学习的现象。这种情况挺多的。所以，孩子们要做好心理准备，坚持不懈，才能把语言学好。

下面，我就学习德语的心得与大家分享。大四得知保研后我就开始学习德语了，目的是想充实自己的生活，了解异国文化，开阔眼界。2003年11月，开始在同济大学德语系德语培训中心读德语，同济大学的老师都很好，教得也很耐心，我前后读了1年多时间，共800个学时，大四毕业前去考了德语四级，一次就通过了。我的体会是，兴趣是最好的老师，认真上好每次课，课下认真复习。需要注意的是，一定要打好德语的基础，如语音和语法，因为德语比较严谨，语音掌握好了，再难的单词也都能读准了。另外，还要勤听、勤练、勤记。德语中，每个名词都有属性，分为阳性、阴性和中性，所有的语法规则也和这些属性有关，只要掌握了就可以举一反三。我当时还尝试写德语日记，现在看来这个方法真的很好，哪怕你每天就写两三句话，但是通过造句可以把新学的单词活学活用，效果事半功倍，同时你也不会觉得背单词枯燥了。

有出国打算的同学，要多加强口语方面的训练。此外，还可以早点搜集一些相关德国学校的信息，找到最适合自己的学校和专业，这样才是最好的。相信，你们都是很棒的，精彩的未来等你们去开创，加油吧！

爱，因为在心中

2008年6月11日中午，我给我的孩子们召开了本学期的最后一次班会，同时也是我给他们开的最后一次班会。因为我不得不离开她们，离开我深爱的107个孩子……

9月，我将承担新的工作，带2008级的大一新生以及学院的党校教学工作。这是学院领导对我工作的肯定和信任，也是对我曾带过的服设2005级4个班的充分认可。记得刘老师这样说道："服设2005级的优秀我们都看到了，所以我们也放心交给其他老师。"所以，我的孩子们，你们一定要更加优秀，不能辜负刘老师和我对大家的希望，不辜负学校对你们的培养和教育，你们要快乐，要坚强！

上周，当我得知自己不得不离开你们的消息后，我内心充满不舍。一个人安静的时候，脑海里就会不断浮现出我和你们曾经一起度过的点点滴滴。作为你们的辅导员，我有幸感受着你们的成长，尽自己的绵薄之力给予你们帮助和指导。最让我欣慰的是，这一年半的时间里，我们服设2005级全体同学都有了很大的进步。

你们每个人都是我值得珍惜的财富，其实谁都会有不足和弱势，作为教育工作者，我们要对每个学生不抛弃、不放弃，去发现你们身上的闪光点，给予你们鼓励和关心。很多时候我深深体会到"教育无痕，大爱无声"才是教育的最高境界。辅导员应对学生多点关爱，多点了解，走入学生的心灵世界，给予他们引导和帮助，但不是越俎代庖般的包办，要让学生学会独立，学会感恩，学会奉献，学会关爱。作为年轻的辅导员，我其实所做的还非常有限，也在不断探索和学习的过程中，自身也还有很多不足，但我相信未来的道路中我一定会继续以这样的教育观来对待每个学生，为每一个学生负责，把爱传递出去，让更多的人感受到阳光、乐观、积极与大气。

昨天的班会之前，我就告诉自己一定要坚强，不能哭，所以我一直强忍着，但是班会上令我感动的实在太多太多了。在带你们之前我就告诉自己，一定要给你们一个完整的、温暖的集体，我会带你们走完大四。可是，我还是没能遵守诺言，真的对不起，我非常舍不得，但也无能为力。我会好好地带好大一新生，我会教育他们向你们学习，希望他们向学姐学长一样优秀和懂事。

无论今后你们将遇到什么样的考验，都要学会笑着去面对，坚强勇敢地去奋斗。顺境时不安逸，逆境时不放弃，这才是人生的高境界。希望我的话能给予大家更多的鼓励和精神上的动力。无论我在哪里，我们的心永远在一起！无论你们在哪里，你们永远是我最棒的学生！

看着你们写给我的祝福贺卡，看到你们给我的祝福伞上写满的话语，我再也控制不住泪水，但这是感动和幸福的泪，谢谢你们，可爱的孩子们，谢谢你们的理解和支持。这两年你们真的长大了，每个人都为着自己的人生规划和航标在不断努力奋进着。

"虽然四年级不能与您一起走过，但事实上我们没有太多的遗憾，因为我们相信，不在我们身边的您依然会注视着我们的成长，分享着我们的快乐！"

"严老师，今天开了班会才知道您即将不带我们了。进入大学后我们换辅导员不止一次，但唯独这一次我非常地舍不得您。在今天的班会上看您掩饰不住悲伤的快落泪的神情，我心里也抑制不住悲伤。本以为您会带领我们一起度过大学生涯，每每想到这里就会很难过很遗憾！在大学中您是最关心我们的老师，不管在生活方面还是在学习上，您都尽心尽力地为我们着想。我想跟您说：老师，我爱您。现在只有在这里真心地祝福您，事业一帆风顺。请您相信，您带领的学生们都能成才，我们也会继续努力追逐梦想，请老师放心！"

……

看着你们的短信、你们的卡片，我真的觉得舍不得，好想和你们一起延续大四的美丽，陪伴你们走过美好的大学生活，但同时也感受到你们懂事长大了，谢谢你们对我的关心和一直以来的支持，我相信你们每个孩子都不会让我失望的！我爱你们！

最后，祝福服装学院史上唯一的顶顶棒的服设2005级107位学生前程似锦，大四生活一帆风顺，谱写你们的青春华彩诗篇！你们是我的骄傲！

青竹猗猗的空间

http://911845146.qzone.qq.com

主页 日志 音乐盒 留言板 相册 说说 个人档 分享 更多

查看主人装扮 送礼物 加为好友

说说

青竹猗猗

共 51 条说说

相信那一声再见，是真的可以再见。

07月04日 22:37

邮箱yunxun07d@126.com，密码51253203

06月16日 23:07

请速到我办公室领取报到证去迁户口。公共邮箱yunxun07d@126.com，密码51253203

06月14日 21:36

推荐表在yunxun07d@126.com，密码51253203

03月03日 13:39

http://www.shifansheng.com/

http://www.shifansheng.com/

2010-11-28 10:34

相册

好友秀

主人喜欢的 最近访客

未登录状态下，无法查看主人喜欢的空间，请先登录

留言板

最新公开日志

复旦活动推介：新生一百问

2011年09月14日 分类：个人日记

【前程协会】新生一百问

主讲人：郑文丞 等 时间：2011年9月19日(星期一) 18:30-20:30

地点：光华楼学生广场（光华楼东、西主楼1楼） 主办：复旦大学前程协会

...«还有 486 字节»

查看全文>>

复制本文地址 | 评论(0) | 阅读(119)

致2011级体育英语专业新生家长的一封信

2011年09月05日 分类：个人日记

致2011级体育英语专业新生家长的一封信

尊敬的新生家长：

在这金秋送爽，硕果飘香的季节里，真诚地祝贺您的孩子顺利地考入上海体育学院。体育人文学院热忱欢迎来自四面八方的莘莘学子！

多年来，体育人文学院始终秉持以德育为核心，以创新精神和实践能力为重点，形成了学生全面发展的和谐育人环境，赢得了良好声誉。

大学是培养学生懂得做人、做事，学会学习、发展的重要时期。我们由衷希望得到家长们的理解、支持和配合，为您的孩子早日成为诚实守信、积极上进、富有爱心和责任感的栋梁之材而共同努力。

一、加强与学院的沟通联系

1、大学生活以自我管理为主，新生容易放松对自己的要求，希望家长充分关注和指导。既要关心他们的学业成长，又要注重培养其独立人格。需要注意防范的有：过度消费，交友不慎，安全意识薄弱，有网瘾、烟酒等不良生活习惯，及其他生理、心理健康问题。

2、学院配有一名专职辅导员，负责2011级学生的思想政治教育和学习生活等方面工作。学院会把学生在校情况及时通报家长，也请家长与我们经常性地保持联系。

联系方式： 党总支：02151253268

辅导员：张瑞青 手机： 13524603185 13817855685

...«还有 1875 字节»

查看全文>>

博客：青竹猗猗

链接：http://user.qzone.qq.com/911845146/infocenter

博主：张瑞青（上海体育学院）

看什么新鲜事想告诉大家?

博主宣言:

我何其有幸,拥有这么可爱的两百个孩子。怀着一颗感恩的心对待我的职业、我的学生,爱得波澜不惊,爱得深沉而坚定。笔端努力传递着我心底最美的真和善,流淌着对同学们最深的关切和期许。融聚,和谐,共进。我如此欣喜,看着你们年轻的生命正生长出海纳百川的情怀;两百个稚嫩的梦想,正从体院迈向更遥远、更美好的前方……

话题 图片 表情 发布

学生评价:

小婕婕:我看到了一颗很纯美的心灵,性格本真、处事聪颖。很喜欢,很欣赏,很敬佩……就像一支渺小的蜡烛,虽然只能照亮黑暗中的一角,但是它的坚持,终究会感动那些远离烛光的孩子。

夜莺:你的人品和素质美丽无暇,你的谈吐露出了一份大气,这些都让我在内心深处添了许多敬意和欣赏。

小晚/太阳:"毕业感想"的点名游戏,里面有个问题,说说大学里你印象最深刻的老师是谁?这是唯一一个我没有犹豫就回答的问题,是您!我是这样写的:张瑞青,一位值得我用一辈子去记住的老师!

也来说说邓亚萍

现在已经就职《人民日报》社副秘书长、人民搜索网络股份公司总经理的邓亚萍无疑是一个榜样。从国际奥委会委员到"最年轻的正厅级女干部",她的华丽转身足以让体坛内外的每个人羡慕。

首先,我们得承认,邓亚萍是幸运的。她有18个世界冠军头衔,是当之无愧的"乒乓女皇"。她的名声和人气是她迈入职业三级跳的快车道的加速剂。我们喜欢榜样,更喜欢制造榜样、宣传榜样,所以在举国体制下,邓亚萍得到了小心翼翼的呵护,得到了可以从容在政界、商界游走的资本。在缔造榜样的思路下,小错可以宽宥,进步可以放大。如果不是邓亚萍,各种提拔和重用几乎是不可能降临的。

所以,有人说,邓亚萍是不可复制的,是学不了的。因为她是"被制造"的。果真如此么?

运动员退役后,"体而优则学"、"体而优则仕"的向来不乏其人。被清华、北大等知名学府破格录取的退役运动员数不胜数,比如体院也向孔令辉等抛出了橄榄枝,为他们读研深造创造了优越条件,但跳脱体育行政管理圈子的并不多,邓亚萍是一个典型。

为什么偏偏是邓亚萍?

我们还是来翻翻未曾发黄的历史吧。十年的时间不短,也不长。我从读高中到工作,中间隔着的距离是十年;儿时的玩伴,十年光景过后,膝下儿女已到了打酱油的年纪。而邓亚萍的十年,又是怎么度过的呢?

1997年邓亚萍退役。同年进入清华大学学习英语专业,2001年获学士学位。

2001年9月进入英国诺丁汉大学,2002年12月12日,获硕士学位。

2003年进入英国剑桥大学学习土地经济学,2008年获剑桥大学博士学位。

如果说,当初邓亚萍进入清华大学靠的是"破格录取",那么能在诺丁汉大学和剑桥大学继续攻读学位靠的就是真本事了。值得一提的是,剑桥历史上,第一次有像邓亚萍这种世界顶尖运动员能拿到博士学位。而这些成绩的背后呢?是邓亚萍"非人"的付出。

看到有篇报道说,邓亚萍进入清华大学后,第一份作业是写26个英文字母。这对于我们每个人来说都是"a piece of cake"吧，但是邓亚萍费了半天劲才写出来，还是大小写不分的。"上课时老师的讲述对我而言无异于天书，我只能尽力一字不漏地听着、记着，回到宿舍，再一点点翻字典，一点点硬啃硬记。我给自己制定了学习计划：一切从零开始，坚持三个第一——从课本第一页学起，从第一个字母、第一个单词背起；一天必须保证14个小时的学习时间，每天5点准时起床，读音标、背单词、练听力，直到正式上课；晚上整理讲义，温习功课，直到深夜12点。"

每天14个小时的学习，5个小时的休息。一个荣誉等身的世界冠军，哪里来的这么大压力和动力？

"在退役之前，经常在考虑一件事情。就是因为所有的运动员，竞技体育运动员都将面临着退役，我当时问我自己，如果不当教练，去走入社会，跟一个普通的人去竞争，你有什么优势，你有什么能力，你就比别人要强了很多吗？所以当时觉得我应该去读书，就这么简单。"

"虽然都是一个'苦'字，但此时的我却有不一样的感受：以前当运动员，训练累得实在动不了，只要一听到加油声，一咬牙，挺过来了；遇到了难题、关坎，教练一点拨，通了；比赛遇到困难，观众一阵吼声，劲头上来了，转危为安。但读书呢，常常要一个人孤零零面壁苦思，那种清苦、孤独是另一种折磨，没意志、没恒心是坚持不下去的。""但我相信：没有超人的付出，就不会有超人的成绩。这也是我多年闯荡赛场的切身体验。"

正是有了那个用功到掉落头发的邓亚萍，才有了那个一口流利的英文、风采卓越的申奥大使。

不需要更多的列举了。相信每个人，在她的付出和收获面前，都会有深深的自我反省。可能我们的英语水平是差，我们的文化底子是薄，关键的问题是，你是否花了更多的精力和耐心去追赶。身为体育人，你是否真正拥有了体育精神？

"从身高 1.5 米到世界冠军，从 ABC 学起到英国剑桥……"也许我们成为不了邓亚萍，但我们能像她一样，用努力成就美丽的蜕变，牢牢把握自己的命运。

改变和选择

小林HOUSE的冠军奖杯现在正在我的桌上闪闪发光，这是孩子们送给我的最好礼物。如果说足普是一次相当成功的热身，那么，小林HOUSE则说明了我们的实力。运训学生的潜质毋庸置疑，只是可能平时缺乏持之以恒的努力。成功的关键，很多时侯就在于信念和行动的选择。

16名班委已经开始履行自己的职责。在这次班委选举中，我始终安静地坐在角落里观察着、倾听着、等待着，我相信时间，将会冲淡些许猜测和质疑。无论是坚守岗位的，还是新手上路的，每个人都面临着不少压力，但值得骄傲的是，没有人退缩。更要为之叫好的，是卸甲归田的那部分同学。当我看到小陈练习健美操的身影，小邵为了工作通宵达旦地付出，小丁早操时给大一学生签名的一丝不苟，小何在舞台上炫目的表演，小唐陪着同学看病的热情和关切，小闫为了跆拳道锦标赛的忙前忙后，尤其在周课上，小向和小张站在讲台上介绍着他们的班级活动，台下响起了雷鸣般的掌声时，我知道，即使他们心里有着些许失落和伤感，但在改变面前，他们选择了释然，选择了成长。

社会只有风雨没有温床，突如其来的挫折与打击随时而至。每个人都要学会如何应对和如何沟通。当一个又一个孩子主动来和我交心的时候，我终于可以放心，这种挫折教育的方式和方法虽然缺乏足够的人情味，可最终获得了学生们的理解。成长，总是会伴随着伤痛的深刻烙印。在挫折面前，是倒下、反对，还是站立、应对，对自己想要的东西，是积极争取还是消极被动，选择权不在别处，就在你自己的手中。

在体训学院学生会合并之前，运训进行了主席团初选。上台竞选的23名候选人中，2007级学生的表现抢眼夺目。我和大家一样，不知道合并将会带来什么，但没有人选择放弃。我们只能面对，只能积极地为迎接这个改变而调整自己的步伐。有人问我选举结果时，我闭口不言。要知道，很多时候，必须学会等待。不会等待的人是很难理解幸福的。等待得太少，就会被剥夺锻炼耐心和产生期望的可能。

在甲流和疫苗接种的风险之间，我和孩子们说，我不知道。几个月前和大家开班会时，我曾提醒过大家我会在什么时候说"我不知道"。人生充满了无数次的选择，每一次都是与自我的较量，每一次，都意味着付出，但也意味着收获。

电影《2012》让我思考生命的意义，珍惜和感恩，是抵达幸福的不二法门。至少在末日来临时，我会知道自己没有错失最珍贵的东西。那么，扪心自问，现在的你，知道自己最想要的是什么了吗？不要畏惧，挑战往往也是机遇；不要逃避，看得清自己，才看得见未来。

培训归来

在上理工培训的一周几乎是疯狂的。从早上九点到晚上八点，时间安排得满满当当。住在上理工门口的启明招待所，除了不能上网，饭菜口味不如体院，其他倒也一切OK。算来这是我第四次来上理工参加辅导员培训了，俨然有了些"老油条"的味道，第一天是抱着忽悠的心态签到的。当培训班班主任赵老师宣布我是第二组组长的时候，大脑一片空白。说得好听叫组长，说得实在一点，就是最苦最累的那个。除了每天早中晚的点名，每个老师每节课的反馈表、每天的日记、最后的小结、调查表都要组长去收，主题讨论要组长去组织，记录是组长负责写，最后的答辩ppt也是组长来准备……我头脑里冒出来的第一个想法就是，我甭想翘课了……大家都是暑假才休息了十几天又被集中起来培训，所以心里多少都有些不情愿。但是真的来了，会发现物有所值，哪怕是对我这个已经是培训的老面孔来说，也是收获颇丰的。

给我们培训的老师都是辅导员中的"老法师"，大都是去年的老面孔，讲授的题目和去年也大致相同，但是课程内容更新很多，这些变化背后凝结的是他们一年来的学习和思考，这让我心生敬佩。团体辅导既有趣，又有启发，破冰行动也让我们认识了许多新朋友，在霍兰德的性格测试中，大多数的辅导员都是社会型，也是最适合做辅导员的类型。而我在艺术型和社会型中间犹豫了很久。看来我的艺术型特质造就了性格中桀骜不驯的那一部分。

兴许是讨论的题目选得比较好，我们第二组的讨论相当激烈。大家对自己的工作是"高级保姆"的说法意见大体一致，"保姆"的事实我们都不可逃避，但是大家必须寻找出路。因为事务性工作只是解决学生的一时之需，教给学生如何做事、做人，才是我们更重要的使命。我们十几个人当中，有工作过多年的老辅导员，也有还没开始带学生的新人，但是看得出，大家对这份工作都怀着很深的感情。我注意到，不少男老师在讨论自己学生的时候，也会把学生称作“孩子”。我能体会那种心情，大家都一样，自觉不自觉扮演起为人父母的角色。就像有一位老师说的那句话，“恨是因为爱”。这轻轻的五个字顿时让整个会场为之动容。兴许大家都比较感性的缘故，当最后一次讨论快要结束时，平时寡言少语的一位老师说了一句“我觉得辅导员真的是挺伟大的事业”，大家一点都不觉得矫情。我们是相信真诚、相信爱的一群人，并且正努力把这种信念传递给我们的孩子们……

青春无悔，无论是一开始怀有向往之心，执着地走到今天的，还是机缘巧合误打误撞，闯进了学生工作大门的，最终我们走到了一起，成为了一名辅导员。在培训的五天时间里，我们收获了很多。九次课程的时间并不算长，但内容是厚重的，知识是全面的，我们对工作多了许多认识，多了许多思考。在紧张的学习和分享中，我们也完成了从学生到老师角色转换的一次涅槃。“高级保姆”，这是我们在分组讨论时最热烈的话题。孩子们钱包丢了，选课迟了，闹别扭了，失恋了，甚至连怎么乘车怎么洗衣服怎么做作业，五花八门的求助有时会让我们哭笑不得。这俨然是保姆，而且是来自外星球的变形金刚，既要能化身明黄色的华丽跑车充当孩子们的座驾，又要能在他们遭遇困境时化身英勇厮杀的大黄蜂，拯救和庇佑着他们。

有人说，我们是学校和学生沟通的桥梁。但江河之上的桥梁只需连接左畔和右岸，而作为无形沟通之桥的我们，则要承受上下两端的压力，累，苦，甚至还有怨。这是我们每个人都会面临的现实，不容回避的现实。但现实教会我们清醒。学习和思考之后便是坦然。我们坦然接受了繁琐的工作特性，我们坦然接受了如同为人父母的压力，我们，也坦然接受了形形色色的猜测和质疑。面对来自外界不同的解读方式，我们择善而从，只要我们怀揣着梦想，我们就拥有不断向上生长的力量。我们选择了做辅导员，我们就会为我们的人生负起责任。要把一阵子的职业收获成一辈子的宝贵财富，唯一的法宝就是投入。“付出和收获成正比”这句话也许不是真理，但是付出和收获永远成不了反比。叶圣陶先生说：“教育是农业而不是工业。”所以，每一位老师，都像是辛勤耕种的老农。耕种是慢工出细活的事业，不能拔苗助长，不能指望一次浇足水、施足肥就皆大欢喜，人勤地不懒，天道如此。

生命的可贵之处就在于它是鲜活的、灵动的。每个人有他自身的意志和精神，外部环境不可能彻底改变，但我们相信所有的生命都经历着由小到大、由弱到强的演变，精心呵护的关爱总归会结出累累的硕果。奉献即是伟大。向所有厚重的青春致意，愿我们的爱能唤起芬芳桃李天下，愿我们呵护的青年一代能撑起一个雄于世界的强盛中华……

写给第16周的忙碌

这周不出操，很多课也停掉了，和大家见面突然也少了很多，感觉心里很不踏实。某一天，有孩子和我抱怨说早操找不到我签到了，才意识到没正式通知大家要准备期末考试了，不再出操了。了解下来，知道很多孩子还在坚持出早操，赞一个。

上周的主题班会，针对蜗居、酗酒事件和大学生救人事件等话题，大家都做了精彩的发言。班会作业我还在一点一点地看，一点一点地整理。虽然多数是抄袭，但不少同学还是有着自己深刻的思考和独到的见解的，包括思想汇报。我现在越来越喜欢看思想汇报了，都是很真实的想法、很自然的生活状态，让我感觉是和你们在一起的。记得小杨的思想汇报写了元旦晚会前后对梅老师看法的转变，让我回忆起自己2004年军训时她带给我的点滴感动。魔女，是孩子们对她的称呼，在他们眼里，梅老师亲切和严苛并存。最近体训合并后，我从梅老师身上又学到了很多很多，她是一个如此优秀和出色的辅导员。也不得不承认，自己和她差距甚远。

有孩子抱怨三天晚上都没看见我了，我才意识自己好像是蒸发了。周一晚上陪人民日报社的师妹采访，周二晚欢迎退伍老兵，周三晚有接待任务，周四晚上倒是在办公室，但九点不到就回去休息了。打了疫苗后，我的身体反应比较大，感冒一直没好。周四早晨从长海医院挂水回来，一直昏昏沉沉的，提不起精神。下午去"被开会"，我居然靠着椅子睡着了。

刚刚写完周二下午14：30的讲座简报，我突然意识到很多看似简单的事情，其实有着非常复杂和需要遵守的流程。新闻稿必须发给对方审阅后才能上传到校园网，这点我之前没有意识到，莽撞了。吕总谨慎地修改了些许文字。虽然只是短短的接触，但自己在接人待物上又有了些许进步。

吕博士拥有法国高等商学院工业市场学和澳大利亚皇家理工学院电子商务学双博士学位，他介绍必和必拓的理念文化、目标战略、体系结构和社会责任。讲座时间有点长，不少学生感觉和自己无关。但通过必和必拓的简介，我们却能了解到跨国公司的发展模式和对人才素质的基本要求。就业，就应该有点国际视野和大局观。我们经常抱着那个小我，从内心斤斤计较外界，却忘记了解环境，从外界要求自己。

后来，结合当前的社会发展形势，吕博士为大学生如何在国际多元化背景下成为有用之才开出了药方：学会解决问题，学会掌握软区域，学会时间管理和项目管理，学会团队合作和沟通，学会持续学习。吕博士讲述的"目标（goal）+现实（reality）+选择（options）+意愿行动（will）"的成长理论（GROW），简明扼要地道出了成功的必要条件。由于时间关系，许多只是点到为止，意犹未尽。

记得他两句话掷地有声：缺点是优点的延长线。在这个人与人渐渐趋同的时代，重要的是做一个与众不同的人。我总是教育大家要改正缺点，把短板变长，但却没想到"把缺点看成优点"这一部分。用这句话打量自己，突然发现，自己也有了些不一样。吕博士寄语同学们要心宽，眼亮，脑转，手勤，脚稳，耐心专注，从小事情做起，从细微处学习。

听完讲座，受益匪浅。我们每个人都应该用开放的心胸和发展的眼光看待挑战机遇，用开阔的视野和高远的境界考虑利益得失。这样才能站在更高的位置上规划个人发展目标，合理管理有效时间，立足现实，见诸行动，保持积极向上的心态，在实践中有目的地提升自身的能力和素养，为成功打下坚实基础。

又是一年献血时

18、19日献血，这两天在统计献血名单。2007体教现在有八九十人报名。2007运训的名单和我估计的差不多，刚好50个。仅占到全年级总人数的四分之一，也只有上周五出操人数的二分之一。这和世博会志愿者报名时的火热形成了鲜明对比。当然，不少人有这样那样的原因，或是晕血，或是体质不适合，或是刚刚做过手术，或是生理期的关系。

我只是在班委会让班委做了统计，没有强调，没有勉强，毕竟这是自愿的事情。原则上党员和入党积极分子是要做表率的，但是我觉得，如果连献爱心都要强制规定，那会是让人寒心的冰冷。所以，大家要量力而为。

记得每年献血，体院的人都是抢破了头的踊跃。每年都有大学完不成指标，但体院每年都远远超额，以至于学校不得不限制献血的人数，以高年级为主，低年级做后备。这，恐怕也是上海唯一做出这种规定的学校了。热情乐观、服务奉献，这是体院学生最可爱之处。

从2004年到2009年，整整六年，我都在献血现场，总能被那种无形中流淌的温情所感动。正因为这么多可爱的体院人，才让我在这里找到家的感觉，找到心灵的归宿。一本毫无重量可言的献血证，承载的是对生命的关爱和尊重。生命不会永远绚烂若霞，在不可抗拒的命运打击面前，你，我，他，我们都一样脆弱。

每次献血，男友都会说，不要献了，我来替你。我总是微笑而坚决地摇头。兴许是因为动过手术，虽然没有用到备用的血浆，却依然感到了被帮助的安全感和幸福感，因此会怀着一颗感恩的心来回报。

2004年献血，我顶着高中生党员的光环，庄重地卷起了袖子，憧憬着将在体院度过的未来；2005年献血，看到了一直排斥献血的好友挽起了袖子，感受着良好氛围的影响力；2006年，身边出现了更多更稚嫩的面孔；2007年，和朝夕相处的伙伴们一起，满是依恋满是不舍地重温着问心无愧的大学时光。2008年，冰雪灾害，汶川地震，献血成为了我们帮助国家和灾民的最好方式。2009年，孙老师和陈老师两位老师让我懂得，教师的率先垂范彰显着无声的力量。不知不觉间，献血已经成为生活中挥之不去的烙印，伴随着我的生命刻下从青涩到成熟的年轮。

凡人如你我，也许难以惊天动地，但我们可以做到，伸出胳膊，让血液温暖那些在病痛中冰冷的心灵。

资料

真水无香

播客 微博

加好友 发纸条

写留言 加关注

等级：
积分：654
访问：10,864
人气：29

博文

置顶：云南，支教，我，你们，他们（六） (2011-08-19 20:45)

转载

标签：西畴 中华民族 张敏明 龙正小学 教学环境 育儿　　分类：与你分享

该画上一个句号了，写了那么多，不单是因为这是一份宝贵的经历，还想让更多的人知道同一片阳光下还有很多不同的同龄人。我没有吴蒙那么执着的热情，所以我钦佩他。但是我有可供我宣泄的文字，我可以把自己的感受毫无保留的留在这里。尽管在云南的那周，我并没有完全投入的进入当地孩子的生活中，但是他们的一颦一笑至今历历在目。当他们得到馈赠的时候，他们并没有流露轻松，反而是一脸的沉重。当我们询问他们的沉重时，他们淳朴的说害怕辜负。我知道一年300元，对于我们大城市的孩子，对于我身边的很多朋友来说实在是微不足道的一笔钱，但是对于他们，却可以改善他们的教学环境，获得更多的教学条件。感谢那里的人，改变了我对支教的感受。忘了和大家分享西畴精神，“等不是办法，干才有希望”，在西畴的每一天，从领导到普通教师，他们都在告诉我们什么是西畴精神。那里的人用自己的双手创造了现在的新生活，改变了西畴很多很多，但是不是所有的土地都能结果，不是所有的丛山都有宝藏，西畴，缺乏的不是人的精神，而是客观的条件。

阅读(4) | 评论(0) | 转载(0) | 收藏(0)　　查看全文>>

云南，支教，我，你们，他们（五） (2011-08-09 20:47)

转载

分类

- 全部博文(118)
- 心灵导语(23)
- 祝福你我(36)
- 与你分享(24)
- 生活点滴(12)
- 方圆规矩(9)
- 真才无香(6)
- 独家影评(4)
- 形势政策(2)

评论

- [匿名] 新浪网友　08-19 18:27
  姐姐的文字总让人很感动，想流…
- 青溪吟泉　08-10 13:05
  还有明年嘛 嘿嘿
- 泡沫人鱼　08-05 14:56
  贴些照片上来，让我们看看你精…
- 08-03 20:49
  原来是哥和弟…
- 真水无香　07-28 12:32
  调查继续，请问继续，争议继…

博客：一辈子的博客

链接：http://blog.sina.com.cn/yaoyaoaichongchong

博主：魏巍（华东政法大学）

有什么新鲜事想告诉大家？

博主宣言：

真诚地希望通过“一辈子的博客”，和大学生分享学习、生活、工作中的点点滴滴。博客在引导大学生积极健康价值观的同时注重凸显博主自身的个性，重视与大学生互动成长的过程，重视大学生困惑烦恼的解决。希望通过撰写博客让辅导员工作不仅能陪伴大学生的大学生涯，更能因其宽容、理解和睿智陪伴大学生成长一辈子。

话题 图片 表情

学生评价：

天使在巴黎：魏老师在博文中流露出的真诚、善良、理性、深思，我想不仅仅对于关注其博客的班里的同学，对于整个网络社区，都传达了一个正确的价值观和一份份大家时刻需要的正能量。

光年：一篇博文阐释的是一份心情，一个博客对应的是一份人生，有人开博客只是想给自己找一本摊开的日记本，然而，魏老师的博客却是为我们而开的。很感谢魏老师通过博客的方式对我的关注和鼓励，很多初入大学的同学和我一样需要这种朋友般的简单的关心。

cheney：没有华丽的辞藻，但却在平凡朴实的文字中道出了对生活、对工作、对人生的一番独到的理解。博客就像是一条纽带，拉近了我们之间的距离。

未来取决于今天

孩子们，你们告诉我，大一的每一天，你们为何都会莫名的忧伤，也许因为环境的陌生，也许因为学习的困惑，也许你们自己都不知道为什么。这样的迷茫我太熟悉了，每年我都会看着大一的学生们一直困惑在迷茫中。很想为你们做点什么，想来想去，还是给你们写点文字吧。

记得我们第一次见面的时候我就告诉你们说：从今天起你们将面对人生中最大的挑战！没错，大学太诱人了，它突然释放了你们身上的枷锁，给予了你们足够的时间让你们自由，但未来时空的不确定无形中又给你们带去极大的压力。你们会无助地设想未来会怎么样，你们会问学长学姐，问老师，希望他们给予你们明确的答案，但是没有一个答案是令你们满意的，因为答案的实现太遥远了。于是，这一两个月里，有些人依旧在迷茫，有些人已经在探索。无论做怎样的猜测，未来一定是有人会干出一番事业，有人却最后一无所成。你们的命运取决于什么？取决于今天你们的抉择。

孩子们，你们大都已经成年，漂泊的日子意味着成长，那是一种资本，一种财富，远离父母的怀抱，会想家，会不习惯，但确要明白只有独立的生活才能有独立的思考，才能有独立的承担，而承担才是一种成熟。尽管从漂泊到承担有很长的路要走，但是庆祝你们漂泊的第一天吧，勇敢的第一步已经让你们拥有了很多机遇。

高中到大学的学习转变，是一种学习习惯的转变，这点你们的学长学姐可以教会你们很多。多参加一些学长学姐们的交流座谈会，多向他们请教，千万别封闭自己，不要害怕失败和丢脸。我们每一个人的成长道路上都有太多的失败，而唯独只有失败是有累积能力的，它可以帮助我们更快地到达成功的彼岸，所以珍惜每次失败的经历，那会让你的心灵强大。

陌生的宿舍生活，一开始一定是融洽的，但慢慢的，彼此生活习惯的不同一定会给你们带去很多难题。首先希望大家都能宽容对方，迁就对方，吃亏自己，但也不要太委屈求全，因为我们需要用民主公平地方式塑造我们的环境。宿舍室长们定一个你们的室规吧，让我们能在一个有原则的环境中公平地生活。如果大家有缘，做朋友，做好朋友，这份财富是受益无穷的，是你一辈子的珍宝。

当你们这个学期能够坚强地独立生活，找到一两个好友，与宿舍同学相处融洽，并掌握一些行之有效的学习方法，那么大学的开头就真的不错了。接下去，可以为自己定一个小目标了，比如大一结束的时候有哪些收获，拿个奖学金，组织一两次班级活动，参加一些比赛，等等。如今的你们要通过实现小目标增强你们的自信，重新认清你们的能力，我希望你们在迷茫的时候告诉我，让我这个过来人和旁观者比较清晰地为你解惑，而之后的那条路只有你自己亲自走才有味道。

勇敢一点，孩子们，这条道尽管很艰辛，但充满生机和活力，它会给你带去许多意想不到的惊喜，让我们一起见证，一起实践吧！我看好你们！

恋爱来了，一定要勇敢

关于恋爱，实在有很多可以说的话题。刚进大学，很多人会提起这个话题，很多次卧谈会的主题可能也是这个话题。如何看待大学生恋爱，这是一个很难用只言片语就能说清的话题。我考虑了很久，还是想写些东西，谈谈我对大学生恋爱的一些看法或者建议。

你们现在是十八九岁的年龄，青春年少，良好的异性交往对于你们形成较好的社交圈是非常有帮助的。所以，我很鼓励大家要主动加强与异性的交往，和异性交朋友，尤其是男生。我不建议大家在大一、大二的时候恋爱，因为这样很容易让你的人际圈缩小。和不同的异性交流交往，也是为了为今后的恋爱打好基础。因为了解对方才能更好地保护自己，而通过交往提高对自身的了解才能更好地处理自身的问题。当有恋爱的冲动和感觉的时候，我希望大家能勇敢面对，它可以成为你们大学生活中非常宝贵的经历。你们说，有老师建议大学期间一定要恋爱。我想大家是断章取义了。老师们的建议是：当恋爱来了，你们不要逃开，要勇敢面对。如果他或她确实是你一直追寻的人，那么互相接触一下、彼此了解一下未尝不可。而不是让你们为了恋爱而恋爱，这样做对你或者对方都会是一种伤害。所以，希望大家首先要记住，不要为了恋爱而爱，但是你们应该为了找寻真爱而努力追寻。

大学生异性相处的过程中，一定存在一种互为好感的关系。其实，这种朦胧的关系很纯洁，也非常珍贵。此时，聪明的你们一定都会对对方仔细观察，心底暗暗盘算，对方是不是自己倾慕的人，是不是可以继续交往的人。这时候，我希望犹豫的男生能主动一些。因为男生主动，会让整个事态往更积极的方向发展，而且如果成功，也能在两人关系中处于有利的地位。但目前还是有很多男生不敢吐露心声，这有很多原因，比较多的是觉得大学时候如果恋爱可能会牵扯很多时间，自己没有把握能否好好掌控，也没有把握是否有个圆满的结局。针对这样的同学，我想说，恋爱的首要原则一定是真诚相对，如果是为了填补目前的空虚，那么我相信这些同学无论处理什么事情都会问题百出，因为他们连最简单的为人处世之道都不甚了了，所以首先一定要真诚。其次要慎重，要了解对方的性格，而不能简单的因为喜欢而喜欢。在这两条都能做到的前提下，我觉得任何男生都应该为自己所喜欢的女生主动一次、两次……这是你们的义务和权力。而且，我一定要告诉我们的男生，唯有你自己勇敢追求得到的女孩才会是你一辈子珍爱的。

以上我说的是态度，其次来说说方式。我觉得恋爱是一种美好的状态，所以一定要有语言，一定要有文字。你们现在太习惯发短信、发飞信、用 email 等等，这些东西剥夺了许多可爱的东西。如果你们决定要勇敢地去追求，那么一定要用你们认为最美丽的方式，即使头破血流也一定要让这个过程很美，至少你不会后悔（这是专门针对男生说的）。

那么女生呢？也许我是一个保守的人，我觉得女生一定要矜持。女人是一本书，一本要让男人翻到最后一页才明白的书，而且要回味无穷。我记得在我读大学的时候曾经参加过一次读书见面会，见到的名人是香港政界女强人范徐丽泰，在告诉她我的学校并递上书让她签名的时候，她思考了一下给我写了四个字"称心如意"。这对于当时的我而言似乎很残酷，但是在后来的日子里，我渐渐读懂了，女人这辈子最美丽、最幸福的事是找对自己的爱人，找一个适合自己并彼此相爱的人。所以我要告诉女生，你们的大学除了要好好学习更要学会和异性相处，和不同的男生交朋友，了解他们的性格脾气，这样才能知道什么样的男孩子适合你。而且，一定要读书，女人可以不强势，但不能无知，不能没有主见，所以一定要读书，并且要知道读书是为了更好地维系家庭，为了让你在爱情中不被冲昏头脑，依旧冷静和沉着。

啰嗦了那么多，希望你们能明白，遇到了一定要珍惜。

邪恶力量的助长是因为你的怯懦

从去年12月到今天，这起事件终于尘埃落定。我一直想把这件事规整规整，好让大家吸取教训。

去年12月的时候，我写过一篇《警惕小偷和骗子》的博客，其中的骗子是一家文化传播公司，它利用新生尤其是针对外地学生不熟悉学习、生活环境的弱点，打着帮助学生就业的旗帜，称可以为大家提供各种各样的培训，以帮助大家四年后就业。据很多被忽悠的同学反映，去该公司参加先期免费培训的时候，对方唾沫四溅的唯一目的就是要让大家交钱，不管你交多少，只要你有意向交钱，不管你是否愿意，进了它的门，你就得交。一个学生说他被洗脑了四个小时，最后坚定地没有交钱，对方非常生气。但是还是有很多同学被成功忽悠了，如果你想交部分钱，它会说交全部吧，不能分期付款；如果你说你只带了那么多钱，他甚至会给你一个账号让你汇款或者很主动地帮你垫钱，反正不交点钱你不能离开那地方。最后我们很多学生被骗了。

当同学们交费以后，对方虽然也会提供一系列的所谓培训方案，貌似很详细，还正儿八经有听课证，但是仔细一琢磨，没有具体的上课地点，没有上课内容，具体课时安排也不清楚，甚至连上多少课都不知道。最啼笑皆非的是，对方在合同中约定能为所有参加培训的同学提供就业推荐，条件是必须达到规定的课时并且考试合格。而至于什么是就业推荐没有做具体解释，也就是说，首先你要参加全部课程的学习，其次是必须按照它的考试标准考试合格，最后是所谓的就业推荐，至于推荐到哪里、是否就业成功那就要看你的造化了。就这样，很多同学在交费以后恍然大悟，纷纷要求退款，对方不答应，老师一同去评理，对方依旧不答应。理由很简单：你们是年满18周岁的公民了，合同是你们自己签的，应该要负法律责任。甚至还有学生因为只交了一部分款，对方公司频繁打电话催促付款，还要挟如果不交全额款则会对学生的诚信提出质疑，让学生觉得刚上大学诚信度就没有了。在这样的情况下，很多同学都退缩了，有的只交了四五百块钱，觉得也无所谓，所以就放弃了维权；有的尝试了很多次，但是因为对方非常刁蛮无理，最后只能自认倒霉。但这次该文化传播公司一定会很郁闷，因为我们有部分同学勇敢地站了起来，采取了合法合理的行为切实维护了自己的权益。

首先，他们打了12315工商举报电话，质疑对方公司是否超经营范围经营；其次，他们联系了报社，通过媒体的力量为所有受骗的学生维权。再次，他们联系了律师事务所，通过法律的途径切实维护了自己的合法权益。

当《青年报》整版报道了高校新生被骗的案件以后，律师及时发出律师函帮助学生维权。不久，上海各大高校受骗的学生均纷纷联合在一起，以集体的名义开始了维权的行动。不久，该文化传播公司给所有同学打电话，同意协商退款。至此，我们看到了大学生维权的曙光。

如今，我校参与本次维权的同学均拿到了退款，并且拿回了几乎全部的金额。同学们很高兴，我也感到很欣慰。执笔至此，我想通过这件事给我们所有大学生朋友以及未来的新生提些建议。

第一，加强辨别。如果要参加校外培训，要认清最后的发证机关是谁，有没有资质。比如，上海市教委、上海市职业能力考试中心等都是权威部门，有培训和发证的许可权。

第二，谨慎签名。对方之所以如此嚣张，是因为你提笔签下了合同。当大家成为完全民事行为能力人以后，你们不再有监护人，你们必须为自己的一举一动负责。因此，当大家签名的时候首先要认清对方和你签署合同的人是谁。这次，该文化传播公司与大学生签署的合同都是用网站、某传播公司的名义盖的章，这些单位都不具备法人资格，都是不适格主体。

第三，重视维权。如果确定自己上当被骗，一定要敢于维护自己的权益。之所以最后我们的同学能要回退款，其中一个重要原因在于他们没有放弃。他们很荣幸地得到了某律师事务所律师的帮助，并自始至终都坚持维护自己的权利。很多人在事前都认为被骗以后只能吸取教训了，自认倒霉，这其实助长了诈骗者的邪念。但是当全市近10所高校30多名大学生聚集在一起申讨退款，并利用法律武器维护自身的权益的时候，对方公司马上松口了。所以，大学生一定要重视在一个法治的社会中充分运用合理合法的手段维护自身权益。

第四，务必团结。这次唯一遗憾的是最后退款的过程。原本30多位大学生联合起来申讨退款，由于没有一个主心骨，所以被对方公司各个击破。他们利用大学生迫切要求退款的心理，提出九折退款的条件，于是阵线被打破了，许多大学生马上接受了条件，只要有人接受，其他不愿意接受的都会陷入被动，结果，大家都妥协了。当然，能退九折比起先前分文不退要好很多，但是如果大家都能坚持全额退款，我们就能为自己争取更多的权益。所以，维权一定要团结。

说了那么多，最重要的一句话就是面对邪恶一定要坚强，要敢于维护自身的权益。试想，如果连自己都无法保护，作为政法院校的大学生今后如何为他人维权？这次非常感谢这家律师事务所的律师，为我们大学生费心费力免费代理，他们的言行也给所有政法院校的大学生树了一个极好的榜样，学法律，就要敢于帮助弱势群体，对抗恶势力，维护公权力。希望你们今后也能成为他们，能和他们一样在未来的日子以身效法，帮助身边的人，并告诉他们面对邪恶切忌怯懦！

如果可以分享，这就是快乐

新学期的第一次班会，三个班在一起，我期待了很久，从年前期待到现在，因为我给大家安排了三份作业，该是验收的时候了。前几天，一直听到班委们念叨大家的积极性不高，让我很沮丧，每次兴致高昂地组织一次活动，得不到大家的支持是组织者最失落的。后来冷静想想也蛮难为大家，毕竟带一份礼物给父母家人，带点土特产给同学是大家的私事，有同学愿意分享，有同学希望自己默默享受，我觉得都是大家的权利，我也不能太为难大家一定要在公开场合说。不过今天的班会还是让我很享受的，把几个快乐的片段截取放下来让大家再回味回味。

首先，是让我既动容又大笑的小方同学。他是这么说的：我13岁成为留守少年，我爸爸妈妈在我19岁的时候成为留守父母（那时候我的眼眶都热了），但是我这次只带了半份礼物回家（我已经忍不住了，因为事先他曾经跟我说过），因为我给妈妈买了一个电热水袋，但忘了带电源线回去。

点评：有思考有爱心，我相信小方同学是个懂事、不需要太操心的学生。

其次，是1026班做的视频，虽然没有旁白，但是字幕的衬托，还有大家用心的努力。我看完的时候真的很感动，希望大家好好保存这份用心。

点评：你们是一个团结的集体，相信大家一直努力一定有更美好的收获。

第三，是1028班的小钟同学。实在不知道他能这么幽默，不过当他说他给妈妈写了一封信的时候，我觉得他的妈妈好幸福、好幸福！

点评：其实礼物真的未必是一份实物，只要是实实在在的一份爱就可以了。

第四，是1026班的小张、小戴，1027班的小姜同学，因为你们真的很懂事，你们会想到利用寒假去打工，用打工的钱给父母买礼物，太感动了，你们很棒！作为你们的爸爸妈妈应该为你们感到骄傲！

点评：相信这份作业能让你们有不一样的感受！

……

如果可以分享，这些都是快乐！相信大家都能珍藏这些快乐，直到有一天回忆的时候，真的很美很美！同时，我也要告诉其他没有与我们大家分享故事和表达爱的同学们，我不在乎大家是不是做了这份作业，但是我很在乎你们是否在大学的校园站一次讲台、脱稿说一些话、表达一些自己的看法和建议，我很在乎，因为这才是大学，一个有言论、有表达的地方。毕业后的你们最在乎的纯净的地方也许就是这块方寸之地，所以一定要珍惜。希望大家下次能给大家带来更多的快乐和惊喜！

因为孤独，所以强大

今天写了两份课题，和两个学生完成谈话，静下心来，沏上热茶，静静地望着窗外的思源河，忍不住打开博客，听听音乐，这一时刻，真得很美。然后就看到一位学生写的博客，其中最后留了一句话：孤独，可以让内心强大。陡然心有所会，特别喜欢。记得本科读书的时候，法理课的丁以升老师在给我们讲法律意识培养的时候，强调过作为法学者内心的孤独感，它不单是行为的孤独，更是内心的孤独，而法学者唯有耐得住这一份孤独和寂寞，才能让自信和能量集于一身。我知道，我的学生所体会的孤独未必是这份学者的气质，但我欣赏你们的反思。

求学的道路充满很多诱惑，因为工作、因为生活、因为感情等等，我们每个人都没有理由拒绝诱惑，合理的接纳诱惑可以为我们带来丰富的视听，让我们内心得到平衡，让我们的生活充满精彩，但往往在我们停留在对世间美好事物往返留恋之际，我们的奋斗目标离我们越来越淡，越来越远。曾经你们的家长、老师都会对你们说，考上大学就可以狠狠地玩了。事实是，考完大学的你们只是在人生的道路上迈开了重要的一步，你们的成长才刚刚开始。如果做不到努力毕生，也许至少要等到自己有更好的满足的时候才能对自己说歇歇吧。但是，我们还是能看到部分同学从入学到现在，安静地穿梭在食堂、教室、图书馆之间。我相信他们心中是有追求的，我一直很佩服这样静心的学生，心中的浮躁可以通过阅读来慢慢排解，并且能够持之以恒。

在这个色彩斑斓的时代，太需要这样一份安静和淡定了。所以，其实尽管我有音乐、有博客、有桌上的花草、有身边来来往往的你们，但是我内心还是期望，一日、一榻、一书、一茶、一人，足矣。

[个性化皮肤] [复制皮肤]

文列表

次见闻

期快乐

大副校长：诺基亚毁在联发科与HTC两公

烈欢迎2011级新生

水湖趣味自行车赛

假安排终于出来了！

了大二，依然要记得的事情

大永远是你们坚强的后盾

后一次巡查寝室

改手机号码

显示1-10篇/共139篇　1 2 3 4 5 6 7 8 9 下十页 最后一页

个人资料

访问博客　访问首页

主人名字：孔师兄
博文数量：139篇
博文阅读：24003次
博文回复：464次

博客导航

博客首页

我的博客　好友博文　相关博文

新写博文　私密博文

博客设置

博客搜索

搜索

博客：有梦想才有明天用力就会实现

链接：http://blog.21campus.cn/u/22240

博主：孔德星（上海海洋大学）

孔德星

有什么新鲜事想告诉大家？

博主宣言：

刚参加工作的时候，有幸读到了《包涵心语》，复旦大学包涵老师用周记的形式与学生分享自己的感受与思考。2009年9月，我校率先开展了"易班"试点推广工作，于是我利用"易班"的博客功能把工作中的点滴记录下来，把快乐与学生分享，把工作中的困惑与同事和学生探讨。不知不觉中两年过去了，撰写和转载的篇篇博文也成了记录我个人成长的载体。闲暇之余，浏览自己的博客，犹如身处当时，激发自己不断前行。

话题 图片 表情 发布

学生评价：

闻言闻语：孔老师的博客文字细腻，从博客中我学到了很多东西，我想我们都会尽力的，相信我们！

294386519：孔师兄是个体察民情的好老师，很多观点说的确实很不错，很犀利。天生我材必有用。我们对自己有信心，大家都努力做好自己，大变化经常都是由每个人迈出的一小步创造的。

feltpen：世间万物正是因为有了区别而精彩独特。嘿嘿，老师不如放宽心再给我们一些时间，青春年少时的无知是成长必须付出的代价，"90后"终究也是会被大家肯定的。

让优秀成为一种习惯

每个人的人生定位不同，生活态度自然就不同。取法乎上，仅得其中；取法乎中，仅得其下。打算把自己置于生活的哪个层次、何种境界，是每一个严肃生活的人都不得不考虑的现实问题，也决定了这个人基本的生活方式。鲁迅立志揭露劣根性，以引起疗救的注意，所以"横眉冷对千夫指，俯首甘为孺子牛"，把别人用来喝咖啡的时间用于读书写作。哈佛大学集中了全美甚至全世界最优秀的学生，他们的校训正是"追求卓越"。是的，雄鹰不甘宇下，骏马难守圈栏。一个志存高远的人，必定将追求优秀作为自己的人生目标，作为一种近乎本能的习惯。

所谓习惯，是一种常态，一种下意识，一种自动化，一种经过长期培养历练而形成的自然而然的状态，一种无需思考即可再现的回忆。其程序好像早已置于大脑和肌肉中，成为一种特殊的记忆，一举手、一投足，一颦一笑，都是优秀的外化和证明，都会使人眼前一亮，为之折服和赞叹。

优秀习惯的养成是一个漫长的过程，它可以有一个明确的起点，但肯定没有固定的终点。但只要不断追求，每一个阶段性的成果都会成为一个新的起点。即便生命个体终结，后来者依然可以从他的基础上起步，向着更高的境界跋涉。

优秀和勤勉是天然的盟友，是孪生兄弟。优秀的人无一不是勤勉的，而勤勉的人即便不是最优秀的，起码是比较优秀的。从某种意义上说，勤勉本身就是优秀的代名词。所有天才无不是台上一分钟、台下十年功。请千万不要轻易相信天才的神话，那种似乎不需练习就能演奏的神童，那种不费吹灰之力就品学兼优的学子，我们听说过，但没见过，不可太当真。即便有莫扎特那样的特例，于我等也毫无借鉴之可能，不可作为榜样盲目复制。道理很简单，你是你，你不是莫扎特。你我遍地都是，莫扎特只有一个。哲学常识告诉我们，特例不揭示必然性。聪明的人从来不把自己当特例，聪明人只知道下笨功夫。

因为追求优秀，做什么都必须有"争创一流"的意识。食人俸禄，尽其本分，是常人的标准，而在优秀的人看来，是起码的德性；考上名牌大学，获得全优成绩，将来有一份体面的工作，是一般人梦寐以求的理想境界，而在优秀的头脑中，仅仅是一个通向优秀的起点而已。因为定位于优秀，别人可以睡的懒觉自己不能睡，别人可以敷衍的责任自己不能推，别人可以视而不见的工作自己不能躲，别人可以心安理得的生活自己不能忍。因为定位于优秀，装腔作势的表演、阿谀逢迎的丑态、追名逐利的争斗，统统不屑为之。不仅如此，还要敬鬼神而远之。

优秀作为一种品质，当然离不开客观环境。但真正优秀的人懂得：命运只有把握在自己手里，才是真正的命运。平庸的人总是把别人的成功归结为环境好、条件好、人缘好、运气好，而把自己所有的失败归结为外在原因。优秀的人心里明白，成功离不开客观条件，但从不过分依赖客观条件。他们懂得：环境创造人，人也创造环境。他们成功的时候往往以感恩之心面对社会、面对所有帮助过他们的人，把成功的功劳归结于客观条件。他们失败的时候，往往把原因归结为自己努力不够。优秀的人总是说自己不行，认为自己无知；平庸的人总是利用各种机会表白、粉饰自己。在真正优秀的人看来，世界上没有比这更愚蠢的事情了。优秀的人做了好事总不忘共同工作的同事，总是把主要功劳归于大家；平庸的人恰恰相反，极力讳言别人的贡献，拼命夸大自己的作用，贪天之功归己有，成绩都是自己的，错误都是别人的，"老子是一朵花，别人都是豆腐渣"。

优秀是一种孳母，把它用到生活中会产生一种奇特的效果。套用一句诗人的话：优秀是优秀人的通行证，平庸是平庸者的墓志铭。

拳拳之心　殷殷之情

昨天是周二,晚上接到 2009 环工 1 班一位学生家长的电话,说他儿子周一一早就从家回学校了,但他的手机一直处于关机状态，很是担心。正好昨天下午监考的时候遇到该生，于是我就劝慰家长不要担心,并打电话给与该生同寝室的同学,嘱咐让他给家长回电话。

无独有偶，今天早上接到一位江西籍同学家长的电话，说该同学手机停机，请我转告他记得给手机充值。记得入学的时候，该同学的手机坏了，家长从外地寄来新手机，还让我提醒他及时取邮件。真是"可怜天下父母心"。

有个成语叫"母子连心",以前我一直觉得这个词语过于夸张,直到我自己遇到了一件真切的事情,才瞬间领悟到这个成语的真谛。那是我在日本,由于脚趾受伤,导致感染,日本的医疗费用很贵,我就自己买了消毒液喷在伤口上。那天早早地睡下了,夜里1点多钟,接到一个陌生号码打来的电话,原来是哥哥打来的,说妈妈那天想我想得睡不着觉,本来从国内的小城市打国际电话很不方便,但到了1点多钟妈妈仍然不肯睡觉,一定要听到我的声音。刹那间,我明白了什么叫"母子连心"。今年11月份我回家一次,半夜3点多钟到了楼下,还没等我按门铃,爸爸就给我开了门,他说,没看到我回家,他和妈妈总是放心不下,夜里会起来好几次看我到了没有。从那以后,我对不善言辞的爸爸又多了一份理解和感动。

父母对子女的爱永远是最无私、最伟大的,他们从来都认为自己的子女是最优秀的。反过来,作为子女的我们又是如何看待父母的呢?我们经常把父母的关心当作耳旁风,嫌他们唠叨。父母的生日永远都是被遗忘的日子,西方的那些圣诞节、情人节、感恩节都是大家隆重庆祝的日子,而父亲节、母亲节却很少有人挂在心上。

当我还是学生的时候,我无法理解为什么晚上不回寝室还要向老师汇报,现在我自己做了老师,才明白那是老师的殷切关怀,担心每一位同学的安危。同样,我们现在为人子、为人女,不能理解父母的关心,我想再过若干年,等到我们也为人父、为人母的那一天,一定会理解父母现在的心情。

现在正值期末考试期间,有些同学可能为了复习的清净,关掉了手机。我想这样的同学最好事先跟父母、老师、同寝室的同学打个招呼,不要让大家为你担心。尤其是月末月初的时候,父母打不通你们的电话一定很紧张。不在学校的时候,一定要把手机带好,电充满,话费充足。见到未接电话,一定要及时回复,尤其是父母的电话和学校的电话。咱们学校临港校区的固定电话都是6190开头的。

"树欲静而风不止,子欲养而亲不待"是人生的一大憾事,避免遗憾的最佳办法就是从此刻做起,从小事做起,感恩父母,刻苦学习,用自己优异的成绩来回报他们的拳拳之心、殷殷之情。

重在参与

《学生守则》知识竞赛结束了,两场比赛我都从头到尾看下来,一直在感慨现在的大学生是如此的多才多艺,如此的喜欢表达自己,班级的团结精神也如此值得肯定。看得出,咱们这个诞生才不到一个月的班集体是如此充满活力,班级临时召集人的工作能力和工作态度也是可圈可点。

但比赛中,有些参赛队员不耐烦的表情让我很生气,诚然,组织过程有些不尽如人意,比赛过程也出了点差错,导致结果不是特别公平,但既然我们站在了这个比赛场上,就一定要遵守比赛的规则,听从主持人的安排,以饱满的热情和认真的态度来应对比赛。很多事情只有靠大家的相互协调和配合才能做好。

不由想起一年前的北京奥运会,比赛开始前,很多人都在担心其他国家的运动员有精彩表现的时候,会不会得到掌声,事实证明:中国人民是不会吝啬掌声的,只要表现得好,不论种族,不论肤色,我们都会为之加油助威。"重在参与"是广为人知的一句奥林匹克名言,它的起源可以追溯到1908年的伦敦奥运会。在伦敦奥运会举办期间,伦敦的圣保罗大教堂在7月19日举行了一次弥撒仪式。在这次仪式上,宾夕法尼亚主教埃塞尔伯特·塔尔博特(Ethlelbert Talbot)说道:"在奥运会上获胜不像参加那样重要。"顾拜旦听后颇受启发,称之为一次"哲理深刻的布道"。几天后的7月24日,顾拜旦在英国政府举行的宴会上致辞时就引用了这句话,并呼吁人们"牢记这铿锵有力的语句"。因为这句话蕴含着一个清晰而健康的思想,即"生活中重要的不是凯旋,而是奋斗,重要的不是必须获胜,而是奋力拼搏"。

说实在的,我到现在也不知道哪个班级得了第一名,哪个班级是最后一名,只记得每个代表队的参赛队员在回答正确取得分数时的开心与笑容,只记得比赛过程中同学们回答问题时的自信和勇敢,只记得大家从头到尾参与比赛的过程。比赛的目的是为了让大家学习《学生守则》,名次就显得很渺小了并不是那么重要。想必很多同学读过《重在参与》这篇文章,里面的埃里克仅仅学习了九个月就去参加奥运比赛,但这次参加奥运会是他自游泳起游得最长的一次,这个长度对于他来说是有些吃力的,在奥运会比赛的那一天,他坚持游完了全程,虽然他拿的名次是倒数第一。但结果与过程相比,已经微不足道。

重在参与,是对自己的挑战;重在参与,是对自己新生活的一个祝福;重在参与,是让我们了解自己的优势和差距。

细节决定成败

这个题目有点大,其实我只想跟大家分享几条短信。缘由是这样的,放假之前我跟同学们讲明到家之后给我发条短信,报个平安,昨天晚上猛然收到了十条短信。

内容见下:

1. 我到家了!孔老师!(给我传达的信息是他到家了,很兴奋。)

2. 孔老师,假期愉快啊!我已安全到家!XX(这条短信我比较喜欢,结尾署了自己名字,其实大部分同学的号码是我保存在手机里的,但建议大家给我发消息的时候署上自己的名字,打电话的时候也请先报上自己的名字。)

3. 老大,发个消息,骚扰下,提前说声假期愉快,新年快乐……还有工作之余,抽空和女友多多联系。(没有突出重点,我看了之后,不知道你到家了没有啊,不过有这么多的祝福和关心,我还是很开心的,谢谢,下次记得突出重点。)

4. 孔老师你好,我已安全到家,请放心。(简洁明了,其实我想给大家说的是短信不管字数,1条1毛,要是你再多打几个字,加上祝我假期快乐之类的话语,就更完美了。)

5. 孔老师,我已经在家了,谢谢孔老师,老师一学期辛苦了,祝您假期愉快。(很能理解老师的一个同学,也祝你假期快乐。)

6. 孔老师好,我已安全到家,谢谢孔老师关心,预祝新年快乐!(很有责任心的同学,期待你有更好的发展。)

7. 祝老师新年快乐,XXX已到家。(简洁,我很喜欢。)

通过这些短信我想与大家分享一些做人的道理。很多同学在给我打电话的时候,电话接通就说事情,我得猜上半天才明白你是哪位,事情说完,“再见”之类的话也没有,直接挂掉。昨天晚上我在寝室巡查，一个同学进来，我看了他半天，他都没有跟我打招呼的意思。这些虽然都是生活中的小事，但是很难理解，一个不尊重他人、不为别人着想的人，将如何走向成功。细节决定成败，大部分同学都做得很好了，希望还没有这种意识的同学注重细节，成就完美。

期待更多同学安全到家的消息。

写给新生的肺腑之言

历经12年寒窗苦读，历经多载梦想催化，经历了恩师同窗的教诲与帮助，经历了亲朋故友的祝福与期待……你们走过了6月的冲刺、7月的等待，8月收获了季节的果实，收获了发自内心的更大的梦想与希望。在此，祝福你们，即将跨入大学校园的天之骄子。从明天开始，你们就要面对一个完全不同的学习环境，一个完全不同的生活空间。明天你们将会对社会关注更多，明天你们将为未来付出更多……

新的生活、新的学年，就是一个新的起点，是学道授业的延续，更是开拓创新的开始。让我们珍藏起曾经的辉煌和荣耀，作为更上一层楼的基石；摒弃掉那些苦涩和泪痕，当作拼搏路上的考验。书山有路，学海无涯，勤能补拙，苦亦甘甜……在新的学年里，希望你们以振兴中华为己任，为祖国的强盛、人民的富裕、自身的未来，自觉肩负起历史的使命，做一个有崇高理想和高尚品格，能诚实守信、遵纪守法的人；做一个有决心、有恒心、有信心的人；做一个学识广博、视野开阔、勇于创新、敢于拼搏的未来人和世界人！

作为你们的前辈，作为你们的师长，我觉得有责任鼓励与勉励大家，珍惜未来日子的每一天。收集、整理并加上自己的思考，写下以下文字，与大家共勉吧！

1. 一张白纸，这是你最好的重新塑造自己形象的时候，改掉以前的缺点，每进入一个新的环境，都应该以全新的形象出现。

2. “我是谁？”这是一个角色定位和角色认同问题。对“大学生”这一角色，如果模糊不清，就会出现角色错乱，大一、大二就会变成高四、高五；而如果认同不自信，则成为

"由你玩四年"，大学人生有可能成为"大混人生"。

3. "我来做什么，该怎么做？"这是个主题定位和态度问题。大学的主题是什么？是单纯求学，两耳不闻窗外事，还是修身求学，一心追求真善美？是做单一型人才还是当复合型人才？是被动求学还是主动奋斗？选择不同，最后文凭的含金量决然不同。

4. "我到哪里去？"这是个定向问题。进入大学，前途选择并没有结束。将来是赶快毕业直接工作，还是考研究生继续深造？将来是进入蓝领、白领还是金领职业层次？不管怎样选择，改变命运的钥匙掌握在自己手里，成功的机遇总是偏爱有准备的人。

5. 经常给家里打个电话，始终记住：儿行千里母担忧。

6. 很多事情别人通知你了，要说谢谢，没有通知你，不要责怪，因为那些事你其实应该自己弄清楚。

7. 不论男人还是女人，如果在大学里还把容貌当作重要的东西而过分重视的话，可能不会吃亏，但是早晚会吃亏。可能，很可能，也可以说是一定有可能。

8. 千万别迷恋网络游戏。千万！记住我这里用的是千万！

9. 每个星期一定要抽时间出来锻炼身体。根据自己的特长进行有效的选择吧！就像我一样，从大学开始踢足球，现在三十多了依然坚持，好处多多。

10. 你可以有喝醉的时候，我们可以接受，但是你要明白和真正的朋友一醉才能让伤心事方休，否则，你只会成为别人的谈资和笑柄。

11. 面对不公平的东西，不要抱怨，你的不公平可能恰恰是别人的公平。所以，你不如去努力奋斗，争取你自己最合适的公平。

12. 如果你四年内很少去图书馆的话，你就等于自己浪费了一大笔财富。所以，经常去那里，随意翻翻，都有收获。

13. 男人，你长得可以不帅，但你这个人可以帅，而且，那才是真正的帅。所以，不必在穿着打扮上花太多心思。

14. 大学可能有真实的爱情，但是记住只是可能。很多时候他们是因为别人都谈恋爱而羡慕或者别的原因而在一起。所以，不必为任何分手而受太大的伤，记住，这里我所说的是太大的伤，真爱，还是值得追求的。

15. 很多事情当你再回忆时会发现其实没什么。所以，不管你当时多么生气、愤怒或者别的，都告诉自己不必这样，你会发现其实真的不必。

16. 尊严是最重要的，但是在大学里，要懂得利用这个空间锻炼自己，要让自己的尊严有足够大的承受力。要知道，社会是一个最喜欢打碎人的尊严的地方，除了你自己，没人会为你保留它。

17. 如果你的个性让很多人对你敬而远之，那么你的个性是失败的，个性的成功在于能吸引，而不是能排斥。

18. 新学期如果你接新生的话，当被问到学校怎么样之类的问题时，你要记住。你不但是这个学校的一分子，你更要给你学弟学妹带来信心，你走过大一，你应该知道那时对学长的信任多深。

19. 你的确要学得有心计，但是记住，永远记住，在社会上要胜利的唯一的方法永远只是一个，那就是实力，永远不用怀疑。

20. 人生百态，不要对新的看不惯的东西生气，无所谓的，比如说恋人同居问题，和我们很多人无关的。

21. 学生会的主席之类的干部，如果你尊重他们，告诉你自己那是因为他们是你的学长而不是因为他们是你的上级，事实上，大家都只是学生而已，只是学生。

22. 在大学里就开始训练自己的冷静力，这是一种能力。有大事时，能安静并能快速想出办法的人，很厉害。

23. 成功的方法多种多样，别不接受你看不惯的方法。

24. 如果把上课不睡觉当做一种锻炼并且你做到了，那么，你很强，而且记住，其实你应该是这样的，老师再差，也比学生强，因为他们是老师。

25. 永远不要嘲笑你的老师无知或者单调，因为有一天当你发现你用瞌睡来嘲弄教师实际上很愚蠢时，你已经在社会上碰了很多钉子了。

26. 如果周围有人嫉妒你，那么你可以把他从你的竞争者之列排除了，嫉妒人之人，难以成大事。

27. 应该相信一句话：没有不可能的事情，真的没有，只要去做，现在我们是学生，10

年后呢？20年后呢？想想。

28. "我爱你"。别对很多人说这句话，在大学里，我的意思是，希望你只对一个人说，这是尊重你爱的人，更是尊重你自己的感情。

29. 爱你的人，不管你接不接受，你都应该感谢对方，这是对他们的尊重。

30. 在晚上，听听收音机也是种快乐和幸福。

31. 别抱怨四级六级之类的东西，那是证明你能力的很好的东西。

32. QQ与MSN是联系朋友的工具，可以是交朋友的工具，但是别轻易相信QQ上的友谊，更别轻易幻想QQ上朋友的样子。更重要的是不要去见你的这样的朋友。

33. 每个人都有潜在的能量，只是很容易被习惯所掩盖、被时间所迷离、被惰性所消磨。

34. 你可以看不惯一些东西，但是你应该学会接受——如果你没法改变那一切的话。

35. 还能冲动，表示你对生活还有激情，总是冲动，表示你还不懂生活。

36. 考研，早点准备比晚点准备肯定好。

37. 永远别渴望做个任何人都不得罪的人，有人反对，有人支持，然后自己做出决定才是精彩的人生。

38. 在大二大三的时候就去看看学校的招聘会吧。你会感觉到一种前途的危机，同时也会给你一些前进的动力。

39. 好好利用在公共场合说话的机会，展示或者锻炼，都可以。对以后会有很大的帮助。这点我深有体会。

40. 别说脏话，你应该知道习惯的力量。找工作或者和别人接触时，你随便的一个字或者几个字就会让你在别人心中的形象大打折扣。

41. 魄力，要有魄力，即使是失败，也不要让自己的人生平庸。

42. 喜欢一个人，就勇敢地告诉他或者她。追求你真正爱的人，只要自己认为值得，那就是值得的。

43. 如果你的家庭一般，那么记得为了你的家人和你自己的前途，永远别乱花钱。记住，永远。如果你的家庭富足，也要永远记住你用的钱是你爸爸妈妈的血汗钱。

44. 我不去想是否能够成功，既然选择了远方，便只顾风雨兼程；我不去想，身后会不会袭来寒风冷雨，既然目标是地平线，留给世界的只能是背影。这句话对大家也很有用，记住！在你遇到挫折的时候就想想它吧！

45. 后悔是一种耗费精神的情绪。后悔是比损失更大的损失，比错误更大的错误，所以不要后悔。

46. 相信时间的力量，可以冲淡很多东西。

47. 永远不要瞧不起大学里的贫困生。

48. 多笑笑，会慢慢让自己真的快乐起来。

49. 要学会认知。认知能力的获取，是未来社会生存的一项基本技能。

50. 要学会创新。当我们以全面、发展的眼光关注世界范围内的科技进步和社会发展的时候，会深深地感受到："创新是一个民族进步的灵魂，是国家兴旺发达的不竭动力。"

51. 虽然雷锋是上个世纪的榜样，是过去式了，但是别忘记，这个社会很多人都是怀旧的，如果你能做到雷锋所做的事情，那么无疑会提高你的人格魅力和存在价值。

52. 朋友，你大学的朋友很可能就是你将来事业的一部分，他们会帮助你。但是你也应该让自己有帮助他们的实力，所以，你要努力，你和你的朋友会一起在将来打造一个可能很辉煌的事业。很好听是吗？但是记住，你们都要努力。

53. 假期多回家看看，也许外面的世界很精彩，但是别忘记，家里的人都在惦记着你，祖国的大好河山很壮丽，可是家里温暖的亲情很美丽。多利用假期回家看看，不是看父母，而是给父母看，你永远都是他们的骄傲！

54. 面试时很多老总会问你：你会做什么？也许你现在就可以记住这个问题，这样可能以后会好好回答。

55. 要学会做人。对于我们这些经过大浪淘沙走进象牙塔里的大学生来说，知识、方法可以很快掌握，但是良好的习惯、优秀的品质、高尚的品德却不是朝夕可就的。只有把求知与做人完美地结合起来，才能成长为一个对社会有用的人，才能真正实现自己的价值。

56. 作为一个社会人，与社会的联系越紧密，机会也就会越多，也就越能锻炼自己，以后走上社会了，能做的事情也就越多。

57. 大了，成熟了，稳重了，但是这和激情不矛盾，一种对工作和学习的冲击力及持久力会让你有特殊的魅力和个人实力。

58. 从绝望中寻找希望，人生终将辉煌。

59. 如果你不抽烟的话，你的精力将比抽烟的时候好得多，这是绝对的。

60. 对陌生人，或者把对方当作一张白纸，或者把对方当你的朋友，总之别当作敌人，即使你听到再多的关于他的不好的传闻。

61. 大学里手机是否应该用只有你自己知道。

62. 第一年不要放松，确立自己的领先位置，这样对以后的学习比较有好处。

63. 计算机一定要学好，对以后的继续学习很重要。千万别不当回事。

64. 宿舍里不要太邋遢，否则影响效率。

65. 军训的时候一定要垫鞋垫，女生不要对教官动心，你们的未来不属于他们。

66. 多看电影。提高一下艺术修养，与人交流也有的谈。

67. 注意在大学里为了以后就业积累相关的工作经验。

68. 参加其他系的跨学科活动是非常有好处的。

69. 多看本学科的一些杂志，掌握本学科前沿的动态，不要都大学生了还死读书。

70. 大学里男生要有风度一些。女生总是有各种各样的问题需要男生来解决，这个时候男生总是充当修理工、电工、木匠的角色，要乐于助人。

71. 养成良好的生活习惯。以后就没有父母唠叨你了，比如，常洗澡，晚上睡觉不要老是吹电扇什么的，自己就不要放纵自己了，要不然肯定生病。这样的教训谁都要来几次，要不然是长大不了的。

72. 千万不要把贵重物品随手放在桌子上和床头。大学宿舍不是你家，防人之心不可无。

73. 要勇于学自己不会的东西。比如电脑，可能在一开始你是很厉害的，一些来自偏远地区的孩子，可能什么都不知道，但是一段时间以后，由于他们见了人就请教，最后很可能成了不错的电脑高手。在大学里面一定要不耻下问，不要怕丢面子。

74. 如果你有创业的念头，不妨平时多跟同学联系，或许你们可以组成一个团队来参加创业计划大赛呢!

75. 大学里时间比较充裕,如果没有计划,很容易荒废过去。最好给自己一个计划吧。

76. 大学教育将促进你人格的提高、灵魂的升华,将引导你去认真思考怎样的一生才是有意义的人生,将重新树立你的价值观、人生观、世界观。总的说来,大学四年每个人都将接受灵魂的洗礼。

77. 应该说安全始终是做任何事情的第一要素,上大学同样也不例外。爱护自己,珍惜自己,是很重要的!因为没有什么比失去健康、比失去生命更重要!请大家一定要注意安全,爱惜自己。记住:无论何时都不要自暴自弃!

78. 军训是新生们入学的第一课,至于苦与乐,只有经历过的人才知道其中的感受。至今,我都很怀念军训的那一段短暂的时光,它给我留下很深的印象,同样也留下了美好的回忆。还望大家好好珍惜为重!

79. 虽然电子邮件的问世给我们生活带来了很大的方便,但传统的写信方式仍然有着无法比拟的优势。正所谓“见字如面”,手捧着远方的你亲手写的信纸,那种亲切的感觉便会油然而生。朋友们,当你有空的时候不妨写封信吧!

80. 考试要靠别人,慢慢地你就会明白有时别人是靠不住的,到那时就晚了,还是相信自己、靠自己吧,做一个讲诚实、守信用的人吧!

81. “大众化时代的大学生不能再自诩为社会的精英,要怀着一个普通劳动者的心态和定位去参与就业选择和就业竞争。”

82. “态度决定一切。”不用我多解释吧!

83. “近朱者赤,近墨者黑。”大学两极分化严重,有很厉害的人物,自然也就有脑死亡的笨蛋。

84. “与其诅咒黑暗,不如点亮蜡烛。”我们应该乐观地展望一下未来,并且从此刻起继续前进。

85. 我们期待行动,而不是抱怨;我们应该传播希望,而不是谣言。

86. 这个世界是公平的,上帝给谁的都不会太多。一个人在一些地方获取了什么,注定要在另一些地方失去些什么,这只是时间的问题。

87. 永远不要为考试而学习。在大学里，成绩固然重要，但是我们应该在策略上重视它，在战略上渺视它。

88. 不要束缚自己的能力。尽可能地去想一些新奇、大胆甚至疯狂的主意，不要束缚自己的想象力，用实践去检验你的猜想。很多时候我们不是做不到，而是想不到。

89. 老师会是你的朋友。老师不仅是教授你知识的人，也是能指点你前进的长者，能和你一起探讨知识的伙伴。

90. 记住该记住的，忘记该忘记的；改变能改变的，接受不能改变的。用智慧去分辨两者。

91. 日出东海落西山，愁也一天，喜也一天；遇事不钻牛角尖，人也舒坦，心也舒坦。

92. 无知者无畏并不可怕，真正可怕的是无知者还无所谓。一定要记住：不要用无所谓的态度原谅自己、对待一切，那会使一切变得对你无所谓，也会使你成为一个无所谓而又无所成的痛苦的边缘人。

93. 始终像你并不需要钱一样工作；始终像你从未受到过伤害一样恋爱；始终像没有人在注视你一样跳舞；始终，始终像你住在人间天堂一样生活。

94. 世界上最美好的东西莫过于有几个品行正直、心地善良的朋友。

95. 今天你们是芬芳的桃李，明天你们是中国的精英！

96. 今天你们以母校为荣，明天母校以你们为傲！

97. 优秀是一种习惯，希望能从大家身上看到这种习惯。

98. 力所能及的事情，只要我们认真做了，我们的生活就很充实；小小的愉快，我们体会到了，就是我们给自己的奖赏。

99. 从现在开始，让琅琅的书声回荡在美丽的校园，让矫健的英姿活跃在运动的赛场，让多彩的画笔描绘绚丽的未来，让敲击的键盘连接五湖四海，让天使的翅膀直挂云帆，让激昂的青春迎风飞扬。

100. 天道酬勤，一分耕耘孕育一分收获，一分汗水浇灌一分成功。让我们共同播撒希望的种子，辛勤耕耘，翘首以待下一个丰收的秋天。

老蒋年级博客(蒋忠勇博客)

首页 日志 相册 视频 微博 资料 分享

真诚为您服务每一天，我愿意和您沟通交流！创新、务实、服务学生！

老蒋年级主页　工作专栏　老蒋个人介绍　　使用此博客主题

个人联系方式

电话：021-57123525
手机：13701608945
邮件：jiangzy@shnu.edu.cn
办公地点：上海师范大学奉贤校区红楼104
邮编：201418
新浪微博：http://t.sina.cn/jiangzhongyong
搜狐微博http://jia-yuan-11.t.sohu.com/

日志分类

- 学生风采
- 各种证书
- 考研出国
- 年级动态
- 考试辅导
- 感想杂文
- 就业指导
- 通知公告

日志标签

奥数　班团风采　高数　各种证书　计划、课表、通知　兼职信息　教育感想与杂文　就业指导　考试辅导　考研出国　年级动态　学生风采

每日一句英语

He is easy to please. 他为人很随和。[参与讨论]

推荐给好友

统计

生日榜

祝9月生日的以下同学生日快乐！星空下所想一切都好！
罗杰,王艳红,彭以骏,韩光东,陆燊田,胡佳兵,陈梦彦,吴文浩,陈佳怡,阿依图拉,陈美玲,周志韧,黄信信,吴魏涯,冯业文,傅婷婷,费晓天,郎敏毅,黄培,马云鹏,周雨静,徐翠,李俊晔,张雅婷,康延斐,方征阳,徐姨纯,蔡浩然,秦斯怿,郝世杰

问卷星博客调查模

日志

2011-09-19 | 第三届上海市大学生数学竞赛报名通知

标签：年级动态

分享 | 评论(0) | 阅读(11) | 固定链接 | 类别(年级动态) | 发表于 22:15

2011-09-18 | 一个大学生写的（没有颓废没有抱怨没有消极写的很深刻也很犀利）

标签：教育感想与杂文

分享 | 评论(0) | 阅读(13) | 固定链接 | 类别(感想杂文) | 发表于 22:22

2011-09-16 | 小触角儿童潜能开发馆招收兼职

标签：兼职信息

分享 | 评论(0) | 阅读(21) | 固定链接 | 类别(就业指导) | 发表于 23:33

2011-09-15 | 上师大对外校际学生交流通告（11年第8号）

标签：考研出国

分享 | 评论(0) | 阅读(27) | 固定链接 | 类别(考研出国) | 发表于 07:09

2011-09-13 | 大学生就业之前该从哪些方面做准备

最近特别注意..

2012研究生网上报名

09通知

1.请大家好切身利益！
2.请有空的时间看看李开复写给中国学生的几封信,相信能对大家有所启发！
3.希望大家能积极参加各个方面的培训：比如英国AIA，CPA，计算机二级，英语中级口译，六级等所有和你就业相关地！

05数学

1.祝福我们05数学的所有人星空下所想的一切都好！有空多联系！老蒋的手机一直为大家开通！
2.由于飞信容量和大家的学弟学妹报道的原因，我不得已将大家的飞信好友去掉，希望大家谅解，我的号码将一直不变，希望大家有空多联系！
3.如果你浏览我的博客的话,希望你留下你对学弟学妹的祝福和你的经验！
4.如有人需要出国，办理档案转出，入党政审，报名4，6级等，可以和我联系，老蒋一定尽力帮忙！

常用网站

上师大主页
百度查找
开复学生网
上海中考网
网易163邮箱
淘宝网
易班建设
数理就业博客

博客：老蒋年级博客
链接：http://www.jia-yuan-11.blog.sohu.com/
博主：蒋忠勇（上海师范大学）

有什么新鲜事想告诉大家?

博主宣言:

我以诚挚之心宣言:良心,从事学生工作,就要对得起自己的良心,对得起学生,对得起学校,对得起国家;爱心,站在学生的立场,设身处地为学生的成长成才着想;耐心,学生工作纷繁复杂,要有充分的耐心,耐心能使人把事情做得有始有终;公平:以一颗公平公正的心态对待每一名学生,不论男女、美丑、贫富;理解,只有理解了学生的心理,才能把工作做到学生的心里去;负责,为学生的成长负责,为家长的信任负责,为自己的事业负责,为学校的教育负责,为党和人民的托付负责;担待,要敢于为自己和学生的事情担负责任,坚信有担待才会有作为。

话题 图片 表情 发布

学生评价:

小ying珞:每月更新的生日榜,让我感觉到了蒋老师对我们的关心。老蒋年级博客,带来的不仅是师生间、同学间、博友间交流的平台,更是对我们学生的关注和思考。

haveless:老蒋年级博客像航行的灯塔,在学习、生活、职场等方面,总是给予我们有益的建议。篇篇美文,犹如心灵鸡汤,沁人心脾。

Very90:老蒋博客教会了我很多东西。谢谢老蒋,给我的职场生涯点亮了一盏明灯。我们永远支持你!

迷茫，有时候只是一种借口

人生舞台的帷幕随时都有可能拉开，关键是你愿意表演，还是选择躲避。

迷 茫

很久很久以前，这个世上是没有语言的。人世间，非常的安静，非常的纯洁。有了语言，人与人之间有了沟通之后，烦恼、伤感、疑虑，反而接踵而来。随着通讯的便捷，语言信息可以瞬间送抵千里之外，只要愿意，大可淋漓尽致地倾诉，关于不快、关于愤恼、关于跌宕。原以为，生活中的很多困惑就因此可以雪霁冰消，很多痛苦也能够有迹可寻。可是，依然有那么多的哀愁，那么多的忧伤。为什么？是因为一些想得到而又不确切的冀望吧，是因为一些众说纷纭的荒乱里寻觅不到出路的恓惶吧，是因为一些触摸不到尽头的幽暗心情吧……总之，就是迷茫。

为什么会迷茫？总觉得，再多的言语也无法企及自己思绪里的荒芜，再多的表情也见证不了自己内心的苍凉。于是，我们自言自语：没有人会明白自己了吧，没有谁再可以信任了吧？有时候，我们甚至一度迷失了自己，模糊了自己是谁，忘记了身处何地欲往何方。那些因迷茫而凝结起来的心情，仿佛一首低婉的曲子，不停地吟唱落寂的忧伤。翩浮的惆怅，恍若细长的触角，肆无忌惮地钻入肌肤的毛孔，像藤蔓一样伸展，入心入肺地缠绕，让我们窒息，让我们疼痛，让我们麻木。

为什么要迷茫？总觉得我们的付出得不到应有的回应，泥牛入海；总觉得我们离成功的殿堂很远很远，没有过尽千帆的翅膀，所以只得仓皇逃离。因为迷茫而混沌，因为混沌而徘徊，当痛苦全方位地降临，语言也变成了一种累赘。于是我们沉默，我们孤独，我们落寞。寂静地离开繁华，带走所有的痛，一个人疼。小心翼翼地僵固着各种神情，生怕一不经意就会泄露了心底的秘密，渐渐地，将快乐和自己一并掉落得越来越远。不是不想得到，而是看不到得到的契机。于是我们又对自己说：算了吧，下次再努力就是了。

心中虚无，拿捏不定，消极颓废，就是迷茫。因为迷茫，所以滞留；因为迷茫，所以错过；因为迷茫，所以失去。最后的最后，待到一种迷茫式的姿态嵌入我们的生活的时候，究竟是我们糟蹋了生活，还是生活蹂躏了我们？不得而知，因为我们在迷茫……星移斗转，世事更替，命运却为何总在相似的轨迹中轮回？我们开始无力的惶惑：是不是已经无法走出这片迷茫的沼泽了？

借　口

生活，需要一种安慰来抚摸伤口。一句简单的问候，一声简洁的鼓励，也许就能够让伤口快速愈合。受伤了，找不到出路了，习惯性地等待外界的救赎，等候曙光的出现。在漫长的过程里，沉淀了所有的耐性之后，就只剩下了迷茫，并且还信誓旦旦地称之为"顺其自然"。但是，很多时候，迷茫只是一种逃避的借口！你，意识到了吗？答案，从来都不会不请自来。生活，也没有那么多的无可奈何。通过索求才得到的慰藉于自己而言是否已经变质为一种怜悯？如果是，那么对于已经存在的伤口根本就无济于事，反而雪上加霜。那么，你是愿意在借口里苟且，还是在匍匐中前进？

借口①：盲目而迷茫。或许，在曾经需要抉择的路口，别人眼里的我们可以有很多选择，但是对于我们自己来说却没有。仿佛每个方向都阻隔着一股无形的墙，刚想用力冲过去，却又被弹回来，再换个方向依旧如此。郁闷，山也重了水也复了，怎么还不见柳暗花明的那一村？或许，这根本就是老天的捉弄和命运的刻意挖苦。

错！其实盲目的思绪才是我们真正的"墙"，执迷于某种盲目，会颠覆了原有的逻辑和蒙蔽了自己的冷静。寻遍了方向依然没有方向，扪心自问，每一个方向是否都是经过了深思熟虑之后所做的选择？如果是随兴而作的决定，那不是选择，而是敷衍，会碰壁会沮丧是理所当然。这时候的迷茫，就是变相地承认和妥协失败。正确的做法是，不要过分执迷于失败的阴影里，用心去辨别，多听取周围的意见。藏巧于拙，用悔而明；寓清于浊，以屈为伸。所谓知耻近乎勇，不要让迷茫湮没了我们的勇气。

借口②：犯错而迷茫。不断的失误，最后累积成为错误。错误的气息一点一滴地压抑着我们，导致我们草木皆兵、四面楚歌，就像寄居在壳里蜗牛，一有东西触碰就退缩到自己的壳里。或者寂寞，唯唯诺诺，或者叛逆，离经叛道，只将自己禁锢在自己的世界里，祈求着虚无缥缈的原谅。

再错！人非圣贤，孰能无过。错误，很多时候都能作为我们认知美好的一个助力，吃一堑长一智。将欲翕之，必固张之，要将一个人的错减少，就必将其扩大，很多事情很多道理非经历不能明白。错过，也是一种成长，它从另一个侧面助长了我们的认知与感悟。故人有云：祸兮福之所倚，福兮祸之所伏。面对其实并不可怕，可怕的是找借口、找理由、推卸责任的犹豫和胆怯。面对，才是减少错误最有效的方法，不要让错误羁绊了我们的信念。

借口③：得不到而迷茫。或许我们也很努力地追求过，很认真地探索过，细致地勾勒未来的蓝图，虔诚地浇灌希望的嫩芽……可是风雨说来就来，那么多的寻寻觅觅之后得到的是什么，依旧凄凄惨惨戚戚。什么天道酬勤，什么皇天不负有心人，都是扯淡，自己终究不过是Loser。

还错！人无所舍，必无所成。若还在感叹：天没降大任于我，照样苦我心智，劳我筋骨，饿我体肤……你就是不折不扣的Loser。斯威特切尼说过：只有强者才懂得斗争，弱者甚至失败都不够资格，而是生来就是被征服的。一个人，能抓住希望的只有自己，能放弃希望也只有自己。怨怼、嫉妒只会让自己失去更多。成功与不成功有时距离很近，只要后者再向前几步。山珍海味不一定最享受，大富大贵不一定最舒适，想清楚自己想要的是什么，就勇敢去追吧！跌倒了，失去了，不要紧，爬起来继续风雨兼程，且歌且行。有路，才会有旅途，没有一个人会一无所有，不要让悲歌浇熄了我们的热情。

有时候，迷茫作为一种心情的宣泄，是可以平衡我们的内心的，无可厚非。迷茫，很多时候也如同彩虹前面的乌云和暴雨、电影周围的黑暗一样，与美丽、精彩同在。总而言之，迷茫也是人的一种神态，一种喜怒哀乐的演绎与诠释，不可或缺。但是，如果将迷茫上升至逃避的介质，那就成了一种借口。借口，最终欺骗的，还是自己。

迷茫，让我们的生活像水一样平乏无味却又无处不在，久而久之，渗透出汩汩水流，汇而成海，并且只有自己才能将自己摆渡到彼岸。所以，擦亮你的眼睛，别让迷茫蛊惑了自己。只有心中有岸，才会有渡口，才会有船只，才会有明天。

大学四年哪一年最重要

大一的时候，他们说好的开始是成功的一半；大二的时候，他们说这是一个分水岭；大三的时候，他们说成败就要见分晓；大四的时候，他们说……好像每一个时期都很重要，但是更重要的是，我们不应心存侥幸，而要做好准备，把握好每一次机会。

如果你要问大学四年里哪一年最重要，我肯定说每一年都很重要；但如果你非要我四选一的话，那我会毫不犹豫地说，大三是关键。经历过大一的懵懂，大二的浮躁，大三学生已经真切地感受到了自身的变化，开始正视自己毕业以后的发展问题，考研、就业、出国成了同学们从不离口的话题。然而学校每年既要关注大一新生能否适应学校生活，又要处理大四毕业生就业问题，往往对大三学生的关注程度没有大一、大四学生高，造成很多大三学生面临抉择时迷茫困惑却又无人解津的现象。如果同学们再大三时能从各个方面做好充足的准备，我相信很多学生在毕业的时候情况会有很大的转变。在这里，我想跟各位一起来探讨这个问题。

你可以说大一的时候什么都不懂，没有去珍惜，浪费了时光；大二的时候什么都懂了，又没有好好把握，浪费了时光。可是如果你说大三的时候还是没有抓住，那么你大学的时间就真的白白浪费掉了。大三是大学四年中韬光养晦的最佳时期。

大三的学习不再是以前填鸭式的学习方式，而是纯粹自主式的学习方式，这也是很多学生在大三时期产生巨大差异的主要原因。主要问题在于大三时期选择什么样的生活，是三点一线，勤奋学习？还是终日赖床、上网、看电影、玩游戏而无所事事？什么样的生活状态就意味着他以后将要走的路。大一大二主要是学习一些基本知识，到了大三开始接触自己本专业的专业课。这对每个人来说无疑是至关重要的一年，可是很多同学往往忽视了这一点，认为自己已经掌握了大学学习与考试的规律，开始学会偷懒、学会突击、学会逃课、学会为自己的不负责任的行为找各种各样的理由。殊不知这样的观念害人不浅。其实，完全可以这样认为：大三才是真正学习的开始。前两年都在打地基，地基打得牢不牢就看大一大二的努力程度了。有人会问那我大一大二没打好基础，是不是就无法继续学习下去了呢？也不尽然，有道是浪子回头金不换，很多有志气的学生都是在大三奋起的。有些同学大一大二离拿奖学金很遥远，可是到了大三却拿到了不菲的奖学金，让所有同学刮目相看。只要你肯学，就会有收获，世界是公平的。大三才是真正成就人生的转折点。所以那些认为自己已经失败的同学应该重新认识自己。大三是学习专业知识和充电的黄金时期，学业负担不重，业余时间充裕，可以把大段大段的时间好好利用起来。如果英语不过关，可以专门攻英语；专业知识不过关，可以整天泡在图书馆里；社会知识不过关，可以多接触社会去了解、去体验。有很多人在大学毕业时感觉很遗憾，觉得大学教育有问题，没有学到东西，其实重要的不在于大学教育本身，而是在于自己没有去努力，只要努力，就一定会有结果。

对于大三学生来说，如何给自己正确定位很关键。今后选择什么样的路，就要做相应的准备，比如找工作的人平时更应该多关注社会信息。坚持每天都要听听或看看新闻，常买些时事类的报纸杂志看看，多往图书馆跑跑，多与同学进行讨论交流，总结别人的看法，再形成自己独到的见解，这有助于提高大家对事物进行分析判断的能力，也尽量避免成为那种"两耳不闻窗外事，一心只读圣贤书"的书呆子。多读一些名人的传记也很有好处，不仅增加自己的视野，也可以从别人的经历当中品味出很多生活哲理，增加面对挫折的勇气与决心。很多同学在大一大二时利用业余时间出去做家教，不仅可以锻炼自己，还可以赚点外快补贴生活。但是到了大三以后还是不希望大家再做家教，应该考虑找一个更接近社会的工作，锻炼提高自己的能力，积累工作经验。比如，管理类的学生可以去企业帮着做做项目，为企业做企划，帮企业做做调查，等等，这是真正能够提高自己思维与思考能力的活动有些同学如果实在找不到适合的工作还可以多参与学校的社会实践和科技创新活动，这也是了解社会的好方法，结交一群志同道合的好朋友不说，还可以从项目中学到很多课本中学不到的知识。当然，不管什么活动，要做好是要下一番真工夫的。

而对于那些困惑于找工作和考研的同学来说，如果你已经可以找到一份满意的工作而又确实无意成为学者的话，那么直接工作会比读硕士更节约时间。也就是说，对于得到相同工作机会的研究生和本科生来说，尽管学历上有差距，但是在现实工作中的起点却是一样的。由于本科生就业竞争越来越激烈，所以大家都有一个错觉，认为有了更高的学历就会有更多的机遇。其实研究生阶段的培养目标，更强调学生的学术科研能力。如果你根本没有做学问的兴趣和能力，那么只能稀里糊涂地混个含金量很低的学位，而此时你已经相对失去了年龄优势，自身的可塑性也未必提高，在市场竞争的标准面前，你仍然没有资格骄傲。

而对于那些本科所在大学或者专业不理想的同学，我想考研确实会是人生的重大转机。但是，假如你仍然不知道自己的优势和缺陷在哪里，仍然没有找到未来的方向，那么两三年之后，你很可能还是会痛苦地徘徊在十字街头。不是说现在大家都拼命地去考研不对，而是提醒大家一句：考上研究生之后，并不意味着你对未来的期望值就可以调高很多。这很可能只是两三年的缓冲期，你应该做的，是对照那些本科毕业就能获得很好的工作机会的同学，尽可能地充实和提高自己。

在大三期间还应该注意交际的培养。到了大三大家会在不知不觉中发现自己的人际圈子有了微妙的变化。身边都是一些志同道合的朋友，如求职一族、考研一族、留学一族等，根据个人不同的情况交际圈会有很大不同。对一个人而言，有什么样的交际圈也很重要，这几乎就代表着本人的兴趣及志向。有句话说得好，"物以类聚，人以群分"。有的同学交际圈开始向班级外扩展，相对而言要比大一大二的时候复杂了一些，有跨专业的、有不同年级的、有校外的，还有社会上认识的不同类型的人群。交际圈广泛固然是好事，但大家一定要学会慎重地结交朋友，有道是朋友再多也抵不过一个知己。有的人觉得自己到了大三不仅交际圈变小了，甚至变得孤独了。其实这也很正常，这时就需要自己开导自己。人大了心事也会变重，尤其大三时还对自己的前途有着种种迷惑，这个时候很多人都会被迷茫困扰和寂寞折磨。在这个时候就要学会孤独，学会"享受"孤独，不是有那么一句话吗：孤独有时会成就伟大灵魂。

总之，大三生活别虚度，好好把握，一定会为自己打造一片灿烂的新天地！

无法与寝室室友相处怎么办

学生的问题1：我人际关系不好，尤其是跟寝室同学关系不融洽，其实主要是关于睡觉经常被打扰的问题。曾经与其他室友开诚布公地谈了一次，发现原来彼此的意见误会都很多。虽然现在有了一些约定，但感觉还是没有太大的变化，她们感兴趣的我都觉得很无聊。两年了，大家关系一直如此，怎么办？

学生的问题2：我们寝室有6个人，我总是感觉自己是一滴油，而他们是一杯水。我真的不想这样,我该怎么办？

引用大学生心理网的回答：第一，要正视寝室关系问题，多找自己身上存在的问题及对宿舍人际关系造成的影响。"远亲不如近邻。"但对当代大学生来说，"近邻"往往不一定能"先得和睦"，反而因为交往的频繁，同学个性和阅历的差异，造成各种摩擦和冲突。学生对于寝室矛盾的反映意见，突出地表现在各种各样的琐碎小事中：乱扔垃圾、制造噪音、计较小钱、随便吸烟、作息紊乱、言论霸权和亲密过分等等。若发现自己有不妥的地方，可以适当调整自己的生活习性，改变自己的说话方式，以他人可以接受和理解的方式进行。

第二，争取多沟通多交流。不要因为大家有些误解就回避交流和沟通，而应主动与大家沟通，参与大家的讨论与活动。只有这样才能更好地了解自己和他人，消除彼此之间的误会，加强相互的理解和信任。

第三，心胸宽广，对别人多加理解和包容。一个新时代的大学生应海纳百川，多吸收别人的优点，对他人的缺点，应多加理解和包容。对一些平时生活中出现的鸡毛蒜皮的小事引发的纠纷，不要太耿耿于怀，该忘的忘，该原谅的原谅，该和解的和解，不要太放在心上。所谓"大事聪明，小事糊涂"，把有限的精力用在做主要的事情上，比如说，搞好自己的学习。

第四，真诚地对待他人。俗话说："种瓜得瓜，种豆得豆。"只有播种了真诚，展现真实的自我，才会收获别人的真诚。因为人们无意识中在遵守"人际关系互惠"原则，你袒露真诚的程度，会得到相应的回报。有的人害怕自己的缺点被别人看到会影响自己在别人心中的形象。心理学研究表明：人们并不喜欢一个各方面都十分完美的人，而恰恰是一个各方面都表现优秀而又有一些小缺点的人最受人们欢迎。所以你不用太在意自己的缺点，对这点要有足够的信心。

第五，要发自内心地赞美他人。学会欣赏、赞美他人，每天至少说一句让人感觉舒服的话，比如：“你太棒了！”“你这个发型很好看！”这种赞美的话语会给被赞扬者带来快乐，引起积极的情绪反应。情绪具有传染性， “快乐”，则会消融人际关系的僵局，使寝室关系变得融洽。

老蒋的回答：宿舍问题在大学生当中是一个非常常见并且较难处理的问题。从我的经验看，当一个宿舍中出现了种种不和谐现象后，不要急于断定究竟是谁对谁错，而要客观地看待已经出现的问题，并尝试寻找原因。

当然，大家说的“做自己的事不管别人”也有一定的道理，但如果一个人总是只顾自己不顾别人，那么即便这个人在学术或者工作上有再大的成就，他也不是一个优秀的人，况且难以与人相处的人通常也很难成为事业杰出的人。所以，每个人都不应该也不能脱离群体。有了这个认识，就要具体问题具体分析。许多寝室矛盾事实上都是一些误会和自我的心态造成的，不可能全部都是你对或全部都是对方错。所以，当面对问题时，大家都需要客观、冷静，彼此相互谅解，多从自己的角度去分析，并和对方坦诚交流，所谓“退一步海阔天空”。

寝室里生活的经验对我们一生都很宝贵。四年，人生有几个四年？而且，几年的共同生活，将使我们和寝室中的兄弟姐妹亲如手足，这帮兄弟、姐妹也必将使你永生难忘。所以忘掉那些不愉快，好好珍惜并享受与人相处的快乐吧。

回答一位同学在入党自荐中的评论

学生的问题：

众所周知，老蒋您是以学生的成绩为挑选党员的主要依据，那么我想知道，如果，一个学生他只会读书，换种说法就是只有成绩优秀这一个方面，而缺少其他成为党员所需要的能力，例如工作能力，与同学老师和谐相处的能力，亦或者全心全意为人民服务等。这样的学生很多，有几个好像也被老蒋列为下一批党员候选名单。我想了解一下，老蒋您对这样的现象怎么

看？或者说，这样的学生和那些工作能力突出、交往能力较强、但就是成绩方面不很突出的学生相比，你更看好那类学生，为什么？

老蒋的回答：

谢谢这位同学的提问！这个问题我想从三个方面进行回答：

首先，每个人都希望得到尊重，只是每个人希望获得尊重的方式不一样。一些同学只知道抱怨，一些同学却懂得积极争取。像这位同学，虽然我不清楚他的具体身份（因为是匿名的），但我能体会到他话语背后所反映出来的希望自己能得到重视的那种渴望。所以，这里真诚地希望大家积极和我交流，我肯定会认真对待大家的问题。

第二，关于入党标准的问题。要求入党的同学必须是优秀的。就像提问中所讲的，需要有优异的成绩，还要有良好的工作能力和交际能力等。具体讲，从我们年级的情况看，我认为有四个维度：学习成绩、工作业绩、社会实践、 同学关系。这四个角度缺一不可，但在具体环境下，需要有一定的灵活性。以数学与应用数学专业为例，12个男生中，除了4个男生，其他男生因为至少有一门科目没及格等原因，就没资格去评选奖学金。在这种情况下，在工作业绩、社会实践、同学关系表现都尚可的前提下，学习成绩相对更引起我的重视。再以世博志愿者为例，在学习成绩、工作业绩、同学关系表现都不错的前提下，对于社会实践的能力会更引起一些关注。我想，这位同学需要对具体的情况做出更具体的分析。

第三，关于两种类型的同学我更欣赏哪一类的问题。可以坦率地讲，两种类型的同学我都十分欣赏。我从不以成绩作为最终的评价标准，毕竟我们很多同学可能读好本科后就去找工作了，这是读书生涯的最后几年了。我觉得只要毕业，拿到学位就完成了基本任务，但这仅仅是基本任务。工作后是以能力为评价标准，所以我很欣赏后面一种人。但我们也应该看到，能读好书的人通常也更能静下心来，更容易抵制一些诱惑。在学生时代，我们需要这样的精神！也希望你明白：读好书事实上也是一道门槛，你要想进入一些更优秀的企业，读书是一道你无法逾越的关卡。所以，我也同样欣赏前面那类同学。

以上回答，仅供你参考。

怎样对待目前不喜欢的专业

学生的问题：

我是一名普通的大二学生，我不喜欢自己的专业，而且学习成绩也不理想。但我还没有确切地找到自己想要的未来职业，我是否该放弃我的专业呢？

引用张琼文老师的回答：

无论你现在学什么，对于你的将来都只是个基础，而你眼下矛盾的焦点其实不是因为你不会学或者你智商不够，而是因为你不知道将来要用到什么，更不知道这些东西应该从哪里得到。

把自己喜欢的工作干得很漂亮是一个人的本能，也是企业选人的重要标准之一：力求选择能够认可本企业，并与本企业具有相一致的价值观、专业上对路的人才。但问题是企业并非时时都能把这样的人才选进来，而且这样的人才不太容易管理，他们中相当一部分人不太懂得配合，过分关注自己的专业成就。在这样的状态里能够静下心来踏实工作的人不多。

把自己不喜欢的工作也干得很漂亮是一个人的本事。企业选择人才的时候更期望选择这样的人才，因为这样的人才他懂得什么叫做适时地有效调整，企业也更知道这样的人才其自我管理、自我调适与融合的水平比第一种人更高。

对你而言，需要调整的不是专业本身，而是让自己开始喜欢上这个专业并且把它学好，有了这样一种自我调整与改变的能力，你的状态才能更好。毕竟当你走向社会的时候，不能确保是否有一个你自己喜欢、也能够接纳你的团队在等待着你，更不能确保时时处处事事都能让你满意。关键是自己能够很好的调整。

从我对你的文字分析来看，你的学习成绩之所以不理想，关键是你把自己当成这个世界的客人，当成自己所在学校的客人，也把自己当成了自己家里的客人，还没有学会如何以一个主人的态度去看这个世界，看你的学校和你的家庭。因为是客人，所以在生存的整个过程中，你一直缺乏一种真正的主人翁的精神去面对你生活中的一切。如果找到主人的感觉，一切都会如同天亮一样，迅速发生变化。我对你有信心，你呢？

老蒋的回答：

这个问题很切合我们2009数学专业的不少情况。我们上海师范大学本身就是普通本科，我们09现在正好是大二，而我们不少同学对于我们的专业也不太感兴趣，所以希望通过我的回答能让大家有所启发。

首先，给出的建议就是：先拿别人的学位再讲今后的职业。

面对自己不感兴趣甚至极度厌恶的专业，很多同学厌学，甚至有强烈的退学念头。但我建议首先要拿到学位。很多人质疑学位并不能代表能力，为什么还要坚持呢？社会以学位作为筛选人才的凭证，有其一定的合理性。有一种理论学派认为，高等教育并不能提高个人的人力资本（也就是说高等教育并不能提高个人胜任工作的能力），因为雇主认为大学毕业生没有实际工作经验，而且每家公司的每个职位都具有独特性，所以大学毕业生并不能解决实际工作的问题，他们进入公司之后都需要重新培训。劳动力市场上求职者众多，基于成本的考虑，雇主不可能与每一个人面谈，也不可能对每个人进行测试，所以雇主把文凭作为应聘者学习潜力的信号。他们的依据是：在学习时间、学习条件同等的情况下，有的人能够进入名牌大学、有的人读一般大学、有的人只能够读专科，进入的学校层次越高、学历层次越高，证明该学习者的学习能力越强。雇主招聘的时候会尽可能录用那些学习能力更强的候选人。

从客观上讲，上大学不能提高人力资本，但既然雇主把文凭当成学习能力的证明，我们也只能迎合雇主的要求。可能有人会不服气，这多不公平、多不客观、多不……但这就是规则——人在"江湖"，就得守"江湖"的规矩。不服规则者，要么自己成为规则的制定者，要么被规则清除。只有一种人可以考虑退学，就是那些拥有非常突出的技能或特长的人，那些足以证明自己不仅具有出众的学习能力，而且能够胜任现实工作的人（一些计算机、美术天才）。

文凭是一种商标。春节时的水果市场对"商标"的作用诠释最为典型。例如，散装苹果二块五一斤，装进精美的盒子，贴上××牌"红富士"、"中国名优产品"，马上变五块二一斤。价值翻倍，靠的就是商标加包装。大学就是把你自己装进有商标的盒子里去，学位、成绩就是"中国名优产品"、"中国免检产品"的标志。

我们回到问题本身，即使你真退学了，放弃了专业，你能否保证自己重新选择的专业就一定能学得很理想呢？所以，从实际的情况看，我建议你：先毕业，接着你再去选择职业。

你在问题中提及了你觉得自己的成绩不好，我觉得你对于自己的定位可以再清晰一些。从上面的解答中我们了解到：如果你仅仅是要求毕业，我觉得你只要达到毕业的要求就可以了，你可以在自己的业余时间去寻找自己的兴趣和干其他的事情。如果你要考研，接着深造，那就要盯紧那些考试科目。总之，你的精力可以进行一定的分配，将整个大学中的学习机会看成是对自己的一种考验。你对专业不感兴趣，但只要达到毕业的基本要求，我想这样对你的压力应该也不是很大。当然我更希望，在你读书时，能慢慢对你的专业产生兴趣，这样你的路可以走得更宽。

黄静helen (静姐姐博客) (有15858人看过) On honeymoon and will return on 1st Sep 2011.I will have limited access to my email and cell, I will respond to all enquiries on my return. 2天前 | 所有状态

个人主页 音乐 资料 日志 相册 个人网址：www.renren.com/profile.do?id=2

向她打招呼
发站内信
送她礼物

所在学校：上海外贸
生日：1979-9-30天秤座
家乡：重庆 沙坪坝区
等级：11级

日志(491) 查看全部

军训日志 end
这是我做辅导员生涯的第四次带军训，也是我在那次手术恢复后首次带军训。也许是身体原因，很多时候觉得有点力不从心，但是让我欣慰的是，这一次，我遇到了一支让我可以记住一辈子的连队——一团一连军训的七天，和他们朝夕相处，他们给了我太多的勇气和希望看到好多女生脖子手臂都晒出了痱子，她们 ...
07月08日 00:26

军训日志6th
07月07日 00:06

军训日志 4th
07月04日 23:29

分享 查看全部

好友档案
07月07日 11:20

最新照片 全部相册

查看更多

留言板 所有留言

有多久没给黄静helen留言了？

留言 悄悄话

图片 表情 颜色

黄静helen的新鲜事 好友留言

黄静helen：On honeymoon and will return on 1st Sep 2011.I will have limited access to my email and cell, I will respond to all enquiries on my return.

2天前 收起回复 | 转发

沈帆♥Serenity 2011-08-26 17:20
Bon Voyage! 回复

显示全部5条

包博藏 2011-08-26 17:35
Welcome back 回复

添加回复

黄静helen：同学们，9月4日上午11点报到哦。要补考的童鞋可以开始关注补考时间了！俺9月9日走，我还要骚扰你们一周！

08-23 14:44 收起回复 | 转发

居怡 2011-08-23 14:44
还能骚扰你几天

显示全部21条

陈学良
回复居怡:都是为了你和宝宝好呀~ 回复

添加回复

黄静helen 收到了 一个TA送的 注意防晒

共同好友(71)

张文勤 10团总支

陆立鹏 张菁

最近来访(15858)

居怡 顾艳 祝旭明 杨元豪 杭琛华 陈学良

她的好友(817)

推荐好友给她

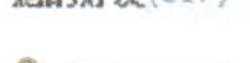

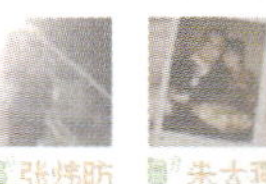

姜紫薇 周晨 张炜昉 朱大鹏 陈之昊 王晶晶 徐晓俊 缪可嘉

博客：黄静的博客

链接：http://www.renren.com/profile.do?id=243675300

博主：黄静（上海对外贸易学院）

有什么新鲜事想告诉大家？

博主宣言：

亲爱的同学们，为了解决好300多号人更好发展的问题，静静决定在保留原有战地的同时，开辟新的战场，以更加饱满的热情，投入战斗，以确保广大同学在社会就业形势严峻的情况下，不但有"饭"吃，还有要"饱饭"吃，更要有"好饭"吃！大家在就业实习、出国交流、考研等方面有任何疑惑问题可以在我"校内"留言，我会及时回复。同时，也欢迎对我的工作提出宝贵建议！

话题 图片 表情 发布

黄静

学生评价：

吴燕：黄老师很敬业，赞一记！

单静：感谢老师的文章。读了以后第一感觉是很典型的励志美文；第二感觉是，有时间实习真的不错，就算不知道自己要什么，起码知道自己不要什么了。

胡刘函：感谢黄老师给我们分享了您对工作以及在选择工作时的一些看法，很受用。的确，在我们做出选择的时候，在得到一些东西的同时也会失去一些东西，关键还是要看自己的想法以及自己是否合适、满意这项工作。

做好职业规划

最近一周，都被"培训"包围着。虽然培训之后还要用很多下班时间来完成上班事务，但是感觉这样的培训生活也挺不错，至少可以听听不同的声音，了解一下校园外面的世界，不用8小时完全沉浸在各种EXCEL、foxmail、电话中。我把培训的体会和思考整理了一下，总结出6个问题，供大家参考。

问题1：什么是职业成功？

关键句：职业成功不是由你个人决定的，而是由你和雇主共同决定。

作为一个没有丰富实践经验的辅导员，我承认对于"职业成功"这一定义的理论积淀是很单薄的。如果仅仅传递尼尔森的职业成功六要素给诸位同学，实在是太空洞了，也无法形成深刻印象。应届生的努力方向应该是"从辅助型人才、通用人才向核心人才发展"。企业的政策和培训同样也是促进员工往这个方向发展。职业成功与否，不是看你有多少收入，有多高职位，而是取决于你的被替代性和价值性有多大。

问题2：为什么要从基层做起？

关键句：要胜任一个岗位，要对该岗位的控制范围有足够的评价能力。

只有对自己岗位的控制范围烂熟于心了，才能控制好下属。比如，一个人事总监，如果是从培训专员的途径晋升上去的，从来没有接触过薪酬福利，就可能会对《劳动法》不熟悉，在管理工作中会存在一定的困难。这也许就是为什么世界500强的MT需要轮岗的原因之一。所以，大学生在就业时，要敢于、乐于从繁琐、简单、重复性的基层工作做起，不要抱怨怀才不遇，要明白今天的低层次工作是为明天更好的发展做好准备。换言之，如果现在给你一分中层的工作，或者一份具有挑战性的工作；如果今天你的岗位要求正好与你个人能力相匹配，那么并非好事，你应该有危机意识才对，因为你要从这份工作再往上走。

问题3：为什么到公司感觉周围的人都不如我？

关键句：职业目标和行动是主观意愿和客观环境调节的一种张力。

工作是什么？说穿了就是拿8小时换取报酬的一种方式。而很多刚刚涉入职场的学生并不清楚这样的含义，更不明白劳动力实际上就是一种商品，缺乏商品意识。什么叫商品意识，简单点说，就是人家支付你薪水，你这8小时就卖给人家了，人家买断了。这8小时你要听命于别人，要学会服从别人，不能仅凭自己的意志做事，更不能强迫别人接受你的意志。比如，在工作中，有人觉得自己的方案比上级的更好，觉得上司的才干不如自己，觉得被升职的同事比自己差远了，由此忿忿不平。这就是用自己的意识强加于工作、强加于别人。职业的困惑也就来源于此。虽然有些优秀的企业会有申诉渠道，但是作为职业人要明白：如果企业可以申诉，那是你的福分，如果企业不可以申诉，那是它的本分！记住：不要不把自己当回事，要有尊严；但也别太把自己当回事，要懂得内敛。

问题4：职业指导是要解决"走什么路"的问题还是解决"怎么走好路"的问题？

关键句：如果职业价值观是职业生涯的牵引机制的话，那么职场伦理就是约束机制。

现在大学生就业难从上到下都在谈，各方似乎更多的关注就业率问题。但我想，作为辅导员，如果仅仅告诉学生"应该怎么做"、"如何选择一份工作"，那是在做就业工作，而不是职业指导。当代大学生不缺乏找工作的技能，缺乏的是面对工作时，不知道现实的要求是什么。所以，在这里我想谈谈职业伦理问题。

职场伦理，简单点，就是职场的潜规则，也是大学生最需要掌握的东西。如果职业价值观（就是这职业你看重什么，不看重什么）是职业生涯的牵引机制的话，那么职场伦理就是约束机制（告诉你现实中你要面对的选择是什么，什么是你不能做的）。当然，不同企业、不同组织的伦理和潜规则是不一样的，你要做的就是去看清楚，学习学习再学习。如果你要挑战这个组织的伦理规则，你可能就会走弯路，你的发展可能会被束缚。如果这个企业的伦理你永远无法接受，那么你可以选择离开。总之，学习职场伦理的过程也是提升情商的过程。

问题5：找到一份好工作是不是就可以高枕无忧了？

关键句：一个有远见的人是不会把目光仅仅放在职业选择上的，而是懂得追加投入。

毕业后应该追加对自己的投入，不能停滞不前或因循守旧。毕业时，90分和60分的差别其实并不大，通过实践、轮岗、培训、投入才能拉开差距。所以我们会看到三五年后，当大家再聚时，经常会惊讶地发现曾经班级成绩平平的同学如今混得风生水起。很多情况下，我们在大学里所学到的专业知识，能直接应用到工作中的并不多。专业知识充其量只是基础而已，大学里学习的是一种学习能力，一种收集信息、快速加工和为我所用的能力。所以，关键是要加强经验积累，对自己追加投入。这种投入可以是知识技能层面的，也可以是职场伦理层面的。伦理不等于法律制度，法律与制度是硬的条律，而职场伦理是习惯，是约定俗成的，所以需要去细心体会。职业适应性问题的实质就是争端的解决机制，你们要学会去了解职场中的习惯，在心理上调适自我的价值观，以化解作为学生与社会职业人之间的矛盾。

问题6：到底是跳好还是不跳好？

关键句：跳槽既不能没有跨度，也不能跨度太大，要呈上升收敛状。

跳槽是个敏感的话题，很多同学谈到工作时喜欢说：“干这份工作为我以后跳槽打下基础。”一直纳闷，为什么有些人活还没干，就已经想到跳槽了？似乎有点像现在很多年轻人婚还没结，就已经想到要离了一样。职业稳定性其实是非常重要的，管理学家沙因用“职业锥体模型”对这个问题做了很好的阐释，而且还提出了“职业链”发展的几种状态，大家有时间的话，可以认真地去读一读。其实，有些公司在招聘高层时已经开始用职业链的方法了。那么HR或者猎头关注的到底是什么呢？

(1) 转折点的位置。有转折就说明职位有变化。如果是跨行业，通常是合同解除。合同解除是个敏感的问题，所以一个人转折的点不宜太多，转折点的位置不宜太靠上端。一旦步入职场，你就要明白：今天的行为要为明天负责。实习期间你不满意就可以甩甩手走人，但真正进入职场，每次“转折”都很重要，要谨慎。尤其是成为通用型人才后，不要频繁跳槽，因为越往上端，你的成本越大。

(2) 收敛、发散的问题。不同的职业都可以去尝试，但是不要乱跳槽，要围绕一个主轴。如果岗位转换没有跨度，则可能会出现职业高原、职业倦怠。跨度不能太大，最好是你前面的积累为你后面更高层次的工作所用。所以，既不能没有跨度，也不能跨度太大，不要盲目跳槽，要珍惜每次机会，在应聘前要充分了解每个有意向的企业和可能的工作岗位。

最后总结，写给自己，也写给你们，大家共勉。

（1）职业规划不是开药方，不会药到病除，只是让人少走弯路。老师不是神，无法帮你铺路，充其量只是让你少走（不是不走）弯路。

（2）职业规划是个动态的适应性过程，而非选择性帮助，不是告诉你该选A还是B，最终都需要你自己去适应。

（3）职业适应性就是职场伦理，可以从从属、上下级、合作等角度去研究，但不同的企业组织有不同的习惯和伦理，不要妄想用一把钥匙开N把锁。

（4）同样的职业测评不能反复做，做测评要用国外经典量表，因为其常模的信效度高，不要用山寨量表，拿来玩玩都没意思，会误导人。

（5）看不透的问题不要抱怨，要去学习、去了解，不断追加投入，因为你现在投入得越多，未来的回报率越高。

做好职业选择

今天，我在人人网发起了个投票，其实这次投票早就想好了，但一直搁浅在忙忙碌碌中。最近遇到不少事情，让我觉得有必要让大家学着了解自己，了解别人，了解什么叫工作，慢慢学会选择。

我发现大家好像比较喜欢看我个人的一些感想，所以今天还是以自己为例吧。首先声明，我只是就事论事，仅供参考！

我是2005年7月从重庆到上海求职的。到上海之前，我通过网络查到外地生源进沪落户申请是5月31日截止，而我本来是2006年6月份毕业，鉴于两头跑找工作、毕业答辩实在太不方便，于是我申请提前毕业（我读研的学校是可以申请提前毕业的，前提是成绩够好，毕业论文提前完成），即2005年12月可以提前参加论文答辩，这样我有了比别人多6个月的求职机会。事实证明，这6个月很关键，我的试用期、转正时间都比正常毕业生提前了。

在2005年7月刚到上海求职时，我找的第一份工作是在一家人力资源培训咨询公司做实习生，可留用。公司是港企，主要帮一些世界500强做专业培训，规模不大。我需要做的事情就是：（1）与500强的HR联系，说服他们聘请我们公司做外部培训——就像销售。（2）联系我公司的专业培训师，并帮他们安排课程档期和一切相关事务（机票、酒店、课件准备、设备等）——就像后勤。公司在浦东八佰伴附近，地段很好，同事对我也算照顾，人际关系还不错。老板也很nice，经常请同事们吃吃喝喝。这份工作的优点是：和我专业相关，符合兴趣，晋升会很快（只要有业绩），当然薪水增加得应该也很快，能够与很多大公司HR接触，可能会遇到很多好机会。缺点是：有销售压力，刚开始起薪不高，大概税后3500，需要经常出差，行业流动性较高。

另一个愿意接纳我的工作单位是一所高校。相对于上面提及的港企，在高校工作的优点是人际关系简单，符合自己兴趣，工作较稳定，还有带薪假期；缺点是收入较低，晋升没有企业快，上班路程较远（在松江），可能与所学专业相距甚远。于是，我开始考虑，工作对于一个人来说意味着什么？什么样的生活是我追求的？什么样的困难是我能够克服的？

两者权衡，我选择了后者。当然这里并不是谈哪份工作好，哪份不好的问题，就如同我当初辞掉银行工作去读研让很多人，包括我父母都觉得不可理喻一样。我只是希望同学们在职业选择时，在拒绝每个offer时，真的明确知道：

1. 世界上没有一份工作是十全十美的，任何一份工作都有其优缺点。这个优缺点是因人而异的，别人看来是缺点而对你也许不是，比如每天奔赴松江上班对于家住市区的老师也许是缺点，但相比在市区上班每天要挤拥挤的地铁，这也许就变成了优点。

2. 你自己追求的到底是什么？请保持价值观的一致性！不要拒绝这份工作是因为薪水，拒绝另外一份高薪的工作又是因为路程太远。

3. 当你选择了一条路，就要好好地走下去。努力地去减少这份工作所包含的缺点对你的影响，不要一味纠结于你选择后失去了什么，而要把握你现在拥有什么。就像现在，作为辅导员，刚开始我觉得"哎，我研究生三年人力资源白学了"，但是后来我发现，不是的，我完全可以把所学的东西用来帮助学生做职业规划，虽然还并不是很专业，但是起码我能感觉到我可以用到所学的知识了。所以，我打算去考职业咨询师，就是希望把专业与工作结合起来，让我曾经的选择所包含的负面影响变得越来越小。

4. 一份工作，如果能让你开心，那就是一份好工作。这种开心可以来自物质上的满足，也可以是精神上的慰藉，工作是为了更好的生活，而非生活是为了工作！

5. 你的工作，应该是你自己的选择，而不是看别人的选择，或别人帮你选择。所以，现在当我看到同学们在求职大军中茫然失措时，在面对n个offer不知道如何抉择时，说实话，我完全可以理解你们此刻的感受。我一直觉得大四才是最锻炼人的一年，才是真正让人成长的一年。希望大家坚持自己的理想，学会思考，学会分析，因为这是大学教给我们最后的一课，也是我们将来踏入社会必修的一课！

最后，我想说，无论你做出什么选择，请抱着一颗感恩的心面对被你Out的选项。当你离开时，当你婉言拒绝时，请留下一封感谢信，因为是那样的实习机会提升了你的竞争力，是那样的公司给了你一个平台让你看清了自己！

谈谈职业素养问题

曾经和一个小姑娘谈过一个问题，有些外资企业招个人动不动就搞好几轮，从笔试到面试，从“单挑”到“群殴”，真的让人有点招架不住，哪怕是做了充分的research，哪怕是简历吹得天花乱坠，哪怕是过五关斩六将，哪怕是群面中一枝独秀，还是有很多“童鞋”死在了临门一脚上。很多人问有什么样的法宝可以对付终面、par面，其实说实话，真的没有。试想经过了超过五轮的面试，基本上选出来的人在能力、专业知识上都相差无几，与这个职位的匹配程度也八九不离十了，但是在僧多粥少的现实情况下，如何抢到一个饭碗来盛粥，这个时候头脑就要清爽点，搞清楚比的是什么？通俗点说是RP，雅致点说是职业素养。

我这里谈几件遇到和听到的事：

【事件1】某公司打电话到我们学院，反映有几个“童鞋”提交了简历，但没有云面试，害人家HR等了1个多小时。后来我电话这几个没有去的“童鞋”，他们给出了以下答案：

同学1：“啊？那个公司啊，我上网看了一下，那个公司离我家好远的，交通不方便，我不高兴去了。”

同学2：“哦，老师啊，那天我正好有另外一个公司的面试机会，我去另外一个公司了。”

同学3：“啊，哪个公司啊，有面试么？好像是有，我忘了。”

我承认，你有投简历的自由，也有不去面试的权利，但是如果决定不去，能否给人家HR一个电话，告诉他你不能去了，以免别人耗费时间等你，每个人的时间都是宝贵的。

Tips：职业素养要求能对人尊重！

【事件2】我“校内”上由于是转载学校的就业信息，在邮箱地址上有时候会出现错误。同学很兴奋地投了简历过去，发现被退回来了。然后怎么办呢？通常情况下同学会有这样几种反应：

（1）问我：“老师啊，是不是邮箱错了？”

（2）算了，不投了。

我也可以有三种反应：

（1）请学生把简历给我，我代为发。

（2）让学生直接问学校，正确的邮箱是什么？

（3）让学生自己想办法解决。

如果我的反应是（1），我需要做的事情：打电话问学校就业办，学校就业办再问企业，等企业回复。

如果我的反应是（2），我需要做的事情：告诉你学校就业办的电话号码。

如果我的反应是（3），我需要做的事情：什么都不用做。

很不幸，我选择了（1），请学生把简历给我，我代为发。然而这家企业只留了传真没有留电话，这下怎么办？这事儿就算完了？这个时候，我可以放弃，广而告之童鞋们这个公司不用投了，邮箱有误。但是我很“无聊”地开始想办法来解决。

我先用WWW+HR的邮箱后缀看能否进官网，无果。再google这个公司，找相关的招聘信息，很快找到了，核实是否同一家公司，看公司介绍，看两个接受简历的HR的后缀是否一样，确定是一样的了，将童鞋们的简历发过去，由于这个HR并不负责这个岗位的招聘，因此在邮件正文中告诉他，他公司的另外一名负责招聘这个岗位的HR的邮箱我们寄出的邮件总是被退回，可能是我们记录有误，麻烦再给一次，以便以后联系，并麻烦他转交简历，致谢。事情就这么搞定了！

但事实上，我一点也没有开心起来，也许是我做得太多。如果我选择(3)让学生自己想办法解决，也许会对童鞋的锻炼更大。毕竟将来你们的老板只会扔难题给你们，而不会说拿来吧，你不会，我帮你！

Tips：职业素养要求当你面对一项工作时，学会想尽一切办法去解决，而不要去转移任务。

【事件3】有一次和一个专业老师在一起吃饭，提到了前不久的毕业生推介会。由于场地有限，有些"童鞋"去了，然而大部分"童鞋"还是没有这个机会参加。去参加的童鞋应该算是比较优秀的了，这也是一个和企业人士零距离接触的好机会。饭桌上，有企业高层、HR、学校老师和比较优秀的学生代表。我想问问去了的"童鞋"，有多少人在那天的饭桌上为别人斟过茶，倒过酒？有的，麻烦举一下手。那位老师说，至少他坐的那一桌，几个学生只顾着吃，完全没有起身倒酒水的意思，他都已经好几次帮企业方的人员斟茶了，以为学生能有所意识，但是可惜还是没有。我那天没去现场，不知道现场的情况如何，但如果真的如他所说，那我想说，各位，至少那些还算"优秀"的各位，你们将来如何去与客户谈生意，如何去拉订单，如何去跑贷款，如果去推广行销方案，就凭你们的专业知识、你们的口才？人是有感情的动物，情感到了，什么都顺了。

Tips：职业素养要求时刻明确自己的位置和立场。

要学会用规则维护自我权益

一天，一名同学很开心地告诉我找到工作了，我很欣慰地给了她三方协议，期待等到她的好消息。后来却发生了这样的事情——

她发消息问："黄老师，什么时候能拿到毕业证？"

"6月底7月初，怎么了？"

“那公司不肯签三方协议，说先一直做实习，等拿到毕业证书后直接签劳动合同。”

“你在那里实习了这么长时间了，如果一直实习下去，它就有利用廉价劳动力之嫌哦。”

“有那么点这种意思，我都已经实习好久了。”

“如果公司不签三方协议的话，从现在等到你7月份毕业时，公司随时可以不要你，另外招实习生哦。如果公司真心留用你，把你当人才，就会和你先签三方协议。三方协议对于你和公司来说，最起码是一种劳动关系的保障。”

“老师，那三方协议和劳动合同不是一回事么？”

“三方协议和劳动合同是两回事情，三方协议是在你们毕业之前达成就业意向的一种协议，因为你们现在的身份还是学生，不能签劳动合同。等你们拿到毕业证后，你和用人单位的劳动关系确立了，才签订劳动合同，劳动合同签订后，三方协议自动失效。”

“那如果公司签了三方协议后不要我了呢？”

“如果不是协议中规定的内容（比如你没拿到毕业证），那它需要支付违约金，但是一般情况下公司不会做这样的事情。同样，如果你另谋高就，你需要向公司支付违约金。”

“如果公司说等到毕业直接签劳动合同，会有什么样的风险呢？”

“现在市场上难免会有一些不正规的公司利用大学生做实习生，降低雇佣成本。等到7月份，新一届的毕业生又出现了，那时候，你说这样的公司是愿意招个只需要付几百块工资又不付四金的实习生，还是愿意招一个需要开几千块钱工资没什么经验的员工呢？更何况大家都知道作为商科应届生，被替代性是较强的。”

过了几天，这个学生告诉我：“老师，公司说可以签三方协议，但是违约金一栏写零，可以么？”

“也就是说这个公司把它不录用你的代价降到了最低？”

“好像是的。公司老总说签这个也就是走个形式而已，对他们没什么约束的。”

“既然这样，你的违约成本也同样是零，你觉得这样的公司还有必要和它签么？”

“看样子我要再找其他公司了。”

“没关系，继续努力，我也会帮你留意的，现在去找总比7月份再去找要好，加油！”

当你是弱势群体的一员时，

当你处于买方市场的卖方时，

你要学会寻求一种途径来降低自己的风险，

你要学会用既定的规则来保护自己的权益。

大一新生需要面对什么

当你在感受向往已久的象牙塔生活时，兴奋新鲜里或许有美好憧憬，或许有丝丝渺茫，心里不止一次地在嘀咕：大学到底是什么样子？下面我就从学习、生活、心理、社交几个方面简要谈谈作为大一新生的你，需要面对的是什么。

不要相信"60分万岁"的谎言

在大学，上课是形式，关键是自学。大学上课，老师只是提纲挈领，没有大量的模拟试题，没有重复的讲解，知识的掌握需要靠自己。不要抱怨进度太快、内容太多、作业太难，大学学习是方法的比拼，高中时的学习方法已经过时了。

在大学，里面有棵树，叫高数，很多人挂在上面过。所以在大学基础课一定要学好，因为这些课程学分高，学时长，对将来的学习会产生很大的影响。

在大学，课堂是开放的。学会前排占位，会让老师给你一个好的印象分；学会蹭课，你会发现花一份学费能学几份知识。

在大学，"绩点"非常重要，不要相信"60分万岁"的谎言。无论你的打算是考研、出国，还是找工作就业，一张漂亮的大学成绩单会让你的竞争力加分不少。

在大学，课程表是不会排满的，你要做的就是用心将它填满。学会利用课余时间可以让你的大学生活充实而精彩。自习的好习惯不要丢，图书馆、实验室都是摄取信息的好地方；也别忘了校园讲座，它会让你开阔视野，优化知识结构。

宿舍是个家，温馨靠大家

在大学，离开父母悉心照料，独立生活从此开始。你要学会料理床铺、收拾房间、缝补衣服……曾经渴望摆脱束缚的你是否已经做好准备？干净整洁的宿舍环境需要依赖每个成员的共同努力。

在大学，寝室是你第二个家。在这个家里，你会学到如何处理复杂的人际关系，学会团队协作精神，正是有了这个家，给了你培养完整人格的机会。

在大学，宿舍成员来自五湖四海，四年的集体生活会将你们紧密相连，你要学会包容、谦让与互助。平时的点滴小事都是对每个大学生待人处世、品德修养的检验。

在大学，你要合理安排作息，不要挡不住网络诱惑而过着黑白颠倒的生活。要学会上网，也要学会不上网。网络可以让你的学习生活更便利，但沉迷其中也可以让你大学前所有的努力付诸东流。

在大学，你的生活费由你自己支配，你要学会制定消费计划，量入为出。这是大学给你上的一堂理财课。花钱时想想父母，经常给家里打个电话。

调适心态，融入一个新的集体

在大学，曾经是在呵护关怀下成长起来的你，如今无法再体会到集万千宠爱于一身的荣耀；曾经是风云人物的你，原来所披的光环将彻底消失，你要做的是重新定位，坚持理想，自信地面对环境的变化。

在大学，你要学会融入新的环境，增加对新环境的归属感和认同感。抱怨学校、抱怨专业不能解决任何问题。你要学会调适心态，融入一个新的集体，结识更多新的朋友，去感受集体带来的温暖，去与挚友分享喜怒哀乐。

在大学，特立独行并不是个性的彰显，如果你的个性让别人对你敬而远之，那么你的个性是失败的，因为个性的成功在于吸引，而不是排斥。

人生重要的不是所站的位置，而是所朝的方向

在大学，不要炫耀你曾经的辉煌，没有人关心你高中毕业于什么名校，高考分数多

少，你要学会低调谦虚，这样会赢得更多朋友。要知道在这里，身怀绝技的大有人在。

在大学，做好第一次自我介绍，树立良好的第一印象，尽快认识班级同学，也尽快让班级同学认识你。

在大学，招新时你会发现能力锻炼的平台会让人眼花缭乱，你要做的是选择性的参与，珍惜每次发挥才干的机会。

在大学，交友圈子大一些。室友、同学、球友、书友、学长……你大学的朋友可能是你未来事业的一部分，他们会帮助你，但你也应该让自己有帮助他们的实力，所以你要努力。

大学不全是枯燥的学习考试，不全是忙碌的兼职打工，不全是深夜的卧谈，也不全是青涩的爱情，大学应该能提供给你一种精神资源，这种资源能够帮助你应付各种环境和挑战，并在这一过程中发展你的人格与才智，而不是被环境所奴役。大一只是一个开始，以后的四年或者更长的时间，你必须要学会独立面对人生。你可以憧憬未来的大学生活是多么丰富多彩，你的人生舞台是多么华丽辉煌，但前提是：你必须合格地升入大二！

现在就请你怀着一种虔诚、热情而敏锐的心灵走进这象牙塔吧，全神贯注地去追寻你的理想！

08级国金二班主页

尚学笃行，格物致知

个人资料

guojinerban

日历

« 2011年 8月 »

日	一	二	三	四	五	六
	1	2	3	4	5	6
7	8	9	10	11	12	13
14	15	16	17	18	19	20
21	22	23	24	25	26	27
28	29	30	31			

搜索

搜索

管理

进入后台 写新日志

文章管理 评论管理

更换模板 访问统计

Tag

同学[29]

最新评论

2009-10-01

尚学笃行，格物致知——08（秋）国际金融(中丹)2班团支部 - [图片新闻]

2008年9月，我们，一群稚气未脱的孩子们从五湖四海汇集到上海金融学院；缘分，使我们相识，相知
共同组成了前无古人后无来者的一个集体：它的团结，奋进使老师们刮目相看；它的纪律性，学习型使
任课老师大加赞扬；它的激情更感染了金院的许多师生，成为金院的一抹…

Tag: 同学 团支部 集体 班 班级

guojinerban 发表于20:00:00 | 阅读全文 | 评论 3 | 编辑 | 分享 0

2010-10-20

汇唐投资管理有限公司招聘信息 - [就业指导]

汇唐公司是跨区域性的国际资本管理公司，在中国资本市场具有良好的声誉和广泛的资源网络，拥有具
球视野并熟悉中国本土市场的专业投资管理团队。

汇唐公司的主要业务包括：

资产管理业务（Asset Management）、私人股权投资业务（Private Equity）和法人股信托投资…

Tag: 经验 唐 能力 业务 专业

guojinerban 发表于21:15:00 | 阅读全文 | 评论 0 | 编辑 | 分享 0

2010-07-16

我们的支部，我们的未来 ——08（秋）国际金融(中丹)2班 - [支部建设]

我们是一支团结，奋进的集体

我们是一支纪律性，学习型很强的集体

我们是一支充满激情，勇往直前，执着地追逐着梦想的集体

在这块金融学院的土地上，我们已经为着自己所执着的梦想奋斗了快两年了，在这个国际金融的热门专
里拼搏着，努力着，我们不断的成长着，…

Tag: 团支部 同学 集体 不断 地

发表于14:44:00

2010-06-23

博客：08级国金二班主页

链接：http://guojin2ban.blogbus.com/

博主：杨琳琳（上海金融学院）

有什么新鲜事想告诉大家?

博主宣言:

2008级国金(2)班是一个十分优秀的班级。我们在博客大巴上开通了班级博客,展示我们"尚学笃行,格物致知"的学习理念,亮出"知学、好学、乐学"的班级口号。在全体同学的共同努力下,我们充分发挥团结奋进、好学善学的班级特色,先后荣获校级"五四红旗团支部"和"先进集体"等称号。博客已经成为我们展示风采、加强交流、互相激励的优质平台。

话题 图片 表情 发布

学生评价:

八月桂花香万里:博客可以充分地展现我们班级的风采,也是师生交流的良好平台。我已经养成了定期上班级博客的习惯,希望我们的班级博客坚持做下去。

熠熠生辉:一直坚信:我们国金(2)班是最棒的!不信来看我们的博客!看照片上大家的笑脸,你可以想象身处这个班级的我是多么的幸福!每当心情不好的时候,到博客上逛逛,追忆与大家相处的点点滴滴,心情会好很多。

Zhangyang2008:一眨眼,我们的博客已经2周岁了。在这里,我们可以随意抒发自己的情感,开心的,不开心的,任心情在指尖挥洒。通过它,可以让老师和同学看到一个更真实更全面的我们,除去伪装,心与心可以碰撞。

尚学笃行　格物致知

2008年9月，我们，一群稚气未脱的孩子们从五湖四海汇集到上海金融学院；缘分，使我们相识、相知，共同组成了“前无古人后无来者”的一个集体。它的团结、奋进使老师们刮目相看；它的纪律性、学习力使得任课老师大加赞扬；它的激情更感染了学院的许多师生，成为学院的一抹亮色。这个集体就是2008（秋）国际金融(中丹)2班，一个响亮的名字，一个我们痴爱的国金（2）班。

“海阔凭鱼跃，天高任鸟飞。”只有在一个优秀的集体中，个人的优秀才能被更好地挖掘及发展。就是在这个国金（2）班中，我们从一群幼稚的孩子渐渐变得成熟，变得理智，变得自信；也因为是在这个国金（2）班，我们仍保持着那份激情，那份纯真，那份冲劲。我们不断地进步着，同时我们的集体也在不断地成长着，它变得越来越团结，越来越具有自己的特色……

进入大学之后，虽然我们的社会活动变多了，但是我们没有忘记自己的主要任务，那就是学习。因此，我们把班训定为“尚学笃行，格物致知”，并以此勉励同学们时刻抓紧学业。对于学习，我们从不懈怠；对于真理，我们不倦探索。我们班级的大脑——团支部和班委也很努力地带领全体同学走在一条正确的学习之路上，在团干部和班委例会上，我们决定用“知学、好学、乐学”作为班级学习的口号，并以此作为我们班级对待学习的态度。于是，在同学们的不断努力下，班级的平均成绩始终领跑于整个2008级国际交流学院。同时，班级里的学习气氛也愈来愈浓：同学之间的互帮互助，党员的一对一帮学以及上课时的积极，这些都在无形中形成了一股力量，推动国金（2）班成为一个强大、优秀、团结的集体。

之所以我们如此强调学习，并且积极地建设我们的学习型团支部，是因为我们知道学习对一个人的重要性，只有在读书阶段养成良好的学习习惯，将来走上社会、开始工作之后才能有所作为。而要养成良好的习惯，离不开正确的引导和良好的氛围。而这一切的一切都是为了让我们的支部、集体以及其中的每一位成员都能够有美好的明天。

“All and work no play makes Jack a dull boy!”所以，支部的同学们从各方面着力培养

自己的能力。只要走出课堂，我们中每一位同学都会投入那充满青春活力的火热生活中。礼堂的舞台上、阳光下的绿茵场上、激情四溢的篮球场上都活跃着国金（2）班同学们的身影……因为这大家的辛勤付出，使得我们的支部被更多同学了解，被更多的同学们认同，而他们，也在这个过程中得到了成长，使自己的潜力得到了挖掘和发展。

在发展自身、发展集体的同时，我们也认识到，在社会这个大舞台上我们的集体，仅仅是一个个体，我们应该为社会贡献自己一份微薄之力，眼前最好的途径就是成为志愿者。我们是这么想的，也是这么做的。我们努力着，不求任何回报地努力着，只希望有一天人们能说：看，这个团支部的同学真不错！

是的，我们努力过！而努力过后得到的这些优异的成绩、这些光辉的荣誉已经证明：我们是最棒的！

是的，我们还在努力中！我们今天无悔地留下我们的汗与泪，只因为我们相信：我们将会是最棒的！

是的，我们会继续努力！为了成功，为了在十年、二十年后的回忆中能留下一个最棒的国金（2）班而努力。

党员"一帮一"互助心得*

我还在上党课的时候，清楚地记得老师对我们说过："要做一名合格的党员，就是要为能更好地服务群众、帮助群众而努力！"是的，在我的印象中，那位和蔼的老师也是这么做的。

现在轮到我了，我该怎么做呢？我思索着，然后坚定了：我要以那位老师的话为铭，朝着成为一名真正合格的党员的目标前进！

于是，我十分注意抓住每一个能够帮助和服务同学的机会。记得那是在一个周三的晚自习之后，我拖着疲惫的身躯挪出自习教室，余光中看到隔壁教室里有个熟悉的背影还

* 本文作者系2008（秋）国际金融(中丹)2班金白云

奋战在明晃晃的日光灯下，定神一看，是我们班的一个平日默默不语的男生。出于好奇，我走到教室门口想看看他在干什么，仔细一看才发现他的桌上铺着今天高数老师布置给我们的作业，看着他苦思冥想、百思不解的神情，我猜他一定是遇到了难题。于是我二话不说，走上前去：“怎么啦，这么晚还不回寝室呀？”他似乎有点被我吓到了，愣了一会才回答我：“没什么，马上就走了，这题做完就走，就是……”他似乎有些犹豫，欲言又止。“哎，这不是今天高数的作业吗？有什么问题就问我吧，我也刚刚做完，还有些印象呢。”说完，我便放下书包，在隔壁的位子上坐了下来。也许是我的热情有点感染到了他，他没有了先前的害羞，渐渐地我们便围绕着题目谈论了起来。时间不知不觉地流逝着，他终于完成了那份作业。走出学校，他推着车说为了感谢我要送我回去，我挥了挥手：“这么晚了，你快自己骑回去吧，我没问题的。”看着他骑车离去的背影，我甚是开心和欣慰，或许我今天这样做离一名合格的共产党员又近一步吧。

那天晚上，或许那位男生觉得自己学到了很多东西，可是，我觉得我学到的、得到的不比他少，甚至比他更多。回到寝室后的我虽然一头瘫倒在床上，可心里依然充满着喜悦。我想，我已经体会到了那位党员导师对我们说的那番话。我想，我会坚定不移地在这条通往党员的正确道路上走下去，坚定地走下去。

最后是，我把我最喜欢的两句话与大家分享：

He that will not allow his friend to share the prize must not expect him to share the danger.不肯让朋友共享果实的人，不要指望朋友与他共患难。

When a man is wrapped up in himself, he makes a pretty little package. 一个只顾自己的人不足以成大器。

团结互助，创建学习型团支部

时光飞逝，我们的团支部已经共同走过了一年半的时间，无论是大一时基础课的学习还是目前专业课的学习，同学们都尽力做到年级之最，因此学习一直是我们班最值得骄傲的方面。这其中少不了任课老师辛勤的劳动，还有辅导员的细心叮咛，最重要的是同学们认真的学习态度、坚定的学习目标以及良好的班级学习氛围。

认真的学习态度

我们班的学习态度认真是毋庸置疑的，因此经常得到系部老师以及其他班同学的表扬和好评。综观每一学期我们班学习奖学金的获奖名单以及成绩加权平均分的情况，就会看到，同学之间的分数差距极小，说明大家都非常努力地追赶着，总希望自己能够做得越来越好，这也使得我们班的总体成绩与别班相比要高出一截。

每每进入图书馆或是自习室，总能发现我们班同学的身影，时而埋头看书，时而起身翻阅书架上的相关资料，同学们的学习热情极其高涨，每个同学积极进取；课堂上同学们亦表现出十分好学，老师讲课时安静聆听，有问题产生时，同学们必问彻底，几乎每堂课下课都会看到一些同学围着老师咨询问题，在我们班，这样的好学景象已成为一种常态，形象地解释了我们班级口号中"知学、好学"一词的真正内涵。除了课堂和图书馆，寝室同样是同学们积极学习的地方。走进他们的寝室，时常会听到激烈讨论的声音，每个人各抒己见，目标只有一个，那就是将问题答得更好更完美。

坚定的学习目标

刚进入大学时同学们对于未来可能有些迷茫，好在我们班的大部分同学都能及时走出迷茫，并认真规划自己未来的学习与生活，有着明确的学习目标并坚定地执行着，这是一种信念。除了日常的学习任务外，从大一开始，有不少同学还利用课余时间参加了各种能力考试，其中包括证券、银行、会计、第二外语等多门热门科目，由此可见，同学们对自己的将来有着清晰的规划与设想，并努力朝着这一目标前进，因此学习的动力也增进了不少。同时，这些课外学习对我们平时的学习也有一定的帮助，相互补充，相互借鉴，不失为一种良好的学习方法。

一年之后我们即将毕业，现在的我们正在为毕业后的去向做准备。有同学想要出国去深造，于是他们的学习目标就是积极地练好外语，不让语言成为障碍；有的同学想要专升本，他们就把目标定位在努力学好专业课和一些公共课的知识，积极应考；还有的同学想要应聘就业，他们就要多多了解相关的就业信息，学习应聘的各种能力、技巧等。只要有坚定的目标，就会有闪亮的未来。

良好的学习氛围

俗话说，好的开始是成功的一半；而好的课堂纪律是营造良好学习氛围的开始。我们班就是一个典范。从考勤班长的记录中不难看出，同学们的出勤情况还是比较好的，几乎没有缺勤的情况，迟到也较少；从任课老师反映的情况来看，课堂效果还不错，由此为营造学习氛围奠定了良好的基础。除此以外，我们班还在班长的带领下进行了“一帮一”的结对活动，即由一名成绩优良的同学或一名班干部帮助一名在学习上有困难的同学，这样不仅能使同学们有更多交流的时间，也使平时不太认真学的同学有压力与紧迫感。实践证明，这样的方式是有效可行的，许多同学的成绩有了明显的提高，我们为同学们取得优异的成绩而高兴，也为我们班形成如此优良的学习氛围而喝彩。

学习是学生的天职，学有所成是我们国金（2）班所追求的目标，希望同学们能坚持努力，走向学涯巅峰！

走向学习型团支部

树立“学习、学习、再学习”和“终身学习”的理念，构筑终身教育体系，是一个组织实现可持续发展的关键所在。作为党联系青年的桥梁和纽带的共青团组织，唯有顺应历史潮流，大兴学习之风，才能应对瞬息万变的新形势，切实履行党赋予的光荣职责；才能充分发挥共青团的先进性，把共青团建设成为学习型组织；才能团结带领当代青年担负起历史重任，在全面建设小康社会、加快推进社会主义现代化建设、实现中华民族伟大复兴的宏伟征程中建功立业、奋发有为。

为积极响应学校提出的“让学生投身学习”的号召，发挥各级团组织、广大团员在学风创优、营造良好学习氛围过程中的积极作用，使广大同学潜心学习、刻苦钻研、全面成才，团支部提出以下开展"创建学习型团组织、争当知识型青年"活动的实施意见。

一、活动宗旨

培养学习兴趣，提高学习能力，营造学习氛围，加强学风建设。

二、基本目标

倡导终身学习理念，提高团员青年的学习能力、实践能力和创新能力，努力造就一支思想政治素质高、道德修养好、服务能力强，勤于学习、善于思考、乐于奉献、勇于实践、致力于创新的团员青年队伍，营造崇尚科学、追求真知、刻苦学习、立志成才的浓厚氛围，为青年学生成长成才搭建平台，促进良好学风和校风的形成。

三、基本构想

1. 引进先进的学习理念

要建设学习型团支部，必须确立先进的学习理念。学习，不应是一种孤立存在的行为，应该融汇于生活、工作等各个方面；学习，也不应是一种某个特定时期的需要，它应该是只有开始、没有终结的过程；学习，更不应是一种被动的概念，它是每个人成长与发展中的自觉行动与内在需要。因此，广大团员青年要强化"终身学习"、"人人学习"、"处处学习"、"时时学习"的意识，不仅从书本上学，更要在实践中学。要养成良好的学习习惯，把终身学习当作生存、发展的一种基本需要。要坚持学以致用、融会贯通，经常进行理论上的思考和提炼，形成正确的学习观，提高学习的深度与成效。要大力营造浓厚的组织学习环境，使团组织成为广大团员共同学习的课堂、交流思想的平台和团结奋进的堡垒，成为广大团员能全身心投入，并持续提升学习力、不断创造自我和超越自我的学习型的组织。

2. 修正组织的学习行为

建设学习型团支部，必须丰富与完善原有的学习模式。它决非把原有的学习模式推倒重来，而是要对传统学习行为进行梳理，保持好的，摒弃旧的，创新没有的。一是要坚决铲除学习上的形式主义，把"要我学"变成"我要学"，发自内心地把学习当作生存的基本需要，切实提高学习的针对性与实效性。二是要努力提高学习效率，认真总结和探索团队学习规律，努力提高团队学习力，把相同时间内学得快、学得好作为新时期团组织学习的一种追求。三是要坚决杜绝学习简单化，防止在方式上把学习简单理解为书本学习、课堂学习，在内容上仅仅开展一些理论和技能的学习。要牢牢树立全方位、全天候学习的新概念，工作也是学习，实践也是学习。理论、技能知识要学，修身、养身知识也要学。要变无心学习为有心学习，做学习的有心人。四是要克服学习中的急功近利倾向，防止埋头苦学、蛮学、为学而学，而要更多地掌握学习方法和学习技巧，学会学习。

3. 拓宽组织学习领域

建设学习型团支部，必须进一步丰富学习内容。当今是一个信息爆炸的时代，知识更新正以前所未有的速度进行着，仅仅掌握基本知识和技能，是难以适应这个飞速发展的社会的。青年时代正值学习的黄金时期，没有任何理由拒绝学习。建设学习型团支部，就是要不断拓宽学习领域，与时俱进地更新学习内容。团组织不仅要用马列主义、毛泽东思想、邓小平理论和“三个代表”重要思想武装自己的头脑，树立全心全意为人民服务的思想，在政治上、思想上、组织上经受住各种考验；而且要根据时代的变化和自身发展的需要，不断调整自己的组织结构和运行方式，在组织内部形成有利于实现知识共享的机制，拓宽组织学习领域，不断吸收和处理现代经济、科技、法律、外语等各种知识信息，提高团组织运用集体智慧进行应变和创新的能力，最大限度地把团组织打造成具有面向时代的应变能力和面向未来的发展能力的先进青年的群众组织。

4. 构筑合理的组织载体

建设学习型团支部，必须对原有的组织载体进行整合与规范。一是要营造“导学”氛围。团干部要带头成为勤奋学习、善于思考的模范，解放思想、与时俱进的模范，勇于实践、锐意创新的模范；要建立开放型的学习模式，善于借助各种学习资源开展学习；要建立健全团组织的各项学习规章制度，进一步明确新时期团组织学习的内容、方式和要求。二是要建立“助学”机制。要组织全体团员开展团队学习，促进信息共享、坦诚交流、取长补短，实现全体成员共同提高；要不断创新学习载体，开展反思型学习、研究型学习，努力改善团员的思维模式；通过建立学习型团小组等各类学习型组织，构筑纵横交错、上下结合的学习组织网络，形成推进学习活动的有效机制。三是要建立“督学”制度。要明确新时期团员及团组织的学习标准，制定切实可行的考学、评学制度，把团员学习的态度、效果作为衡量新时期团组织和团员保持先进性的标准之一，纳入学习考评激励约束机制中，确保团组织学习的连续性和持久性。

在创建学习型团组织过程中，我们主要开展了以下几方面的工作：

一是建立优秀的班委，努力服务于同学。一个好的首领，是管理好一个团体的关键，班委的建立关系到一个班级的管理及各方面的成败。在我们班实行民主投票制产生班委，同时每学期选举一次，人人都有为班级服务的机会，每个同学也有都监督班委工作的义务，督促每个在同“岗位”上的同学做到最好。所以，我们班从来没有出现过同学与班委不合作的情况，而是互相帮助、互相学习。

二是深化学习内容，提高团员青年素质。建设学习型团组织，目的就是要使学习成为每个青年工作和生活中不可分割的一部分，团组织要为同学学习提供尽可能的支持与帮助。组织中的每位同学都需要学习，从不断增长的知识、经验中获益，从同学之间的交流中获益，与团组织共同成长。

三是理论联系实际，深化学习型团组织的创建工作。学习型团组织是由勤于学习的同学支撑起来的。组织中的每个人唯有不断地学习，才能在这迅速变化的时代中生存、发展，从而获得成功。我们将进一步引导广大团员青年积极探索班级的未来发展，增强创新意识和发展意识，强调理论联系实际，继续深化学习型团组织的创建工作。通过整合学习资源，确立先进的学习理念来激发团员青年的学习动力，使团员青年在学习中成长，在成长中自我完善，做到全面发展，为以后踏上社会积累经验。

一花独放不是春　百花齐放春满园

“如果有个机会就在你眼前，是否能够把它抓在手心里面？别让自己的情绪轻易善变，美好的未来可能就在刹那之间。谁都希望自己梦想都能实现，可背后付出多少心酸谁又了解。当自己站在这个华丽的舞台，过去的失败就全被眼泪覆盖。最美的梦想，带着翅膀飞翔，是我们的向往。"

在这个新的时代，到处充满着意外，怎么去听，怎么去看，才能够真正地了解？我们都想清楚地、透明地、绝对地了解这个时代，了解这个社会，可梦想的实现还是会遇到许多无奈。然而我们并不畏惧，因为我们知道，我们中每个"我"都被另外38个"我"所包围、所保护，所以我们的力量是强大的，是无穷的。我们相信，美好的未来就在不远处，在我们共同努力学习的时候，在我们共同奋斗工作的时候，它就在我们的身边。

"一花独放不成春，百花齐放春满园。"同学们正努力地迈向自己设定的目标。我们相信，我们每位同学美好的未来，支部美好的未来，就在不远处。以下摘录团支部、班委的期望感言：

希望我们的班级在今后的日子里更加融洽，学习名列前茅，凝聚力无与伦比，珍惜在一起的时光，每位同学有个美好的未来！（团支书：胡晓曼）

希望各位同学坚持自我，有自己独立的思想，在自己所期望的路上一直走下去。记住这永远的国金（2）班。（班长：张骏扬）

只有彼此团结在一起，才能发挥出超越寻常的力量。我们每一个人都是班级的一分子，所以无论在学习或者生活中，让我们互相鼓励、互相帮助，把集体的力量拧成一股绳。相信我们会是最棒的，因为有你们，让我们一起为了明天努力加油吧！（综合委员：金白云）

希望2008国金（2）班团结友爱，继续保持这样的势头走下去。（副班长：钱旭楚）

我们的班集体已经共同走过了一年半的风风雨雨，其中有欢笑有忧伤，但很高兴我们能一起度过。在这里，我们学会学习，学会生活，学会做人。请记得，这里是我们的家，我们爱惜自己努力经营的团队成果，珍惜来之不易的珍贵友谊和家人般的情感。请相信，每个班级成员的背后都有一个强大而团结的整体。在这里，希望我们坚守各自的理想与目标，在磨炼中成长，在成长中进步，在进步中获得成功！（学习委员：赵诗圆）

和大家相处了已有一年半的时间了，从刚刚入校时的青涩少年，到现在我们变得越来越成熟。未来的日子里，或许我们会各奔东西，去寻找各自的梦想，但我希望大家在偶尔迷茫的时候，能够暂时停下匆忙追逐梦想的脚步，回想曾经我有个像家一样的集体，找

回那份激情和动力，然后重新准备出发，继续坚定地去追逐自己最初的梦想，不要放弃。相信大家都会成功的！（文体委员：徐申骏）

大学生活的一半已经过去了，同窗生活让我们彼此也都有所了解，作为本班的班委，我衷心祝愿全体同学在接下去的一年半里能够更加团结，互相关爱，在生活、学习和工作中能够更上一层楼。（信息委员：梁菲）

我在建桥的日子

http://blog.21campus.cn/jianqiaoshi

TA的博客 好友博客 相关博文 返回我的博客

[个性化皮肤] [复制皮肤]

博文列表

新版易班操作有哪些不习惯或是不方便？大家来说说

辅导员易班工作盘点（第14周）

辅导员易班工作盘点（第12、13周）

辅导员易班工作盘点（第11周）

周六·随感

易班一周盘点（第10、11周）

辅导员易班工作盘点（第9、10周）

关于班级话题设置分类的建议

易班用户体验，期待你的声音~

清明 回家

辅导员易班工作盘点（第8周）

辅导员易班工作盘点（第6、7周）

辅导员易班工作盘点（第5周）

辅导员易班工作盘点（第4周）

个人资料

访问博客 个人主页

主人名字：施霞

博文数量：155篇

博文阅读：17062次

博文回复：73次

博客导航

我的博客 好友博文 相关博文

新写博文 私密博文

博客设置

博客搜索

搜索

搜标题 搜标签

热门标签

博客：我在建桥的日子

网址：http://blog.21campus.cn/u/jianqiaoshi

博主：施红霞（上海建桥学院）

有什么新鲜事想告诉大家？

博主宣言：

我是一个比较感性、性格偏细腻的人，有时间就会想到要梳理一下思绪。身为辅导员，平常对一些事情有所感悟，觉得可以以此为契机对学生进行一番引导教育，但是可能当时并没有合适的时间跟他们当面讲；后来我就想，既然他们有蛮多的时间上网，喜欢网络交流，那我就把想说的一些话写出来，以博文形式与他们沟通。

我所带的第二届学生是新闻专业的，为了锻炼和提高文字表达能力，在我的建议下，他们定期编写班报，其中有个"亦师亦友"版块，主要就是编排我的博文。这也成了我一直坚持写下去的动力。

话题 图片 表情 发布

学生评价：

小强：施老师的文字非常安静，和她本人的性格一样，内容常常是以小见大，经常会是一些被我们忽略的细节、小事，但从她的博文中就能有一番全新的体悟。

千金垃圾：施施的文字细腻、清新，与我们分享着她工作中的喜、忧、哀伤与感动，那样丰富和剔透的感情让我们感觉到她对我们的真诚与用心，细腻间流露的却是我们不曾有的勇气和魄力。每一次，都期待着这种心灵的交流。

天使宝贝妮：施老师曾经写的这么一段话，"建桥，注定是你大学阶段的舞台，你已经站在舞台上，不要一味去抱怨舞台不够华丽，灯光不够绚烂，台下已经观众满席，你应当考虑的，是如何在这舞台上充分地展示自己。这场演出很大程度上影响着你下一个舞台的规模和档次"，至今仍激励着我前行的步伐。

人生不只如初见

生活中经常会呈现这样一种状态：起初我们不相识不相知，我们都很友好、很客气、很尊重彼此；而当我们渐渐熟悉了、了解了、亲近了，不知不觉中我们开始苛刻地希望对方与你有相同的志趣，想你所想，投你所好，不能太次，也不能太优秀……不能如我们所愿时，心灵之间便有了隔阂，有了距离。因为生疏，所以客气；因为亲密，所以苛刻。就这样，每天需要长时间近距离相处的我们，关系也就这样在亲密与生疏之间游离。人生若只如初见，那是个多么美丽的幻想。

今天我想讲的，是最近一直在琢磨的大学生人际关系问题。也许是我的忧患意识过于强烈，虽然现在同学之间似乎都还是风平浪静，但我似乎对长久的和谐缺乏足够的信心，于是觉得人际关系问题实在不容忽视。

上周某天，看到有两个二年级的学生来办公室找辅导员讲寝室矛盾，要求换寝室，情绪还比较激动。另一天，听一位同事说起所带某班学生分成了几个小团体，互不理睬，班委的相关工作很难推进。追溯隔阂的缘起，始于一次辅导员调查了解寝室情况时，一名班干透露了违纪信息。又一天，同样是听到一名学生跟辅导员谈及寝室相处的问题，室友之间因为曾经暗暗的名利之争伤了和气，从此虽共居一室却形同陌路。还是关于寝室人际关系，以前跟几名高年级的学生干部闲聊时也有讲起，她们的言语中透露出些许的无奈，有的表示希望尽可能地不住在学校，不想面对；有的则说，感觉自己要不停地讨好别人，多帮他们些忙，多承担劳动，有什么委屈就自己忍着……

作为辅导员，调解宿舍矛盾是一个难以避免的问题。有句话说，如果不做重要的事情就会常常去做紧急的事情。想想有它的道理。对学生而言，调换寝室以解决问题，是紧急的事；而平时的自省、沟通、理解，是重要的事。不少人因为忽略了去做重要的事，而在某一天不得不面对紧急的事。对辅导员来说，调解矛盾就像是救火，是紧急的、迫切的，给人的压力往往也更大一些；而如何尽可能多地了解宿舍生活情况，多沟通交流，多正面劝说引导，防患于未然，这些则好比防火，是重要的，是更需要花心思去琢磨的。

寝室虽然只有四个人，但也是一个微型“社会”，四个人可能家庭背景、脾气性格不一，身份职位、发展机遇都不同，许多的不一致考验着我们，如何在四年里做到求同存异、和平共处？我们不妨将它看作是踏入更加复杂的社会之前的一次演练吧。我想能够很好地处理好宿舍人际关系的同学，以后面对同事关系、恋人关系、婚姻关系应该也不会差；反过来讲，宿舍关系处理不好的人，以后想要将同事关系等处理得很好，恐怕中间也是会经历几番波折的。

面对宿舍纠纷，我们做学生思想工作，讲得最多的，通常是包容、体谅别人。可能也正因为此，大家平时生活中遇到点小摩擦，只要事态不是发展到很严重的程度，就放在心里不愿意讲出来，更不想让辅导员知道。

是的，大家都这么大了，不太喜欢辅导员干涉生活上的一些小事，诸如谁爱发脾气，谁不愿参加寝室打扫，谁总是制造很零乱的场面，谁褒电话粥不分昼夜，谁喜欢背后闲言碎语搬弄是非，等等。面对这些，你们能忍让、克制自己内心的不满，这是好事。忍让是一种胸怀，一种领悟，也是一种人生技巧。人生有太多事需要忍让。

但是，大家毕竟要在一起生活四年，忍让都有限度，不能等到突破你忍耐极限的时候才去摊牌，那时候的情绪一定是非常激动的，往往会导致两败俱伤的结局。有些话，是越拖越难以开口的。如果能在更早一些时候，寻找合适的时机，机智巧妙或委婉含蓄或态度真诚地提出来，情况或许会好一点。虽然不能理想地认为所有人都接受和改进，但至少会有一部分人这样做吧。沟通也是一门学问，有许多技巧，值得我们细细研究。凡事皆有成功与失败的可能，不要在行动之前先假设一种失败的结局而索性放弃行动。长此以往，人会变得越来越消极、悲观和偏激。

过集体生活，在强调忍让、包容的同时，相互尊重是基本，它是和平共处的重要前提。宿舍毕竟不同于私人空间，一个人在宿舍充分享受居住和娱乐等权利的同时，要以尊重和不损害他人正当利益为前提。因此要做到：个人言行举止遵守宿舍管理规定，遵守宿舍作息时间安排，你的娱乐不能影响到他人在宿舍正常学习和休息，应自觉参加寝室卫生打扫和其他文化布置活动……

在带班之初，我曾建议每个寝室能够就寝室娱乐、劳动、作息、用水、用电等方面达成一些约定，然后对照执行。我不知有没有寝室真正这样去做。但我觉得寝室从一开始立个约定是很有必要的。这就和我们辅导员带班一定要在大一刚进校时做好规矩是一个道理吧。

我了解到有些寝室会不定期开床头会议，大家敞开心扉讲讲自己的心结，例如对某个人某个行为的不理解等。大家也会在这个时间来做一番自我检讨，查找自己身上存在的问题。这样的交流很有价值，能够及时地消除彼此的误会和不理解，拉近心灵的距离，也能有助于让我们在为人处事方面不断地进步。

人与人之间不管是什么关系，只要一起相处，都要注重彼此尊重、沟通、理解、包容。这些不仅仅是停留在口头上或停留在个人小结里，或者是自己想要争优评先时表表态；最最关键的、实在的，是落实在平时的行动上、生活的细节中。

学会“讲话”

不知同学是否有留意过前一阵子我QQ里的签名，有同事在看到后点评道：“高深！有内涵！”我告诉他们，这话并非我说的，而是源自一代国学大师季羡林先生的话，季老总结了前两句“假话全不讲，真话不全讲”，后人在解读时又加了一句“必要时沉默”。这句话确实意义深邃，值得细细品味。借用这句话来说事儿，并非是让大家学着比城府深，只是想表达一点：讲话是一门艺术。

是的，讲话是一门艺术。如何讲话，什么时候该讲，什么时候不该讲，哪些话可以讲，哪些话不必讲，这些都是学问，值得我们在实践中探索总结。

我们经常说，大学是个小社会，大学里我们不仅是学知识，更要学做人，而学做人比学知识难度要大得多。大学以前，我们的重心不在学做人，而是学书本知识，那时候的为人处事方式可能是在无意识中形成的，更多是受家庭环境的影响；但步入大学以后，我们就应该有意识地去学了。

20岁左右的年轻人，在大学四年具有很强的可塑性，但前提是，你得知道自己想要什么，追求什么，并且为之努力。我们还很年轻，还有很长很久的人生路要走，我们不能过早地摆出看穿一切、毫不在乎的架式，做人这门学问，我们必须要用心学习，细细琢磨。

为人处事，精简地看，无非是说和做。可能有人会觉得，做比说更加重要。在我看来，说和做，不能根据其占有的量比来决定其重要性和影响力。一件事情，假设90%靠做、10%是靠说的，如果这10%的内容没有说好，同样有可能会使这件事情最终砸掉。“好心办坏事”多数时候是因为你行动前没能很好地或者是恰当地表达出你的“好心”。如果以社会普遍认同的为人方式作为标准，我们会认为，有些人会说话，好沟通，而有些人则不太会说话，易伤人。可是，讲话确实是一门艺术。

就讲话而言，我们应当讲真话，应当比较明白地表达自己的意思，应当将自己所知、所想充分地表达出来，以便听者能更加全面地了解真相。但是别忘了，中国人为人处事讲究中庸之道，凡事过犹不及，适度至关重要。说话必须注意时间、场合和听众，不合时宜地过直、过真、过多，反会给自己或他人带来麻烦与不快。而如果我们保有这份意识，平时讲话时加以注意，那些麻烦和不快是完全可以避免的。

我一直认为自己在讲话艺术方面还很是欠缺的，工作生活中也经常反思、反省，以求后面不犯同样的错。在此归纳几点，与大家共勉。

第一，切忌得理不饶人，不是任何时候都需要据理力争。例如，一位老师在课堂上讲错了某个史实性的细节，如果不是非常必需，不必当场当众指出，更不必因此与老师在课堂上争执。选择课后向老师指出，不仅展示了你的知识内涵，更展示了你的素质。在这点上我自己有时候做得也不够好，曾经也为一些细节或者自认为观点正确而当众反驳领导，却忽略了是否因此会让对方难堪。与人讲话时的语气、态度非常重要，即便是同事，虽然平时关系融洽，说话较随意，但仍不能忽视了那份应有的尊重。

第二，切忌以讽刺、挖苦的语气指责别人。嘲笑别人，是自己素质不高的体现。指出他人错误、给他人建议和意见时，语气要温和，态度要诚恳，这样才更加有利于解决问题。何必要在指出他人错误的同时展示自己的不足呢？

第三，切忌在背后说他人闲话，传播流言蜚语。别人的事情永远是别人的，与你有多大关系？说了你不会多得什么。别试图讲些闲言碎语来贬低他人，诋毁他人形象。这样非但不能抬高自己，反而只会让人觉得你为人不够厚道。

第四，切忌喋喋不休，乱发牢骚。无论何时何地，我们都会受到制度的管控、规则的限制，还有那些约定俗成的礼仪规范的约束。既然我们无法逃脱，我们能追求的，不是环境的宽松，而是心态的平和。当产生负面、消极情绪时，要学着自我调整，别仗着心情不好乱说话、发牢骚，显得自己修养不够高，事后还得为自己的失态、失礼、不负责埋单。

其实，我们之所以会牢骚满腹、义愤填膺，往往是因为我们忽略、淡化了自己认同的那部分，而将令自己不满意的那部分无限放大，为什么不能换一个角度思考问题呢?

三年前我刚接触辅导员工作时，有诸多的不适应，烦躁时爱发牢骚，有时会蹦出一句：“烦死了，不干了！”说过三次以后，给自己惹上了麻烦。由此我又想起上学期某位同学在课堂上不合时宜地发牢骚，仅此一次可以原谅，但要记住，同样的错不可再犯。

在一次谈话中，领导的一句话让我颇受启发：我们处理问题，哪怕是私下处理的，都要做好放到台面上来讲的准备，要能说得合情合理。所以我想，即便是牢骚，是抱怨，是私下里跟关系好的同学、朋友讲的话，也最好做到不惧怕在更多人面前曝光。这就要求我们即便牢骚也得把握分寸，把握尺度。

理解不等于赞同

一次，在外出参加活动的途中，接到一个学生电话，说：心情很不好，想请两天假，出去走走。我作了简短的回复，表示不赞同，让他待我活动结束后来找我谈谈。

挂了电话后，本着负责任的态度，我感觉，这不是一件可以被轻意忽略掉的小事。我开始跟他发短信沟通，接着又从活动现场出来，与他进行了20分钟的通话，进一步阐明了我的想法和意见。

我告诉他，那天我事情特别多，但是如果需要，我会放下别的事情陪他谈谈。不管是在上学还是上班，每个单位都有作息制度安排，不要因为心情不好轻易产生请假的念头，不要因为遇到一些困难或是烦恼就想着逃离现实。战胜它的前提，就是要能正视它。

人活着都会有烦恼，心都会累。难过的时候不要任性地做些突破常规的事，诸如买醉、疯玩之类。电视里经常有这样的情节，但现实生活中我遇到的很少，尤其是在工作节奏越来越快、压力越来越大的当代社会。有时我们甚至根本没有时间去体味难过，因为手头还有别的事等着你去做，你必须先集中精力将每一件该做的事情做好。唯有这样，才不致遭来更多的难过。否则，便会进入一种恶性循环之中。你因为难过，去放纵自己做了一件本来不该做的事，事后还要为之付出代价、承受损失。

这个学生告诉我，其实他一直很努力地在完善自己，希望能够早一点得到同学和老师的认可。没想到又给我带来了麻烦，辜负了我的期望。他说，他已经压抑很久了，所以想要释放一下自己。他承诺以后再也不会了。要我原谅他这一次的任性，未经同意而离开。

通过近一年的接触，我渐渐地了解了他的性格，与我有些相似，是个情绪化的人，情绪不好时会有一些冲动的想法。而我的冲动一般仅限于口头上说说，即便如此，事后也往往要为之付出代价，换来的是教训。

我告诉他，我理解他的心情，也能够原谅他已经做出的行为。但是，理解不代表认可和赞同，对他这种任性的做法我还是要严肃批评。这是不理性、不成熟的做法。他需要为这次不成熟的做法付出代价。当然代价并不等于就是处分，但至少他可能会因此失去一些机会。一个错误的行为，不会因为行为被谅解，行为者就可以不用承担责任了，每个正常的成年人需要对自己的行为负责。

对话中，他还讲到一点，他认为请两天假不会影响到他的学习。对于这一点，我必须要再说几句。请两天假，不影响到学习，是可能的；但，因为不影响到学习，所以就可以请假，请假就该批准，这样的想法却是需要修正的。

作为全日制大学生，必须遵守学校对学生的上课出勤规定。对于有些同学来讲，某些课程通过自学就可以应对，这是否就意味着他就不用去上课了？对于某些坐班的上班族来讲，在家里可能也可以完成工作，是否意味着他就不用去单位了？校有校规，社会有社会的规则。

学校对学生的出勤率有着严格的要求，这是我们必须清醒认识的现实。如果你不够聪明，课堂听讲对你而言是必须的；如果你足够聪明，那么我相信，你不会让那些属于你的课堂时间虚度，你会让它增值。

我不强求人人都全勤，一个学期大家在校上课有八九十个日子，遇到点特殊的、突发的事件要处理或者身体偶遇不适而不能按时上课，这很正常，我也很理解。但我的要求是，按程序办事。别不声不响，等着我询问你。我关心你，是应该的；而你按要求请假，却是必须的。

有时候，我们会嫌一些程序繁琐，觉得没有必要。法律上有实体法和程序法，法律案件中，程序是否合法经常会被拿来大做文章。我比较崇尚法律的严谨与理性，带班工作也希望能够做到依法管理。过去和一位当时在实习的学生交流，她说，公司里规矩好多，管得好严，请假需要提前一周，写正式书面申请……其实好多单位都是这样的。所以，及早养成一些好习惯 按规矩办事，于人于己都是有益的。养成习惯了，你就不会再嫌它繁琐。

事情往往是说起来容易，做起来难。在许多方面，我自己做得也不够到位。做得不好时请大家批评指正，我将反思、反省并改进。让我们互相勉励，共同进步。

向前走，落选不哭

本学期的推优工作已经结束，面对每一次推优及其他评优评先的结果，必定是有人欢喜有人忧。就那些落选的人而言，说一点没有失落、无所谓、不在乎，我想那只是一种自我安慰罢了。失落本身并没有错，关键是，失落之后，该如何做？

有一名落选的同学来找过我，面对第二次落选，她很困惑，问我该怎么办。

我不否认，过去一学期里，她在努力争取表现的机会，但正是因为急于想获得肯定，亦或只是因为急于想做好工作，在事先未预料的状况发生时，反而没能做出正确的处理，犯了常人不该犯的错。最后，没有得到好评，反而遭来批评。

我告诉她，积极要求上进、希望早日加入先进组织是好事，渴望被肯定也没有错，但这些事都不能操之过急。急于求成的心态要不得，否则容易给人留下急功近利的不良印象。在急于求成的心态驱使下，做事更容易出错，反而事与愿违。

我给她举了大家或许也都有耳闻的2007级新闻小专科杨同学的例子。这是一名各方面都比较优秀的同学，进校之初并未表现得怎样出众，因此没能在一开始就被组织发现和培养，直到大三上学期，才成功加入了党组织。回头看她一路走来的那份淡定和从容，我喜欢这脚踏实地、静水深流的感觉。

现在的班级里，不少人缺少的不是才华，也不是不愿意付出努力，而是需要一个能够展现自己的机会，需要得到一些理解、支持与鼓励。但事实上，每一次的机会都很有限，每一次只有极少部分人，能够幸运地抓得住机会。而其中，只有最最幸运的人，只努力了一次、就可以成功；绝大部分人，抓住机会前需要经历的过程很长很长。而就算是那些最最幸运的人，在我们认识他们之前，或许他们也已经为之努力了很久，等待了好久。机会不会降临在毫无准备的人身上的。

每一次，都会有一些人受挫，在这里，借这位同学的例子，我想告诉那些和她一样心情急切、愿望强烈的同学，不要因为一次、两次没能抓住机会而消沉，希望你们能够打起“成熟”的旗号，以一种看穿看透一切的架式，平和你的心态，做你该做的。

如果你发现了自身的不足，觉得自己还有进步的空间，我相信你会更加注意提升和完善自己；如果你确实很有能力，确实比较优秀，那么，纵使别人不欣赏你的能力，不知道你的梦想，不认可你的努力，你也不必因此而激愤或满腹牢骚，要耐得住寂寞。千里马在遇上伯乐之前，没有人知道它能日行千里，更没有人把它当千里马对待。在这里，无论优秀还是平凡，所有完美的、不完美的，你们都会受到应有的尊重，你们的声音都有人倾听，不必因为不够优秀而锁上心门，更不必因此而自断经脉，怀疑自己，停止成长。

新东方总裁俞敏洪曾有个“向前走”的比喻，以此收尾并与大家共勉：

在我们面前有一瓶水，每个人都想得到它。我拼命向前跑，结果在我快要得到这瓶水之前，水被别人拿走了。别人拿走了我就停止了吗？我一定还要继续向前走。这个时候，我会发现前面还有一篮鲜花在等着我，可能当我走到时，鲜花又被人拿走了。但是这时我依然不能绝望，还要向前走，也许我心爱的人就在前面等着我。

当你用这种心态来对待得失，即使你最后什么也没得到，在追求的过程中你也得到了生命的丰富，这样就永远不会失落。

感激，让生活变得更美好

上周五，新闻2班思想品德修养课的内容是一场以"青春·责任·奉献"为主题的演讲。我荣幸地受王老师邀请去当评委。

这门课是由新闻和软件两个专业合上的，王老师同时还带了另外两个专业的学生上这门课。她说，四个专业一比较，新闻专业的学生真是太好了，不仅这方面的基础好，准备得都很认真，还有很多同学报名参加，但因为时间有限，部分同学又谦让地退出了比赛，将机会留给其他同学。

我还注意到两个细节：第一，上课前5分钟，我们班的学生基本都已到场，有序就座；第二，同学上台演讲时，不管是精彩还是一般，我们的同学都能尊重别人，保持安静，并在结束时给以鼓励的掌声。这些，虽然不是什么惊人的壮举，也算不上值得在别人面前炫耀的资本，但我却是由衷地感到开心与自豪。

班荣我荣，班耻我耻，这不仅是对班级的每一名同学而言的，亦是对我而言的。尽己所能，带好班级，是我的责任，我所做的每一件事，都源自责任心的驱使。不管之前的我是否擅长说教，是否喜欢管束他人，既然成为一名学生辅导员，我就该履行工作赋予我的职责。虽然平时事务琐碎，虽然精力、能力和时间有限，但我依然会尽可能多地去帮助、引导那些需要我帮助、愿意接受我帮助的学生。我是91名学生的辅导员，而不只是几名班干部的辅导员，班干部的优秀表现固然让我开心，但每一个同学的知书达礼、积极向善更让我感觉到付出的值得。

自从这一届学生入校以来，受到了很多好评，从军训的吃苦耐劳，到两场大型演出的激情投入；从教室环境布置的舒适美观，到每一天卫生打扫的干净整洁；从课堂和集中早晚自习的井然有序，到每一次班团组织生活开展的生动热烈；从班干部的热心能干，到普通同学的彬彬有礼……所有这一切，都让我倍感欣慰，也让我心存感激，感激所有为之努力、为之用心付出的同学。

无论何时何地，无论对谁而言，生活中总有一些不如意，面对生活，有些人总是心平气和、乐乐呵呵，有些人却总是闷闷不乐、怨声载道，关键不在于现实，而在于心态。我们没法改变现实，但却可以改变心态。心态决定行为，行为决定习惯，习惯决定性格，性格决定命运。正因此，心态决定一切。没有人愿意心灵的天空总是阴霾，而驱散阴霾、拥抱阳光最重要的一点便是学会感激。

生活中的许多人许多事，都值得我们感激。

我们生活在学校，当远方的父母每天打来电话询问情况时，请不要埋怨他们的唠叨和对自己的不信任。换个角度想想，那是他们对你放心不下的牵挂，你应该心存感激，感激生活赐予你完整温馨并且具有良好经济基础的家庭，要知道，还有多少父母正在终日为生存奔波劳碌而无暇顾及子女的他乡冷暖呢。

当身边的同学紧跟潮流、追求时尚，沉浸于用金钱打造的小资和浪漫情调之中时，请不要埋怨自己出身的卑微和家境的贫寒，你比他们更加懂得生活的艰辛与不易。在繁华与喧嚣面前，你比他们多了一份沉着与淡定。你应该心存感激，感激命运让你有机会走出偏僻的小山村，和他们一起见证世间的繁华与人生的多彩；感激政府的资助政策，正是国家助学金、励志奖学金，激发了你的进取与拼搏。

当来自不同地域、脾气性格和生活习惯也各有差异的四个人同居一室时，请不要互相埋怨，步入社会以后我们总是需要与形形色色的人打交道，你所看不惯的，或许还正是你的领导和你的上司，现在的集体生活不过是为四年后融入更大的社会作一些小小的练兵。多买几度电，多扫几次地，多扛几桶水，洗衣洗漱多等几分钟……看似吃亏，实则历练的是一种胸怀，一种品质，一种风度。所以，我们同样应该心存感激，感激缘份让你们相遇，并为你们创设了更多的情境去提升做人的境界，积累处事的睿智。

面对成功和赞誉，我们的内心往往易于产生感激之情；而面对失败、挫折，我们同样应该心怀感激，那更需要一种坦然，一种达观，一种超越。

看到过许多关于感激的文章，很喜欢这么一段，与大家共勉：

感激伤害你的人，
因为他磨炼了你的心志；
感激绊倒你的人，
因为他强化了你的双腿；

感激欺骗你的人，

因为他增进了你的智慧；

感激蔑视你的人，

因为他觉醒了你的自尊；

感激遗弃你的人，

因为他教会了你该独立；

凡事感激，学会感激，

感激一切使你成长的人。

第二部分

“博”采众长

——精彩博文

思想解惑

别让我们的人生碎片化

作者：朱　健（上海交通大学）
链接：http://blog.renren.com/blog/302409225/471671247

手机、邮件、MSN、QQ等联系方式，每天海量的信息，流行的人和事，把我们的人生变得越来越碎片化。

在无锡出差时，出租车司机一边开车，一边手机上QQ提示音不断响起，他一天的生活，相信已被众多所谓的网友和朋友分割得支离破碎；一些管理人员，一早上班后先收邮件，一上午处理若干邮件，心情再随着邮件内容变坏或变好，接几个电话，半天就过去了；部分学生上课，看看报纸、收收短信，或是A课做B科作业，B课做C科作业，回寝室上上BBS，在人人网上踩一踩。一天下来，身边充斥了信息，却难以在脑海中留下什么；从芙蓉姐姐、犀利哥、凤姐，到《非诚勿扰》、南非世界杯，不了解就会在同龄人中赶不上趟；但过了数年，才发现“很快不流行的才叫流行，很快不时髦的才叫时髦”。

大学阶段，带着敬仰跟随几位名师学一些基础课，带着激情在课外拿出自己的几个作品（包括科技创新作品、视频、专利、论文等），带着思考完整地进行几次社会实践和考虑，带着热情投入地去做几次志愿服务，带着兴趣有针对性地培养自己的1–2门拿手绝活，带着坚韧执著地通过晨跑、球赛等提高自己的体能体质，带着虔诚完整地读完百本以上的名著书籍，带着规划认真地进行几次就业实习，带着憧憬浪漫地去体验一次爱情……以上种种，对于每一个“90后”大学生来说都已是一种挑战。在生活变得碎片化的时代，能否把以上种种作为一颗颗珍珠？毕业时节，用记忆的思绪把这一颗颗珍珠串起来；即便珍珠撒满地面，那也是植入在自己心中的土壤里。

要拥有大学中的一颗颗珍珠，就要在一定阶段里学会对抗碎片化的生活，把时间、精力、热情等聚拢起来，心无旁骛地去培育每一颗珍珠。

在大学这一人生成长成熟最重要的阶段，自觉、不自觉把自己交给手机、MSN、QQ等即时联系工具的人，在今后还能不能十年磨一剑，心无旁骛地攻克科研难题？手机等工具，对于一个有坚定心智、坚韧毅力的人，可能是一个利器，出差途中都能收发邮件，遥控指挥；但对于大学一、二年级学生，可能是把生活切成碎片化的机器。

我甚至在想，大学一、二年级中，会不会有一群志同道合的同学，成立一个返璞归真的协会或社团？这个社团的成员，在大一、大二的时候，不太用手机、MSN、QQ等即时工具，不太使用开心网、BBS这类虚拟平台。他们把大一、大二的时间完整地留给自己支配，扎扎实实地学一些基础课，搞一些实践活动，练一下体能体质，读一些经典名著；多搞一些面对面的聚会，学会现实中的社会交往，和朋友分享、沟通，包括和异性朋友交流、了解。待到大三、大四，世界观、价值观基本形成，学习、生活方式等已是“让优秀成为一种习惯”，再逐渐接触一些即时工具和虚拟平台，不知结果会是如何？

从“谈话”到“对话”

作者：李喜娜（华东理工大学）
链接：http://blog.sina.com.cn/u/1412972405

对于从事辅导员工作的老师们来说，定期或不定期地找学生谈话是日常管理的重要内容。通过谈话，不仅能够了解学生到底在想什么，帮助他们解决成长过程中的困惑与彷徨，而且还能够促进师生之间的感情互动。当前，随着时代变化与社会转型，大学生的思想、观念、行为较之以往发生了较大的变化，同时也赋予了师生交流新的内涵和意义。

我校2006级某男生，属于自我意识较强、难于教育之人，蔑视教师权威，经常违反校规擅自回家，成绩较差，但该生也有优点，能够配合本寝室同学共同保持寝室卫生，自我卫生习惯比较好。该生于2008年某日找到我，对于自身今后的发展，充满信任地请求老师给予帮助。他的第一句话引起了我的注意：“你们老师都一定以为我是坏学生，我是知道的。”我非常诧异，因为作为教育者，我一直以为每个学生有真、善、美的一面，学习成绩只代表他的学习方面。显然，他对我们老师的理解也带有一定的片面性。在交流中，我尝试着走进他的世界，抱着尊重、了解、信任、赏识、解放的心态，同时注意发现他身上的优点，此次对话取得了成功。他虚心地接受了我的建议，同时我也获得了该生的信任与尊重。

“谈话”与“对话”从字面意思来看，并没有特别的区别，但结合辅导员日常的工作实际，我发现二者之间还是有差别的，主要表现在角色定位上。前者强调传统观念中教师的权威性，教师居于主动地位，而后者则强调教师与学生双方交流的平等与感情互动。这种对话是渗透于学校教育活动中一项最基本和最持久的训练，是教师与学生之间基于相互尊重、信任和平等的立场，通过言谈和倾听进行双向沟通、共同学习的方式。那么，辅导员如何与学生更好地进行“对话”呢？

首先，与学生“对话”时要放下教师的架子。辅导员与学生之间的关系是双向互动的，而不是单向权威的或由上而下的。对学生而言，老师的作用不再至高无上，他们不仅能与老师进行面对面的交流，而且可以与老师共同决定“对话”的形式和内容。对辅导员而言，应注意尊重学生、了解学生、相信学生、赏识学生，同时注意发现学生身上的优点，调整自己的信念和行为。

其次，与学生“对话”时要走进学生的世界，读懂学生。辅导员曾经是学生，甚至是学生中的佼佼者，因此不要忘记自己的学生经历。只有这样，辅导员才能理解学生，才能用学生的目光看世界，用学生的心体味他们的喜悦和焦虑、欢乐和悲哀。向学生学习，能够使老师原本枯竭的“精神生命”重新焕发青春。从学生身上，我们每一个教师都能再一次审视自己。

"对话"，作为一种教育方式培养的是学生独立的人格意识，作为一项原则激发的是学生创造性发展的素质，作为一种意识换来的是学生独立思考的能力，作为一种精神体验强调的是学生已有经验、正进行的经验和可能最终成为学生自身一部分的经验在其成长中的重要价值。可以说，教师与学生"对话"的本质是一种以学生为本的教育，是一种人性化的教育，是把学生作为一个完整的人的教育；通过"对话"，可以使学生充分感受到"尊重"，并使学生学会自尊、尊重他人、自信、善于合作、乐于助人、独立自主和坚忍不拔；通过"对话"，展示师生之间精神追求的可能性、探求真理的热情和找到认识自我的途径。

经常与学生"对话"并坚持下去，就一定能够拥有过去所不能体验到的快乐与巨大的收获。当然，师生之间的对话要经过相当长一段时间的培养和共建，相互之间才能真正敞开心扉，接纳对方、倾听对方。通过这样的教育，我们才能培养相互关照、相互包容、相互理解的具有平等意识、对话意识等健全思想的人。

没有等出来的成就

作者：高孟阳（东华大学）
链接：http://blog.21campus.cn/a/56272

人生只有走出来的辉煌，没有等出来的成就。做辅导员的日子里，看那些比我小不了多少的学生经历挫折、彷徨，到每一次的成功，看着他们的每一次努力，那种融入其中的感动与欣慰，只有做过辅导员的人才会懂。又是一个新的学年了，这是孩子们在大学的最后一段历程，也是他们终渐成长，走向为社会贡献力量、实现自我价值所要经过的最后一段大学时光。

读着学生们三年中写下的每一份学年小结，想着这些日子中的谈心、交流，知道他们已经不再是刚入时的青涩少年，已经逐步确立了自己的人生目标，规划了自己的职业生涯。新的学期又来了，面临毕业，大家都在为自己做着规划，并不断努力着。正像莫泊桑所说："人生活在希望之中，一个希望破灭了或实现了，就会有新的希望产生。"在人生的道路上，即使一切都失去了，只要一息尚存，就没有丝毫理由绝望。而我，期待着大家新学期里的新气象，期待着大家的成长。

彷徨的时候要告诉自己，自暴自弃将成为命运的奴隶，自强不息才是生命的天使。知道没有一劳永逸的开始，也没有无法拯救的结束。人生中，大家需要把握的是：该开始的，要义无反顾地开始；该结束的，就干净利落地结束。

遇到挫折的时候要告诉自己，生命的奖赏远在旅途终点，而不是起点附近。我们或许不知道要走多远才能达到目标，踏上第一千步的时候，仍然可能遭到失败。但只要不因此而放弃目标，每走一步都离终点更近一点。

三年里，你们都有过汗水，也都有过收获。但是不要认为只要付出就一定会有回报，我有时会告诉大家，上帝是公平的，因为不付出就一定谈不上回报。因此，我相信大家会在这学习的最后的黄金阶段学会更有效的学习和工作，这也是经营自己强项的重要课程。

世间万事，不可求其绝对圆满。水满则溢，强求必反。恰如爱神维纳斯的塑像一样，留一分不足，却可得无限完美。这正是不可强求、顺其自然的道家哲理。一花凋零荒芜不了整个春天，一次挫折也荒废不了整个人生。

可爱的学生们，也许你改变不了环境，但可以改变自己；也许你改变不了事实，但可以改变态度；也许你改变不了过去，但可以改变现在；也许你不能控制别人，但可以掌握自己；也许你不能预知明天，但可以把握今天；也许你不能样样顺利，但可以事事尽心；也许你不能选择容貌，但你可以展现笑容。我的学生们，人生的路途还很长，愿在这最后一年的大学时光所学到的东西，能伴你们一生路途，像塑造这三年的美丽一样，走出你人生的辉煌。

做一个独立的人

作者：陈中润（上海交通大学）

链接：http://blog.renren.com/GetEntry.do?id=281857926&owner=22819

进大学，对很多同学来说，是第一次远离父母家人，是独立的开始。以后人生的风风雨雨，要开始学着一个人去承受，路途的艰辛坎坷，要开始学着一个人去经历，时间的荣辱沉浮、成败起落，要学着一个人去面对。

然而，真正到了要独立的时候，有太多的艰难，有太多的困惑和迷茫，有太多的未知和畏惧。

我今天想谈的独立，不是诸如学会自己洗衣服、烧饭、赚钱养活自己之类的事情，而是心理上的独立——自我管理、自我引导、自我控制、自我教育、自我调节。从这个意义上，我觉得，对大多数同学来说，大学是真正意义上独立的开始。有的同学可能很早就住学校宿舍，自己照顾自己，但这或许并不算是真正意义上的独立。渴了喝水、饿了吃饭、累了休息、脏了换洗、困了睡觉，等等，这几乎可以算是人的本能——当然也有同学连这些都还没能做到——在大学以前，我们过的基本上是被安排好的生活。不管住学校里还是住家里，每天从起床到睡觉，要做的事情差不多父母老师都给我们安排好了，自己不用过多地去考虑"为什么要这么做"（当然，为了考上大学）、"要做什么"（好好学习，天天向上）、"什么时候做"（起床、上课、吃饭、自习、睡觉时间基本上由父母、老师安排好了）、"应该怎么做"（除了怎么做题目）之类的问题。而当我们进入了大学，没人替我们安排了，于是很多问题就一股脑儿地出来了。

在我看来，大学有两个课堂。第一个课堂是显性的，我们在这里学习一种通常被称为"科学文化知识"的东西，学成出师的证明就是那红灿灿的毕业证书和学位证书，它证明我们顺利地完成了学业，大多数同学都能拿到这个证明，但也有少部分人拿不到。第二个课堂却是不那么容易看到的，我们在这里学习一种叫做“独立”的东西，是否学成出师，我们将用自己一生的成败得失来证明。前者固然重要，但若是忽略了后者，成功将会与我们的人生无缘。

独立可以分为几个层次：

自己的事情自己做。这是独立的第一个层次，也是我们独立的开始。以前在中学，很多事情都由父母和老师帮我们代劳了。高考志愿的填报、各类学校的信息，家长们往往了解得比我们还详细。一个班级每天在一起上课，有什么事情，班主任或者班长在教室里通知一下，大家就都知道了。大家在中学里多是佼佼者，被老师宠着，有什么事情班主任老师唯恐你不知道。而进了大学就不一样了，一个班级的同学很多不在一起上课，很多事情不一定能当面通知到每个人，而且每个人关心的事情并不一样，不能指望别人替你去留意你感兴趣的信息。所以，学校里各种各样的信息，要学会自己去搜集，不清楚的要自己去查、去问。我常常碰到这样的情况，某项工作的截止日期都已经到了，还有同学过来说“我不知道这个事情”、“没有接到通知”之类的，要知道，别人是没有义务通知你的。很多事情大家要学会自己去关心，比如，对出国感兴趣的同学就要自己多看看教务处公布在网上的交流项目信息，想找实习单位的同学就要多关注来学校开宣讲会的公司招聘会信息等。不知道上哪里去看这些信息怎么办？问学长或者老师。他们也许不知道具体的事情怎么操作，但至少他们会告诉你去哪里可以了解。

时刻准备着。这是独立的第二个层次。我记得小时候看到过一条名人名言，大意是机会只光顾有准备的人。上大学以前，说实话我们要为自己的人生准备的仅仅是学好那几门课程而已，而关于如何准备，别人都替我们安排好了，几点到几点干什么，基本上都是固定的。而到了大学里，“准备”都需要自己去做了，而这些“准备”将影响我们的一生。举个简单的例子，早上几点起床，起床后做些什么，下课后做些什么，参加什么活动，看些什么书，每天几点去自习，看多长时间英文，搞些什么休闲娱乐活动，上多长时间网……你所做的一切，都在为将来的人生做准备。所以，切不可虚度光阴，“少年易学老难成”，学会管理自己的时间，安排好自己的生活，为将来的成功打下基础。

有所为，有所不为。这是独立的第三个层次。这意味着我们每个成年人都应该学会自我控制，知道什么该做什么不该做。举个简单的例子，抄作业，有可能被老师查到，但更多的时候可能不会被查到，省时省力的事情人人都想干，但是我们该不该去做呢？我想，作为一个独立的人，在面对类似的诱惑时需要有自我控制力。以前我们不需要自我控制，因为家长和老师替我们做了，而现在就必须学会。社会的运作有一定的规则，一个经历了长期的历史过程形成的规则有其必然规律，它不一定十全十美，但却是我们每个人必须遵守的。过去可能有很多人都习惯以自我为中心，别人需要遵守的，我不一定要遵守，学校和老师要护着我（因为我是优等生），父母亲戚盼着我。但走上社会就不一样了，大家都是公民，你并不高人一等，社会的规则不是为你而制定的，你必须摆脱过去那种我的利益是第一位的思想（如果你曾经有过的话）。我经常碰到有些家长，怒气冲冲地向我质问学校的规定不合理。其实原因我也理解，就是学校的规定对他们家孩子不利（或者他们家孩子从中得不到好处）。他们家孩子在原来学校想要什么就有什么。现在忽然变了，家长觉得无法接受。碰到这样的家长，我总感觉挺无奈的。我们的家长总希望在规则之外为自己的孩子多争取些什么。但我想，一个成熟社会的标志应当是有一套规则（有对规则的不合理之处进行质疑的程序）和一群愿意遵守规则的公民，而不是一群总想着在规则之外搞特殊化的民众。

我思故我在。这是独立的第四个层次。其实我只是想表达一个意思，就是要学会独立思考问题，理智分析问题，这也是独立的高级阶段。在小孩子的眼里，对和错往往是分明的，而真正的生活中，对错也许并不那么容易判断，并不那么容易区分。我们看上去事情是这样的，也许事实并不是这样。这就需要我们有独立思考的习惯，有冷静分析的能力，而不是冲动地下判断，随大流。

我们生活在一个比较浮躁的时代，社会上每天都在发生各种奇奇怪怪的事情。每天打开网页，看看社会新闻，都会感叹世界之大无奇不有。网上所有的信息都会有倾向性地引导我们的思路，面对各种情况，我们要多问几个为什么，这个事情果真存在么？如果存在，那事情的真相究竟是怎样的呢？为什么会发生这个事情呢？事情又是怎样由最初的起因发展到现在的结果的呢？信息是由人发布的，新闻是由人撰写的，里面必然掺入了作者的主观情感。但作为一个有独立精神的人，我们要能够拨开迷雾看真相，只要我们坚持独立思考，综合分析，理智看待问题，这一切都是可以做到的。

布迪厄的场域理论指出，新闻场受经济场控制。这是他的看法，我们可以拿来解释一下社会上的信息传播现象。具体展开太麻烦了，大家只须记住四点就可以了：

1. 人的思想会受到他接收到的信息的影响；
2. 信息发布是要通过媒介的；
3. 媒介是由人来操控的；
4. 人会试图通过控制媒介来操控信息的传播，从而影响他人的思想。

所以，一个独立的人，不会对任何事情随意下判断，不会随波逐流，人云亦云，跟着不负责任的媒体和言论走。一些网站为了吸引点击率，会有很多爆料，往往标题很吸引眼球，但内涵空泛，大家要学会多问几个为什么。

关心，从离你最近的人开始

作者：陶颖莹（华东政法大学）
链接：http://kaneyxu.spaces.live.com/blog/cns!E446F0A183B67BF2!779.entry

睡在寝室的时候，总喜欢躺在床上看书，享受学生时代的感觉。最近翻看《包涵心语》，其中一篇《关心，从离你最近的人开始》，有段话写得挺好："我都听人提到了志愿者服务，现在社会上这一类的活动搞得很多，其中也有不少很成功的例子。志愿者服务，我觉得最不功利、最实际的应该是利用自己的能力去帮助解决一些他人由于一些特殊原因造成的不便，而要做好，我觉得参与者需要学会关心。有人说，现代人只会关心自己，这也正是越来越多的冷漠出现的原因。可是，我想，每一个人都是渴望被关心的。如果，在每一天的生活里，你愿意抽出几分钟，去留意你身边的同学，用你的眼、你的心去关心他们，不需要大吹大擂，不需要虚张声势，我们每一个人都会渐渐感受到被人关心的喜悦。不是每一个人都会成为伟人，但是每一个人都可以是一个简单的好人。关心，从离你最近的人开始，然后，让爱蔓延开来。"

我很赞同包涵的话，大概都是做辅导员的缘故，感同身受。虽然我们的工作挺琐碎，忙忙碌碌一年，好像也没做什么大事，但我还是觉得挺有意义。每次听到学生说，与辅导员谈好话以后心情好些了，我的心情也一样会好很多。记得有学生找我谈心，聊了蛮久，最后临走时说："陶老师，给我个拥抱吧！"那个拥抱让我很感动，因为我觉得她愿意信任我，愿意把我当知心朋友。我一直相信，真心地对别人付出感情，别人也一样愿意回报这份真心。正如包涵所说，每个人都渴望被关心，那么不如我们先试着去关心别人，每个人都这么做了，那么我们自然也可以得到许许多多的关心。

除了做辅导员工作，我还兼任大学生社会法律援助中心的指导老师，在法律援助志愿者身上更深刻地感受到这一点。法援中心是面向社会弱势群体提供免费法律援助的公益性组织，法援中心的志愿者自然没有报酬，也没有很多获奖的机会。我曾经和法援中心的主任、部长们聊天，我们的想法都一样，正如包涵所说，志愿者服务，最不功利、最实际的应该是利用自己的能力去帮助解决一些他人由于一些特殊原因造成的不便。法援需要的是为当事人解决问题，最大的成就感应该是那份切切实实的结果，而不是几张奖状。我不敢说法援中心的志愿者个个都是愿意不计回报地付出，但是希望大家可以尽我们所能去帮助那些需要帮助的人。正如我在迎新大会上所说的："不要仅仅为了回报而去付出，请相信，真心地付出了，会有收获。"有志愿者曾经说过，他原本以为自己家境贫困，觉得自己能力有限，很没有自信，也抱怨上天的不公，但是在志愿服务中，在尽力帮助那些比自己还困难、还无助的人时，他发现了自己的力量，更感觉到自己存在的价值和责任。

关心，从离你最近的人开始，然后，让爱蔓延开来。想象那样的感觉真好！

是你追求工作，不是工作追求你

作者：杨毅军（上海交通大学）

链接：http://blog.renren.com/blog/255678393/396187342

在经济学中，“智猪博弈”是一个著名的纳什均衡的例子。假设猪圈里有一头大猪、一头小猪。猪圈的一头有猪食槽，另一头安装着控制猪食供应的踏板，按一下踏板会有10个单位的猪食进槽，但是谁按踏板就会首先付出2个单位的成本，若大猪先到槽边，大小猪吃到食物的收益比是9∶1；同时到槽边，收益比是7∶3；小猪先到槽边，收益比是6∶4。那么，在两头猪都有智慧且速度一样的前提下，最终结果是小猪选择等待，大猪选择去按踏板。

可是，这是为什么呢？首先我们看小猪，在大猪选择按踏板的前提下，小猪也按踏板的话，小猪可得到1个单位的纯收益（吃到3个单位食品的同时也耗费2个单位的成本，以下纯收益计算相同），而小猪等待的话，则可以获得4个单位的纯收益，等待优于按踏板；在大猪选择等待的前提下，小猪如果按踏板的话，小猪的收入将不抵成本，纯收益为–1单位，如果小猪也选择等待的话，那么小猪的收益为零，成本也为零，总之，等待还是要优于按踏板。

而大猪呢，它也在琢磨自己的利益最大化，如果小猪不按的话，它去按，那么它要比小猪晚到，因此他能吃到4（6–2）个单位的食物，它不按的话，则两个猪都吃不到。如果小猪选择按的话，它也去按，那么同时到达，它吃到5（7–2）单位的食物，而它不按呢，则可以吃到9个单位的食物。这个选择有点难了，为什么呢？那它该如何选择呢？还好我们的前提它是一只冰雪聪明的大猪，因此它算到小猪的最佳决策是等待，因此在此前提下，小猪不踏，它踏比不踏要多吃4个单位的食物。

因此，最佳的方案是大猪踏踏板，小猪等待。

说了那么多，想说明的是，其实学生干部与学生会之间也是一个"智猪博弈"的过程，不过在这里，学生会是"小猪"，具有选择优势，而学生干部是"大猪"，必须不停奔波。正如富兰克林所说，是"你追求工作，不是工作追求你"。

我们来详细分析一下为什么学生干部是"大猪"，学生会是"小猪"。

在学生干部与学生会的博弈中，学生干部有两种选择，努力工作和敷衍工作。如果学生干部努力工作，那么学生会和自己都受益；如果敷衍工作，久而久之，不是你选择辞职，就是学生会对你不满意而辞退你，你的收益自然大受损失，就如博弈中的"大猪"，只有按踏板才有收益，不按踏板则不受益，甚至受损。

学生会也有两种选择，要么主动激励学生干部，要么选择等待。如果单个学生干部不主动积极工作，学生会也能维持基本的运转，收益并不受损，即使学生干部辞职，也会立刻有人来补充这个岗位，对收益没有太大的影响。因此，学生会具有选择等待的优势，相当于博弈中的"小猪"。

因此，在学生干部与学生会的博弈中，学生干部是"大猪"，学生会是"小猪"，学生会占据着主动优势。所以，一个聪明的学生干部应该选择在工作中多付出，为工作付出越多，得到的利益也越多。否则，受伤害的是学生干部自己。

小李在学生会工作近一年了，作为一名干事，他兢兢业业，冲锋陷阵。但在学生会换届的时候，小李没有被选上自己想做的岗位，他认为自己的能力没得到充分发挥，是大材小用，于是对工作总表露出不积极的态度，对其他学生干部也是一副不耐烦的样子。他认为："反正学生会里就我懂这方面知识，老师也有求于我，没有我，这个项目谁都做不下去，谁都拿我没办法。"就这样，他处处将自己的个人情绪和工作搅在一起。一位和小李很要好的同学劝他："现在大家对你颇有微词，你要注意一些，要不会被撤职的。"小李对于同学的劝告根本不当一回事："没事，要是离了我，学生会的运营就得出现问题。再说了，我自己的能力没有得到充分认可，我还感觉委屈呢！"有人把这些情况向老师反映了。老师对小李的行为也早有耳闻，只是碍于大局，暂时没有表露自己的看法。但后来由于小李学习成绩也不好，学生会将他的工作给了另一位新任学生干部，而那位新任的学生干部由于工作态度积极，而且对学生会该部门的工作作了很多改革，经常得到老师和同学们的赞扬。新一届学生会换届后，那位同学自然而然地被选为学生会主席。小李后来想，如果当初对工作认真主动一些，现在坐在这个位置上的应该就是他了。小李掌握着学生会某个部门的权力，就自认为学生会有求于他，没他不行，而学生会在小李走后很快就找到了替代他的学生干部，不仅工作态度好，而且工作能力强。在小李与学生会的博弈中，小李就是"大猪"，而且是失败的"大猪"。

对于所有的学生干部来说，不是学生会离开你没法运转，而是你离开学生会就会失去原本属于你的利益。每位学生干部应该对工作上心，在工作中求进，正如那位新任学生干部一样，做到与学生会双赢，才是老师与学生干部共同期待的美好结果。

美国石油大王约翰·洛克菲勒曾对工作作过这样的注解："工作是施展才华的舞台。我们寒窗苦读得来的知识、我们的应变力、我们的决断力、我们的适应力及我们的协调能力都将在这个舞台上得到展示。"

争与让

作者：王聚进（上海建桥学院）
链接：http://blog.21campus.cn/a/77392

做辅导员多年，有时候学生党员们身上所体现出来的优秀品质，让我深受教育，并且值得我们去深思、学习。

在本学年的奖学金评比中，2007宝石设计班的小陈、小毕和小唐三位学生党员，为了让班级更多学习努力的同学有学习的动力，主动让出奖学金的名额。她们这一让，使同学们看到了党员的风尚和学习的榜样，使那些不断努力的同学们有了更奋进的目标，也使一位家庭困难、学习努力但原本拿不到励志奖的同学，获得了双奖。

人生在世，竞争常在，压力常存，利害冲突也就在所难免，于是我们经常要面对这样一个问题：是争还是让？往往我们为了一个荣誉、一个职称可以撕破脸皮，争得“头破血流”，甚至相交多年的好友，从此恩断义绝。其实，关键要看争什么、让什么。正确合理的竞争，能给人以朝气、激情和力量；可敬的退让，能给人以温暖、感化和醒悟。我们常说，学校就是一个小小的社会，在这里也有竞争，充满了利益；我们常说，不能用分数来评定一个学生的优秀与否，有些同学的学习能力强，有些同学的学习接受能力稍弱，但并不表示他们没有努力进步。为此每年的奖学金评定都会在同学中引起不小的争议。有些同学往往将荣誉看得过“重”，因为得不到奖学金而失去了学习的动力，同学间产生隔阂，甚至会影响整个大学阶段的学习生活。

在和这三位党员的交流过程中，小陈同学说：“许多同学平时都非常努力地学习，因为种种原因，总与奖学金擦肩而过，这大大影响了这些同学的学习积极性，我已经拿过奖学金了，自己的努力已经得到肯定了，何不让给其他一样努力却没有拿过奖学金的同学，这样不但可以让他们的付出得到回报，更可以激发他们今后学习、工作的积极性。”小毕同学成绩一直名列前茅，连续两年获得了一等奖学金，可以说是品学兼优的先锋代表，这次她也主动让出自己的奖学金名额，班级不少同学都颇为惊讶，有些甚至为她感到可惜，毕竟奖金数额不是小数目，但是她却认为：“虽然这次我主动放弃了奖学金，但不意味着我在学习上会有所懈怠，相反我会在专业知识的学习上更加钻研。因为，奖学金只是大家对你的肯定，真正的肯定来自自己，未来是把握自己手中的。”小唐同学说：“同学们对奖学金的评定如此地热衷，有一部分原因是想给父母一个学期的总结汇报；有些是想对这个学期有个良好的总结，并且有了下学期奋斗的动力。而我已经达到了这一目的。”

作为辅导员看到同学们有这种优秀的品质，比他们获得任何荣誉都感到欣慰，因为我相信她们今后在社会上一定可以有一番作为，因为她们具备了这种"争与让"的优秀品质，因为她们时刻牢记自己身为一名党员。

争奉献，让利益。奉献，在任何时代都不会过时。在张扬个人利益的时代，党员应当更多奉献，谦让利益。面对艰巨繁重的任务，党员必须更多奉献，攻坚克难。可以说，没有奉献，就难有成就。凡利必争，就缺少团结。奉献，当然意味着要牺牲时间、消耗精力、失去利益，却也同时收获充实、享受快乐、升华情操。共产党人就应当身体力行，甘于奉献。凡事问回报、精算计、求索取，不是党员该干的事。我相信，同学们的这种优秀品质会不断地继续发扬下去，并不断地将这种学习的风气发扬光大。

写下红色誓言 履行庄严承诺

作者：闵 凤（上海交通大学医学院）
链接：http://blog.21campus.cn/a/75147

2010年10月4日，573名新生加入到医学院这个大家庭，为医学院注入了新鲜的血液。为了全面贯彻"工作前倾、重心下移、有效渗透、全面覆盖"的学生党建工作思路，落实"早播种、早选苗、早培养"的工作策略，在新生专业教育中，我们进行了党建工作的宣传与动员，包括入党的基本流程，如何撰写入党申请书、思想汇报以及需要注意的细节问题等。

党建教育结束之后，当场就收到不少同学的入党申请书。甚至在第二天，就有许多同学打电话过来，问思想汇报具体怎么写？是否递交了入党申请书之后就能写？有没有数量的限制？在开学第一周内，共有289名新生递交了入党申请书，除去新生党员36人，超过一半的同学写下了自己庄重的红色誓言，积极向党组织靠拢。这天夜里，在办公室整理这些红色誓言到10点也未能完成，尽管累但心里却是满满的。

为同学的积极与热情所感，学校第19期的入党积极分子培训班报名工作在9月中旬就拉开了序幕，我则有幸担任此次青马党校D班的班主任。医学院的情况比较特殊，大一新生是在闵行校区接受通识教育，大二开始搬到卢湾校区接受专业培训，因此报名工作只能在大一新生中完成。此外，对于新生中已接受过党校学习、被推选为入党积极分子的学生的排摸工作没有完成。要在极短的时间内完成50个名额的推选工作，原本我有点犯愁。还好，同学们都积极地将自己的情况反馈上来，最终有58名同学参加了这次培训班的学习。9月14日第一次报告讲座的现场，有一位同学跑过来对我说："老师，当时时间太急了，我没及时报上名。我是不是也能听这个讲座？"在之后进行党校学习规划及党校结业汇报演出策划会上，每个组长都很踊跃。有人提出要制作班衫和班徽，在会议结束的时候，便将手绘的班徽设计图样交给了我。同时，同学们还创建了D班会议QQ群。汇报演出时，D班的规定节目是60～80人的合唱，由于人数限制，每个组平均出5名同学。但在报名统计的时候，有组长问："老师，我们组已经报了6位同学了，但还有同学想参加可以吗？"

在对同学们的热情给予充分肯定的同时，我也希望同学们能从中懂得一些事。

入党是一件严肃的事。入党的过程是一个追求信仰的过程，坚定的信仰会使我们克服前进道路上的各种困难并不断成长。从递交入党申请书到成为预备党员，从预备党员到转正，这个过程至少需要两年。有些同学可能是为了外在虚有的东西，有些同学则是随大流。有同学在这一过程中三天打鱼、两天晒网，"我以前上过党校，后来觉得有些麻烦就放弃了"。在通知我们党支部第一次组织生活会议时，就有不少同学提出，"老师，这个一定要参加么？"无论最终是否出席会议，简单的一句话却可以看出基本的态度。

严肃性通常体现在细小的地方。在党建教育的时候，我曾多次强调，"写入党申请书和思想汇报都是庄重的事情。手写是一定的，其次在用纸上也要注意，写的过程中不要随意涂改"。但仍然有部分是电脑打印，有的用纸反面还写有其他内容，有的用纸上还印有父母工作单位名称和标志。在内容上，也有不少是记流水账的。有同学交给我的转党组织关系的介绍信，残破不堪。

我要对正向党组织积极靠拢的同学，包括已经加入党组织的同学说，更多时候我们要自己学会观察、学会学习，不断地完善自我、提高自我，党员的学习不仅是党校学习、外出考察。党员的先进性、严肃性不仅局限于某些特定的场合，在生活的方方面面都要对自己严格要求。当我们写下红色誓言的那一刻，便应牢记所肩负的责任与义务，慎思严己；自我们许下红色誓言的那一刻，便应履行庄严承诺，率先垂范。

回复一名处境糟糕学生的信

作者：徐丽丽（上海理工大学）
链接：http://blog.sina.com.cn/s/blog_5b3402d70100m2rw.html

读了你的信，你能静下心来好好想想自己的性格、爱好和学习状态等，这个对你来说是一件好事，也是一种好的迹象。对于你，我是费了不少心思，直到现在好像也没什么效果。哲学上外因通过内因起作用的定律在你身上体现得淋漓尽致，你像一块坚硬的石头，狂风暴雨对你来说都起不了什么作用。你的生活环境和以前的教育把你塑造成现在的你，我相信你现在的这样是有存在性的，即是有一定原因的。

我不了解你的家庭环境，也不知道你从小到大经历过什么重大的家庭变故，你的成长经历跟很多同学是不一样的，这是我的推测。你的性格内向，很少向别人透露自己的内心，你崇尚自由散漫，喜欢我行我素。你的这些格调其实与周围的同学是格格不入的。与你交流，很少能找到一个平台，你的思维跳跃性很强，总觉得别人说别人的，你说你的，说不到一块儿去。你还缺少生活历练，要知道生活在这个世界中，你并不是作为一个单个的人存在，而是一个社会的人。所以，在这个社会中必须学会与别人合作，也要学会体谅别人，有时候要多站在别人的角度来考虑问题。我觉得不管做个诗人或者画家，你总要跟人打交道，要学会跟不同的人交流，而不是把自己封锁在自己的世界中。如果你的世界下雪、发洪水了，别人是不了解的，而你也很容易陷入一种忧伤的境地。还有一个重要的问题就是责任，每个人都要做一个负责任的人，生活在这个世界首先要对自己负责，然后要对父母和家庭负责。就算你对自己无所谓，也应该对父母负责，我觉得对自己负责就是对父母负责，因为他们给了你生命和一切，没有他们就没有你，所以生活中你要停下来关心一下你的父母，想想他们的想法，为他们做一些他们乐意看到的事情。这是他们的快乐，也是你的快乐。我们很多时候做事不单单是为了自己。

你想要做一个行走天涯的行者，但要考虑一下父母的想法，现在你已不是小孩子了，你的所作所为不能随随便便。我认为，大学阶段不管你想什么，至少是你积累知识的重要阶段，不管你想成为一个什么样的人，但是完成你的大学学业应该是最基本的。我认为你还有很多东西要学，虽然你比一般同学知道的多一些，但是你还需谦虚学习，所以不要觉得高数、大学物理对于你来说没有意义，说不定将来会用得上。你喜欢我行我素，但是要想到你是生活在社会中，社会的期望、社会的世故、社会的经验都是你要去适应的。你不能太特立独行，要适度融入集体和社会，这样才能游刃有余。

写了这些，希望你能认清你现在的状况，改变现状，学会为别人去做一些事情，为父母做一些乐事，如果你想通这些，我相信你不会再这样下去。如果继续下去，等待你的就只有退学或休学。学会做些自己不喜欢做的事，这个社会有太多的事情是不依个人意志的，但是要学会去适应，能改变的就改变，改变不了的就适应吧！十几门课程不及格对于一个同学来说已经是一个非常糟糕的状态。我对你说过，你已是年级成绩最差的一个学生，但是从没说你是最差的一个学生。我觉得你不应该再逃避现实，我看着你的变化，但愿你的决心不再成为一张过期的支票。

对来自农村的大一新生说几句

作者：刘少文（华东理工大学）
链接：http://blog.sina.com.cn/s/blog_4fb4a02501008749.html

看到我这个题目的时候，也许有人会认为我对农村或偏远地区的同学有着特别的眼光。其实作为老师，偏见的眼光是最要不得的，我只是根据同学们所表现出来的普遍特征，给予一点小小的建议。

农村来的同学往往有一些共同的特征：一是，他们上大学之前所接触的圈子和范围较小，简而言之，就是眼界比较窄；二是，生活状态比较单一，缺少变化；三是，学习成绩较好，在家常常是别人关注的焦点，不自觉地养成了一种优越感；四是，经济条件普遍不是很好，虽然基本上能够满足生活需要；五是，生活目标单一，价值观相对简单。

然而到了大学，生活发生着激烈的变化：一是，由偏远地区来到大都市，眼界一下子打开放阔；二是，大学生活丰富多彩，诱惑也很多；三是，大家都很优秀，甚至更优秀，自己的优势一下子没有了，不再时常被关注；四是，与别人相比较，自己的经济条件比较一般；五是，生活的目标多元化，价值观发生了极大的变化。

面对这种变化，很多同学一下子很不适应，开始变得困惑、迷茫、自卑，甚至放纵自己。所有这些，都不利于同学们的成长成才，因此有必要给同学们一点建议，以便少走弯路。我的建议是：

一是准确定位自己。对自己要有个深刻的认识，明晰自己的优点与不足，明白自己要成长为什么样的人，明确自己适当的位置，然后才能够超越。

二是对自己将来想成为什么样的人要有一个明确的认识。想成为哪种人，就要搞清楚需要具备哪些能力，自己还欠缺哪能能力，如何努力才能获得这些能力。

三是针对能力培养，管理好学习时间。如何针对能力培养，更有效地获得知识，无疑是最根本的能力，这是核心竞争力。因而，如何科学有效地管理时间就显得非常重要。政治、文学、经济、社会学、心理学、历史、哲学、艺术、美学、伦理、公关、民俗等，这些内容作为一个职业经理人是都要有所涉猎的，所以应做好科学规划。

四是面临环境变化，学会转变，要有着突变式成长的心理准备。由于以前生活圈子很窄，价值观和目标单一，生活比较单调，但是到了大学一下子就转变了：以前都是别人管自己，现在是自己管自己；以前是别人要我学，现在是我自己要学。同时，开始承担责任，开始面对诱惑做出选择，这些都会给同学们带来很大冲击，但是只要能够适应环境，同学们的成长会很迅速，所以要有个快速的心理适应期。

五是有些同学可能会感到迷茫、遭遇挫折、面临失恋的痛苦，在这种情况下，有几件事情不能做，有几件事情必须做。不能做的事情是：第一，不要随意做出决定；第二，不要轻易许诺；第三，不要放纵负面情绪，要迅速走出来。因为人在最为悲伤、迷茫的时候，往往是非理性的，为了避免做出后悔或不可挽回的事情，以上三个事情不能做。必须做的事情是：第一，一定要吃得比平时还要好，坚持锻炼身体。因为人在悲伤的时候，能量消耗很大，对身体伤害也很大，所以要把身体练好，免得走出悲伤之后，人也垮了。第二，坚持学习。迷茫、悲伤总会过去，但是学习的时间不会再来。当痛苦与悲伤过去后，所学到的知识会陪伴你一生。第三，追求善良和美德。痛苦的人往往容易走极端，而善良和美德恰恰能帮助你赢得朋友和尊重，能够让你迅速走出逆境。

六是没有理由去自卑。有些人往往感觉很自卑，其实自卑是没有理由的，因为路是自己走出来的。你们所代表的不是一个人，而是一家人，甚至一个家族，将来美好的生活要靠你们的双手去创造。

七是学会表达。表达自己对别人的感谢，表达对亲人的感恩，如果不表达，别人或许永远不知道，所以我们要大胆地表达出来，这样可以赢得很多朋友，变得不再孤单。

没有失败，只有成长

作者：李欣阅（华东师范大学）
链接：http://www.renren.com/home#//blog/blog/0?from=homeleft

做新生辅导员已经快一个月了，陆续和同学们谈到一些事情，方方面面都有，但更多的都与心态相关。在这里和大家一起分享一下我自己的看法。我认为：不管是学习上的困难，还是竞选中的失利，不管是对前方道路的迷茫，还是恋爱过程中的不顺……Don't care，那只是一种经历和体验！

什么是大学？大学不同于高中，除了是我们学习的地方，更是我们体验和成长的地方。没有一个人是完美的，也没有一个人能够永远一帆风顺。当遇到了挫折，我们应该坦然接受，用长远和发展的眼光来看待问题，将每一次的挫折当成我们发展和成长的机会，一次更好的磨砺自己的机会。想起某一天在校园和一位同学散步聊天，她很焦虑，告诉我她想做好一些事情，但是却担心自己不能做好。我告诉她，努力去做，即使没有达到你满意的结果，那也不意味着你失败了，做的过程本身就是一种积累和学习，就是一种发展和进步。

还记得我读大学的时候，那时候的我有些内向，长期的应试学习让我在很多方面都很薄弱，我甚至不知道电脑如何开机，不知道自己英语和普通话的发音原来有这么多的问题，更不知道什么叫做特长和综合素质，待人接物的知识基本为零。以上都是我的劣势和不足，但我有一个乐观向上的心态。我不断寻找自己的不足，主动利用各种机会来锻炼和提高自己。在这个过程中，我也经历过失望、痛苦、自责、怀疑，但很快我会把心态调整过来，告诉自己：没有这些种种负面的经历和感受，我就永远不会发现和分析自己的问题和不足，只能停留在原地，永远没有进步！现在的我仍然有很多不足，也不断发现自己一些新的缺点，但可以肯定的是，现在的我一定比当年刚步入大学的我更成熟、更完善了。

大学没有失败，只有成长！如果我们暂且把一些挫折和不满意的结果定义为"失败"，那么没有"失败"的四年才是真正失败的四年，那说明你从来没有去尝试过新的东西，没有去挑战过自己，更没有去发现和分析过自己的不足，那么你其实没有成长。只要我们勇于尝试，勇于接受挫折，善于分析和总结，大学里所有的挫折都会成为我们步入社会所积累的财富。四年之后，你们一定会看到一个全新的、更加优秀的自己！

大四开学

作者：孙雅艳（上海师范大学）

链接:http://blog.sina.com.cn/s/blog_4a5d658b010004xh.html

大学四年的最后一个暑假即将过去，开学了，就是大四。有同学发信息向我询问大四需要注意的一些事情，我在这里一并和大家说，希望大家能够把前几年落下的，或者没有注意到的，会影响到你们毕业的东西抓紧时间补上。从老师的意愿来说，希望每个学生都能顺利毕业，并且都找到自己理想的岗位和发展的方向！

首先，说说大四阶段大家需要遵守的一些纪律吧。这个学期的年级大会希望大家务必要准时参加，学校对形势与政策课程做了严格的规定，请同学们千万不要"翘课"。进入大四大家都在忙自己的事情了，比较少关心学校的事情，但是大四有很多需要办理的手续必须要全体同学一起去办，否则不仅耽误自己的事情还会耽误集体的进程，希望每个同学都有集体的观念！

其次，每个同学在大四开学之后要仔细核查自己的成绩，不要因为补考、重修、成绩积点不到等方面的因素影响到最后的毕业，因为毕业之前有很多东西还是可以弥补的。另外，已经提了很多次的青春拥抱阳光的成绩问题，不知道是否还存在问题，如果还有问题，请开学之后集体统计好交给老师，否则就可能要影响到毕业了！

第三，就是希望大家开学后，把你们大学三年的社会实践证明交给班长，再由他统一交到团委老师那里去认证。顺便也提一下，我们年级的学生在暑期社会实践和其他爱心活动方面非常积极，表现很出色，能力也很强。虽然我们已经是大三升大四了，但是我去看今年学校的第一场露天音乐会，除了两个主持不是我们年级的，其他都是我们年级的学生，真的非常感动！

第四，想对宿舍生活提一些要求，大家不要认为大四了，就可以什么都不做。我可以体谅大家大四要实习要找工作比较辛苦，但是最近我去宿舍看的时候发现有同学违章使用电器，其实大家都知道这是不允许的，只是觉得无所谓而已。学校的规章制度是为大家的生命安全考虑，每个人的生命都是珍贵的，希望大家能够引起重视。

第五，开学后，马上就要进行大学的最后一次奖学金评定了，希望同学们都能积极争取。在我们的综合测评手册上先行自我评定，再把自己在这一年度中所获得的奖状复印件一起交给班长再统一交给老师。希望班干部能公开、公正、公平地做好这一次的评定，其他需要老师出面协调的地方请来找老师，还有一些旷课或者缺勤的记录，如果有什么问题也请及时找老师！

第六，开学后就要进入大四的实习阶段，有很多东西可能你们现在就要开始准备了。如果自己将来想做老师的就更要做好这方面的准备，不要失去这么好的一次锻炼机会，有一些表演班的学生其实也想做老师，并已经在考教师资格证了，希望你们能够在大四这一年不断补充这方面的知识。

第七，很多大四同学都要开毕业音乐会，或举办个人专场和班级的音乐会，我非常支持也很乐意为大家做一些服务工作。有几个同学已经和我说了他们的打算，大家如果能抽出时间，也要积极参与，其实这也是集体精神的体现！另外，我们年级的毕业音乐会是一场综合性的音乐会，更是展示我们整个年级学生专业技能和精神风貌的音乐会，希望大家认真准备。

第八，我们年级在前三年中都没有组织过班集体的活动，不知道大四还有没有这个机会。其实到了分别的时候才会发现，身边的每一个人都是那么的可爱，那么的善良！希望大家能好好珍惜这难得的缘分吧！尤其是外省市的学生，毕业以后如果不留在上海，要再见面可能会有些困难，而在上海工作的同学，也不会有时间能经常聚会。

总之，希望大家好好珍惜大学最后一年的时间，抓紧时间做一些该做的事情，为毕业和就业做好充分的准备！

学海无涯

读大学为了什么

作者：杜秉俊（复旦大学）
链接：http://blog.sina.com.cn/fd08phy

"走进复旦的那一天，我们都是一样的，而跨出复旦的那一天，彼此的差距竟能有天壤之别。"很多毕业班的同学可能都会有这样一种感慨——翻开大家的档案，每个人都曾经有过成功、有过辉煌，可是在离开校园的那一天，为何有的人自信而从容，有的人却苦恼甚至悔恨呢？

不知大家在学习之余可曾想过这样的问题：我为什么要来读大学？这么多大学我为何偏偏选择了复旦？通过四年的学习，一个复旦大学的毕业生与其他学校毕业生最大的区别应该在哪里？诚然，在今天这样一个"经济味"较浓的时代，许多大学成了职业培养所，中学教育为升学服务，大学教育为求职服务成了"常识"。但任何一个头脑清醒的学生都会发现，如果只是学教科书，那么自学就足矣，如果只是为了混口饭吃，大学毕业的"高级民工"未必就比打拼多年的"弄潮儿"优秀。且看蔡元培上世纪初就职北京大学校长时就已指出：

"果欲达其做官发财之目的，则北京不少专门学校，入法科者尽可肄业于法律学堂，入商科者亦可投考商业学校，又何必来此大学？所以诸君须抱定宗旨，为求学而来……若徒志在做官发财，宗旨既乖，趋向自异。平时则放荡冶游，考试则熟读讲义，不问学问之有无，惟争分数之多寡；试验既终，书籍束之高阁，毫不过问，敷衍三、四年，潦草塞责，文凭到手，即可借此活动于社会，岂非与求学初衷大相背驰乎？光阴虚度，学问毫无，是自误也。且辛亥之役，吾人之所以革命，因清廷官吏之腐败。即在今日，吾人对于当轴多不满意，亦以其道德沦丧。今诸君苟不于此时植其基，勤其学，则将来万一因生计所迫，出而仕事，但任讲席，则必贻误学生；置身政界，则必贻误国家。是误人也。误己误人，又岂本心所愿乎？故宗旨不可以不正大。"

那么，我们来读大学的"宗旨"究竟应该是什么呢？回顾历史，两千多年前的《大学》一文开宗明义道：大学之道，在明明德，在亲民，在止于至善。"大学者，大人之学也"，什么是大人？大人者视天下犹一家，视中国犹一人；大人者可以托六尺之孤，可以寄百里之命，临大节而不可夺；大人者居天下之广居，立天下之正位，行天下之大道，得志，与民由之，不得志，独行其道。富贵不能淫，贫贱不能移，威武不能屈；大人者深知宇宙之间，如此广阔，吾身立于其中，须大做一个人；大人者因而具有推倒一世之智勇，开拓万古之心胸，铁肩担道义，为天地立心，为生民立命，为往圣继绝学，为万世开太平！通过大学的道路，这样的"大人"将心中的理想、正义、理性、智慧昭明于天地万物之间，越是坎坷崎岖，越是精进不已，自强不息，无所畏惧。"虽千万人吾往矣"！他们的学习不只是为了知识和一己的富贵荣华，更要深入到社会民众之中，了解家国天下的治乱兴衰，感受贫苦百姓的人间冷暖，思索民族未来的复兴之途，开物成务，老吾老以及人之老，幼吾幼以及人之幼，先天下之忧而忧，后天下之乐而乐，士不可以不弘毅，任重而道远。他们将历史上最伟大的人物、最崇高的德行作为自己一生的理想与榜样，从青年时代便立下了鸿鹄之志，循着格物、致知、诚意、正心、修身、齐家、治国、平天下的道路，鞠躬尽瘁，死而后已。这便是古老的大学之道所要培养的"大人"。

在汉代古书《白虎通》中，深刻揭示了"学"的内涵，"学，觉悟也。"大学即是大觉悟，唯有大觉悟的人才会"自觉"。通过四年的学习而为一生立志。宇宙洪荒，花开花谢，人生在世，不过百年。时下，许多人将房子、车子、票子、位子作为一生的追求，这当然无可厚非，但只能称为欲望，而每一个清醒而不甘于平庸的人都会反思：人究竟是什么？我究竟是谁？人与禽兽的区别究竟在哪里？当一切金粉豪华都成为了灰，成为了土，什么才是这个世界上真正的永恒？自古王侯公卿、富豪宰相又何止千万计，什么样的灵魂才是那物欲横流的泥潭中盛开的莲花，是万顷洪波中不屈的中流砥柱，是挽狂澜于即倒的刚强脊梁？如果说一个人只是一小缸水，那么复旦就是汪洋大海，每一个学子都像一块海绵，用四年的时间尽情汲取。一个人的志向有多大，就决定了他的海绵有多大，因为他的理想要求，他不能局限在一点一滴的知识上，不仅要读书，还要读老师、读同学、读国家、读天下。具备了这样的觉悟与理想并为之奋斗的人，前途又怎能限量！没有理想的人如同一个沟渠，暴雨之后虽然会盈满，但干枯之时指日可待。立定远大理想的人如同涓涓细流，看似微不足道，但源源不竭终将盈科放海。自古便多的是满腹经纶、博学多识的衣冠禽兽，当人类的科技足以毁灭自己的时候，我们应该明白“学者所以为学，为人而已”，即便不识一字，亦须还我堂堂正正地做个人。当走向社会之后，他会用自觉来觉他，并觉行圆满地走好丰富多彩的一生。

也许我上面所说的这些对大家没有实质上的帮助，但我想说的是出国、读研、工作都只是手段，它们最终应该为我们的理想与目标服务。为手段而手段，也许你会取得成功，但比起那些为理想而奋斗的人，他们的幸福与满足是你永远无法体会的。能够进入复旦的都是天之骄子，国之英华，技术性的问题很少能难倒我们的智力，因而更重要的是开掘出内心的那一点灵明，那一丝信念，这才是我们漫漫人生路上源源不竭的根本。

珍惜你的大学生活

作者：胡 玲（上海建桥学院）
链接：http://blog.21campus.cn/a/75365

时光飞逝，日月如梭。做辅导员至今已整整五个年头了，每每空闲下来，看着校园内的学生们，不禁想起自己的大学生活，如在昨天，心中的感慨也不免多了起来。

看着校园内朝气蓬勃的学生们，不由得感叹：大学真好，读书真好。然而，曾几何时，我听到有学生这样谈论大学：什么马哲、语文这样的课程，学他何用！专业课也没什么好学的，就那几本书。大学生毕业即失业，上大学有什么用？那么多没上大学的人不也成功了吗？大学没什么好上的！

听到这样的言论，我不由得感到吃惊，感到不解，更感到痛心，也不由得想问：上大学真的无用吗？

曾经的我们以能上大学而感到自豪、感到骄傲，因为我们知道：大学是知识的殿堂，是我们成才的地方！

回想起自己的大学生活，如果上天能再给我一次机会，我一定会更加认真地学习，更加如饥如渴地学习各类知识，更加勤快地泡图书馆，更加珍惜在大学里的每分每秒。真的，这是一个从大学毕业多年的人的心声，因为只有在毕业之后，才知道大学的珍贵，才懂得上大学的意义！

同学们抱怨学校开设的公共基础课，如哲学、语文等课程没有用处。我想告诉你们，这些课程是非常有用的。这些课程的用处，你现在体会不到，关键时刻却能发挥重要作用！殊不知，任何时代的优秀成功人士，都是通才。他们不仅仅有着扎实的专业知识，更有深厚的文化底蕴和广博的知识面。复旦大学是国内一所著名的学府，也是很多学子梦寐以求的地方。复旦正在进行课程改革，不管你是文科还是理科，有些基础课程你必须学习。理科生要加强文科基础知识的学习，而文科生也要加强理科知识的普及。他们现在推行的就是通识教育，在广而博的基础上加强专业教育，成为精英。大学，教给你的是学习方法，是思维模式和思维习惯。所以，同学们，不要排斥任何知识，因为你积累的每一种知识都是你今后发展的坚强后盾和牢不可破的基石。

记得自己读大学的时候也很迷茫，那时候的我也不懂为什么要学习那么多的基础课，什么马哲、邓论、高数，还有经济数学，甚至国际金融、宏观、微观这些基础课与我们会计专业有什么联系。毕业之后才明白，如果仅仅是像现在社会上的会计从业资格证培训那样，考什么培训什么，你将永远无法知道你的专业领域究竟有多宽广！因为只有在你学了宏观、微观经济学后才能明白它的重要作用，你才能从更高的层次来指导你专业课的学习，来研究你所学的专业，来分析你的行业，这些对自己今后的发展具有更好、更多、更全面的指导作用；而这些，仅凭你上些培训课程或者学习狭隘的专业知识是体会不到的。只有上大学，只有在学校接受系统的教育，学习系统的知识，掌握系统的学习方法和养成良好的学习、生活习惯以及思维模式，你才能更好地融会贯通、举一反三、自我成才！

对此，我深有体会。我在大学的专业是会计，而现在的工作却是辅导员。这是两种性质完全不同的专业，对工作的要求也不相同，但我仍然能处理好、工作好。我能把所学到的知识运用到辅导员工作中，就是得益于在上大学期间扎实的专业知识和较好的能力锻炼。上大学，就是把这些珍珠般的知识串联起来，让你今后能更好地学它、用它、发挥它最大的作用！也许，随着当今社会信息化的飞速发展，你可以有很多的途径获取知识，但只有在大学，这些珍珠般的知识才能被串起来，形成美丽的项链，能被你随时调用。这在任何一个地方，都无法实现。这就是知识殿堂的魅力所在，也是大学的魅力所在。

也许高考的指挥棒让很多人迷失了学习的本意；也许社会上凸显出来的浮躁让很多人厌倦了宁静；也许社会上不读书也有成功者的例子让太多的人想急功近利……但是，大学仍然是培养人才的地方，因为大学是知识的殿堂，是帮助你成才的地方！请珍惜你的大学生活吧！

尽快适应大学生活

作者：吴国政（上海建桥学院）

链接：http://blog.21campus.cn/a/ 53230

很多同学在进入大学前认为进了大学就轻松了，有更多的自由空间和支配时间，远离高考那种紧张和竞争。我想通过以下几个网上有关高中、大学对比的讨论和我们学校的实际情况来帮助你改变想法，尽快适应大学生活。

一是高中的时候认为只有名牌、重点大学才会累，到了大学才发现真正累人的是一些三本院校。

确实这样，三本学校要把自己的学生培养成一流人才，赢得社会的认可，创立自己学校的品牌，也为学生今后能立足社会打好基础，会根据学生的实际情况，拿出以下几招：一是严格管理（早锻炼、升旗、出操），锻炼人的品质；二是集中早晚自习，辅导员盯、管、跟，狠抓养成教育；三是注重教学质量，课时比重点大学还多，开学早，放假晚，考试严，还有留级和退学；四是加强学风建设，课堂三不准，校园十不准，还有各种校纪校规必须严格遵守。如每天晚上六点半到八点半宿舍停电，学校的目的是"让同学们尽可能去教室、图书馆、阅览室自习，别留宿舍"。十点半宿舍统一熄灯，目的是让同学们尽早就寝，保证第二天的学习精力。这是符合学生身心发展和教学规律的。

二是高中的时候羡慕大学考试只要及格就可以，到了大学大多数人会羡慕高中时候即使不及格也没事。

不要以为高中你有多么厉害，大学就可以放松了。大学知识除了数学和英语，大多数和高中是没有多大关系的。换言之，最厉害的人难免也有不适应的功课。如果你不是每节课必上的乖乖学生，如果你不是那种天才类型的，如果你没有经常自习的习惯，如果你连基本作业都没有自觉做——那么，请你有这样的心理准备，考试前后会经历一段非常痛苦的时期。

另外，一旦不及格，很多学校的很多奖项就直接与你无缘了。比如奖学金、助学金（部分学校挂钩）、优干，甚至学生会或者班干部的职位都会有危险，想入党就更别谈了。所以，很多到了大学的同学会感叹：还是高中好，多少次不及格都不会有大问题。

三是高中时候觉得大学没作业真好，大学的时候会发现原来不布置作业的代价是自己去找作业做。

为什么这么说？专业课老师讲的如流水，上课只能听个大纲，就好像临高考的时候老师把考纲给大家串一遍，两节课可以讲几十页，少的时候也能讲十几页。想要理解课程内容？看参考书去吧！光看是不够的，考试还是要做题。那么，想要知道自己掌握多少，还是要依靠做题啊。题目哪儿来？哦，老师说了，多年没有布置作业的习惯了，所以这个学期也不准备布置了，你们自己去图书馆找吧，实在没有去网上订购一本，我推荐某某某书……补充一句，一般书店是没有专业课参考书的。大学的学习完全靠自主。你要花很多的时间去消化老师上课讲的内容，并根据老师上课的内容去找参考资料和练习作业，帮助你掌握，否则考试你肯定过不了。

四是高中的时候埋怨学校管得太紧，动不动是通报批评；大学的时候会发现连通报批评都很少，"高压线"很多，触碰了就要受到处分。

大学相对高中给了90%的自由。但是每个大学都有校规"高压线"，就在身边，一不小心碰了，没有任何余地，最少是纪律处分。没有高中那样轻轻巧巧的被批过就算了，那是会伴随一辈子的。所以，轻易不要和校规过不去。这时候不会有什么辅导员帮你轻易过关，一切责任是要自负的。大学里面触犯的最多的是"考试法"，简称"作弊"。这是一项"技能"，拥有熟练技能的少之又少。通讯设备、相互代考、夹带小抄是禁区中的禁区，老师就查这几样。如果是转过头偷看，至少还有一次被警告的机会，但是很危险。碰到学校的"四大名捕"，认栽吧。每次考试想要作弊，都和中国足球队能出线一样难。如果被逮到，代价就是记过、开除、失去学士学位。这是很危险的。还有，不要逞一时之勇和一时之怒，多一点理性，平时多努力一点就可以了，不然，后果严重。

五是高中的时候埋怨老师在身边唠叨，大学的时候才发现有人关照真是一种幸福。

在中学你是宠儿，很多人围着你转，到大学教师上完课书一夹，包一拎，走了。你自己跑去请教任课老师，一般他会把电话号码给你（这还是好的，有时候电话还要自己查）。真想找一位好的老师谈谈心，这就要靠你的主动和运气了。当然，辅导员还是天天可以见得到的，但事太多，管得学生也多，不大可能像中学班主任、课任老师盯得那样紧，高中毕竟有个升学率。所以，在大学主要靠自己关照好自己，学会适应、学会调节。

希望刚刚进入大学校园的大一新生们，能尽快地完成由中学到大学的过渡，适应大学学习、生活的各种要求，在人生最美好的时刻留下无悔的青春。

改变我们一生的120天

作者：刘少文（华东理工大学商学院）

链接：http://blog.sina.com.cn/s/blog_4fb4a025010088kq.html

有人说，我们的人生是在大学四年之间改变的。四年的大学时光改变了我们的生活，改变了我们的思想，改变了我们的行为方式，最终改变了我们的人生轨迹。

其实，不知大家算过没有，真正改变我们的，并不是四年时间。细致想一想，我们的改变也许就是在120天内完成的。

平均下来，大学里一个学生每天的有效学习时间通常只有4个小时：学生在课堂上一节课吸收的有效知识一般不会超过20%，正常情况下，一天8节课，总的算下来是1.2个小时，另外的2.8个有效学习时间算是课外自学的，加起来是四个小时。周末一天一般最多2个小时，那么一周下来，一个学生一周真正的有效学习时间也就是1天。

大学里，一个学期是20周。大四上学期，很多人忙着毕业设计或毕业论文，忙着实习，也很难有效的去学习；大四下学期，很多人在忙着找工作，更难静下心去学习；所以真正的学习时间只有6个学期，一个学期的有效学习时间是20天，那么，四年中我们真正有效的学习时间只有120天。

我们的改变就在这120天内！

以一个文科学生为例，毕业之后要能真正建立自己的核心竞争力，至少要了解吸收以下这些学科的知识：哲学、文学、历史、美学、心理学、社会学、管理学、经济学、伦理学、宗教学、军事学、传记、艺术、公共关系、酒文化、茶文化、民俗文化、咖啡文化……近20个学科，每门学科至少要读10本专业书才能够对其有初步了解，就是说我们在这120天内要读200书，甚至还要读一些让人一读就想要睡觉的书！

也就是说，我们将来要有所成就，就必须好好利用这120天！必须在这120天内吸收足够的知识，提升自己的内涵与核心竞争力！

再算一算我们的读书成本。一般大学一年的学费是5000元，住宿是1200元，每月的生活费是800元，一年约8000元，总的算下来一年的花费是14200元，四年下来是就要56800元，如果再有什么额外的开支，四年大学读下来一般要花费60000元。

而我们真正的学习时间是120天，也就是说我们的学习成本是：一天500元钱，平均每个小时20元。

所以，我们的学习成本是非常高的！

所以，真正改变我们的，不是漫长的四年，而仅仅是这屈指可数120天！

所以，我们要牢牢把握这120天，要想有所收获，就要超越这120天！

120天，改变了我们一生！

课外书攻略

作者：刘少文（华东理工大学）

链接：http://blog.sina.com.cn/s/blog_4fb4a02501000epr.html

大学四年是学习的黄金时段，如何把自己的知识构建得更为合理，更为完善、体系化、科学化，充分利用课余时间，选读课外书是非常重要的。我把自己的心得与大家一起分享。

大一的时候，我们还没有上几门专业课，学校也没有安排太多的课程，相对而言，空余时间很多。很多同学因为不知如何利用这些时间，结果在迷茫中把时间浪费掉了，这是很可惜的。大一要对大学四年的课外阅读图书有个整体规划，把课外图书分为几个大类，比如历史、文学、传记、政治、哲学、经济、管理、美学、心理学、礼仪公关等，然后再细化，制定出适合自己的阅读规划。

我认为，大一应重点读一些历史、文学、传记方面的书，对历史与传统文化进行一次再认识。首先，我们要读历史，读中国历史与世界历史，至少要读《中国通史》与《世界通史》，这可以帮助我们建立一个框架，因为一切的知识都是一个历史的进程，理解了历史我们就可以知道一些问题的来龙去脉。其次，要读一读中国的诗词曲赋以及先秦散文。这些都是中国传统文化的精华，读这些东西不但可以增强我们的民族自豪感，也可以培养我们对于语言文字的敏感度，还可以提高我们的修养，丰富自己的精神内涵。最后，读一些传记，我们可以从历史名人的成长经历中获得动力，以他们为榜样，给自己树立一个很好的目标。

基于大一的生活与学习，到了大二对大学生活有了一个整体的了解，也该对自己有一个准确的定位，对自己的未来有一个规划；同时也应该明白自己要干什么、学什么、成就什么、获得什么以及舍弃什么，这个时候也是价值观、人生观重组与重建的时候，因此我们要读些哲学、政治学、经济学、管理学等方面的书籍。首先，哲学讨论的是人生处世与方法论的问题，揭示的是一些本质性的问题；学哲学可以激发我们对问题的思考，可以提高我们的逻辑思辩能力，这对我们走向社会、处理问题有着莫大的益处。其次，读一些政治学的书籍，可以培养我们对政治的敏感性，可以帮助我们对国家的政策、方针、计划、政令等有更深刻的理解，有助于我们更好地在社会上发展。再次，读一些经济学、管理学方面的书，有助于把我们自己培养成为一个创造性人才，而不是仅仅懂得专业知识的工具性人才。

到了大三，我们开始深入学习专业课程。因此，这个阶段要多读一些有关本专业的书籍。由于在大一已经打好了坚实的基础，因此我们会对本专业的学习有更好的领悟能力，学习起来更加得心应手。

进入大四，大多数的同学要为走向社会做最后的准备。这个时期我们最好读一些有关艺术、美学、心理学及公共关系之类的书籍；读读有关酒文化、茶文化、艺术礼仪、咖啡文化、公关艺术等书籍。这些书籍可以培养我们对生活的敏感度，容易把握生活中的细节，可以使我们的生活变得优雅、充满乐趣。这也是成为白领的必备条件。

当然，大学学习与读书“仁者见仁，智者见智”，大家可以结合自己的兴趣，找到一个适合自己的方法，博观而约，把“资本”积累得扎实雄厚。毕业之后，所取得的第一桶金应该就是对自己在大学学习的一个客观检验。

不必事事追问“到底有什么用”

作者：张 巍（华东政法大学）
链接：http://user.qzone.qq.com/315546786/infocenter

总是有学生问我：老师，你说我辛辛苦苦读法律著作究竟有什么用呢？司法考试考这些吗？求职应聘都用得上吗？老师，你说我参加这个社团对我以后发展有什么帮助啊？老师，你说我现在实习的这个单位要是不招人，那我不是浪费时间吗？

我想到一个故事：有一个人饿极了，一口气吃了6个烧饼，还是饿，他又吃了第7个，饱了。于是，他十分懊恼：早知道吃第7个能饱，我吃前6个做什么？小时候，大人们是把它当笑话讲给我听的，但现在我感觉我的学生正慢慢变成那个贪婪地想一下子就吃到第7个烧饼的人，就无论如何也笑不出来了。

“一分耕耘，一分收获”已经被很多现代人理解成为前一分钟耕耘，后一分钟收获，快节奏、高物价、重压力之下，人们早已没有耐心去十年磨一剑，投入与产出之间的时间被尽可能地压缩。在这样的大环境下，学生们难免浮躁、功利，难免将当下的一切行为直接指向日后的谋生与薪酬，但是，我还是想"不合时宜"地提醒孩子们，速食面固然快捷却没有营养，酒精瞬时勾兑而成的白酒怎比得上深埋十八年"女儿红"的浓香。

我们常提及的成功人物，有几个是一朝成就的呢？有几个没经过生活的磨砺呢？

"上山下乡"时期，一个一心想当演员的小伙子无奈到北京昌平乡下喂猪，可谓兢兢业业，一喂就是三年。高校恢复招生，他报考了中戏、北电等多家艺术类院校，均名落孙山。命运的转机来自于全总文工团招生，当时考题要求他表演一个反映日常生活的小品，他最熟悉的生活就是喂猪了，于是三年练就的功夫在几分钟的表演中得到了淋漓尽致的展现……后来，我们在大银幕上看到了一代影帝葛优的风采。

有个男生在上大学时每天为宿舍的同学打开水，以至于后来大家发现没有开水了就会大声冲他喊：今天怎么没有开水？多年后，他创办英语培训机构需要一支优良的团队，他向国外的大学时的兄弟们发出邀请并准备好了美元。兄弟们都回来了，理由却出人意料：只因为他打了4年的开水，这样的人靠得住，他有饭吃就不会让我们饿着。这个男生是俞敏洪，他创办了"新东方"。

还有个一心想当作家的农村娃，家境贫寒，虽兄弟二人同时考上大学，却只能让哥哥先念，他来年再读。谁料第二年赶上了全国粮食大减产，开始了三年严重困难时期，他的大学梦彻底成了泡影。但他没有消沉，踏踏实实做起了小学老师，四十年没离开过农村。农村广袤的土地和质朴的生活为他提供了丰富的素材与深厚的底蕴，厚积薄发。《白鹿原》的诞生引起了广大读者强烈的反响，一举获得茅盾文学奖。陈忠实的名字也永远留在了中国当代文学史中。

如果当年的他们每天都去想喂猪有什么用，打水能提升威信吗，呆在农村是否有机会成名呢，那么，今天我们未必会知道他们的名字。

我们也可以看看身边，有多少家长让孩子从小背诵"四书五经"，朗读唐诗宋词，有什么用呢？高考的古诗词填空才值几分？什么样的舞台能让孩子展示这些呢？有多少家长让孩子学舞蹈，弹钢琴，但当老师真的想把孩子培养成专门的艺术人才时，家长们又觉得不务正业，"万般皆下品，唯有读书高"，那他花这个钱干什么呢？答案很简单：为了培养孩子的文学素养和文化气质，所谓的"腹有诗书气自华"就是指在长期的书香的熏陶中，人所形成的一种由内而外的风范与气度，或风雅，或高贵。这是一个潜移默化、自然而然的过程，任何短视的、功利的行为都是徒劳的。

我很欣赏宋美龄说过的一句话："我们就是我们行为的总和。"每个人的行为与处事都会留下痕迹，它们或在当下，更可能在某个遥远的未来，体现它的分量。所以，我希望我的学生们不必太执着于短期的付出与收获。你们更应该懂得，研究生生活重要的是受到学术的滋养，阅读经典，与大师做心灵的交流，建立起法律人应有的思维。同时，不忽视实践的重要，培养起责任感、使命感，塑造出乐观、坚强的健全人格，这些都足以让一个人终生受用，何必事事都苦苦追问"到底有什么用"呢？正所谓"牢骚太盛防肠断，风物长宜放眼量"。

话说绩点

作者：杜秉俊（复旦大学）

链接：http://blog.sina.com.cn/fd08phy

刚到9号楼转了一圈，想看看大家对奖学金评定的意见，却不经意地发现了许多喜悦的脸庞，也看到不少阴郁的神情，想来都是绩点惹的祸吧。

在我第一次见到大家的时候，很多同学记住了我的一句话："绩点是王道。"是的，这是无数复旦学子总结出的至理名言，特别是在物理系这样一个以学术为主流的院系，似乎绩点不仅仅代表了学习成绩，更成为了评判所有人善恶优劣的标志。高绩点就是符合主流的成功人士，未来精英。绩点低就是被主流抛弃的旁门左道人士。也许，我们真的需要仔细想一想，绩点究竟代表了什么？它能带给我们什么？

首先，我们要摒弃中学以来成绩定终身的想法，只要看看文科的绩点和理科的绩点就知道了。一个文科生通过上课和交论文就能拿到B以上的成绩。但一个物理系的学生，如果本身基础不太好，想做到不挂科都有困难。走出校园别人不会问你是文科的绩点还是物理的绩点，只会一视同仁地说是复旦的绩点。如果绩点真能决定一切，难道说物理系除了个别同学以外，绝大多数人都一无是处了吗？答案显然是否定的。一些在美国著名大学搞科研的复旦校友，本科绩点并不都是出类拔萃的，相对他的学术威望，当年这一纸绩点还有意义吗？还有很多毕业时连一次奖学金都没拿到过的学长，不是照样成为了政府、商界、企业中叱咤风云的人物了吗？面对他们的成就，当年的这一纸绩点还有意义吗？人生之路殊途而同归，在迈向辉煌人生的征途上，可以选择的道路又岂止千条万条，堂堂七尺男儿、女中豪杰，难不成就被这几个小数点给噎死了？

也许有同学会问，那杜导你说"绩点是王道"这话还有意义吗？接下来就想跟大家交流绩点到底能带给我们什么。

第一，学生以学习为主，绩点就是代表了我们大学期间的学习成绩。但今日的绩点代表的仅仅是你今天的物理成绩，不代表你大学的全部。它只证明了由于基础、学习方法、用功程度等的不同，有的人适合且能顺利地学好物理，有的人不太适合或不太容易学好物理。虽然复旦转专业相对容易，但学习没兴趣——绩点低——无法转专业——绩点低的恶性循环却不可避免地发生在一些理科学生的身上，而且到了高年级，许多机会的获得都会以绩点作为硬指标，似乎绩点真的决定了大学期间的一切，但也仅此而已。

第二，对于绩点不错的同学，我想说绩点真的能带给你许多，学校内的许多机会都会向高绩点的同学倾斜。但正如我之前说的，绩点只代表了一个人丰富多彩的人生中极其微弱的一部分。高绩点并不能必然地带来成功和幸福的人生。幸福

是一个多元而变化的有机体。绩点仅仅代表了你之前一年对物理的兴趣、在学习上付出的努力和你的学术潜质。而真正的人生远比这一切都丰富得多。因而，现在的你应该静下心来仔细想一想，作为一个完满而灵动的生命，我还缺少什么？

第三，对于那些绩点不太好的同学，我想说，绩点带给你的是一个警醒，一个反思。人生的路牌上写着：你到了十字路口。无论是什么原因导致了今天的结果，我们都需要冷静地抉择未来的方向。十字路口的前方有无数的岔道，你可以选择在物理上寻找原因、重新来过、迎头赶上，也可以选择其他的人生方向。大学本来就是一个可以不断犯错、不断改错的地方。天生我材必有用，每个人都有自己的长处与天赋。当然，你可以拿自己的短处和别人的长处比拼，以显示你的无畏气概，但为什么不静心下来好好想想自己的长处究竟在哪里呢？所谓幸福而成功的人生，一定是从事着自己热爱并乐意为之付出的事业，而天底下一定有这样一个地方在等待着你。当你彷徨无助的时候，不要再被周围的环境所折磨，跟随内心的召唤，彼岸就在前方。也许，你会付出比别人多得多的汗水与泪水，但曲折的道路一定会使你成长更快。

语无伦次地说了那么多，希望能抚平同学们的内心，带给大家一些思考。过去的已经过去，这点成功何值骄傲，淡泊明志、韬光养晦才能更上一层楼；这点挫折哪能就此消沉，知耻后勇、百折不挠才有海阔天空。“怅寥廓，问苍茫大地，谁主沉浮？”三年后才初见分晓，三十年后再相聚，方是包藏乾坤拏云手，青梅煮酒论英雄！

真的，不算什么

作者：蒋　旭（华东师范大学）

链接：http://user.qzone.qq.com/156802102/infocenter

孩子们，我一直在想，以何种方式与你们交流才会让你们感觉到完全的无压。一直有人问我：开了空间怎么不写日记？日记应该是随心而出，所以每次我想写点什么给你们的时候，总觉得有那么点“为赋新词强说愁”的意思，但是你们知道的，老师已经不是“少年”了，所以没有这样的权利。这一年来，你们表现得很好，很懂事。大部分的同学都积极、乐观、向上，以大学生应有的状态，在用自己的方式努力适应和改变生活。

有时我会收到你们的电子邮件、短信或电话，跟我谈谈学习和生活中的开心事、烦恼事、困惑事，每当这个时候，我总是欢欣雀跃，像孩子一样。也许不能真正帮你们解决问题，但是与你们一起分享成长道路上的收获，承担这个过程中的“生长痛”，我觉得很有意义。能够被依赖和信任，是一件很幸福的事情。但我所了解的、关心的依然太少，我希望能走进你们每一个人的世界，还有三年，让我们一起来努力。

这两天，期末考试的成绩陆续出来了，其实前天我已经拿到了你们期末考试的成绩，几家欢喜几家愁，一点没错。但是看着花名册上星星点点的红色成绩，我还是有点说不出的滋味。这两天陆续接到一些同学的短信或电话，大多是懊悔或难过，我能理解，毕竟在大学里挂科是件很让人不舒服的事情，更何况还要再花时间、精力去补考，很折腾。由此我想到了大多数同学的学习或生活状态，一年过得很快，转眼你们已经不再是“2009级新生”，就要成为2010级新生口中的“学长学姐”，你们会以怎样的学习和生活状态去影响他们呢？期末的时候我跟几位同学谈了谈，发现有些同学的状态并不是特别好，家教、看书，好像除此之外别无其他。我们的大学生活原本应该更精彩，不是吗？所以接下来的三年，我希望你们能接触和尝试更多有益的事情。

入学的第一天，我曾经跟你们说，在大学里要学会学习、学会生活、学会做人、学会工作，不知道现在还有多少同学记得？但是现在，我依然想说的是，大学四年，不得不学的就是这个。挂科是一件很不愉快的事情，但是，比挂科更不愉快的是重修，比重修更不愉快的是延期，比延期更不愉快的拿不到学位证书。这么一长串的话其实有两层意思，一是挂科不要紧，还有翻盘的机会，好好复习，争取补考通过，情况没有想象的那么糟糕；二是如果不好好把握机会，那么一个一个的机会很快就会溜走，四年之后的懊悔会比现在痛苦一万倍。人生中的有些道理也是一样的。

说到挂科，有同学发消息给我：对不起老师，让您失望了。平心而论，我确实因为有些同学的挂科心情有点糟糕，但是我一点也不失望，因为至少你们有正直的人品，无愧于我对你们的信任和"求实创造，为人师表"的校训，而这些，才是我最看重的。

就写到这里吧，没有长篇大论，只是有感于你们近期的一些状态，有些同学可能看不到，没关系，开学回来看也是一样的，写在你们即将步入大二的暑假。下面有小段话，我很喜欢，摘抄下来与大家共勉：

《多啦A梦》全集中大雄被胖虎揍137次，被妈妈骂327次，被狗咬23次，掉进水沟14次，但是，大雄还是乐观地活着，我们的委屈又算得什么？

学会走出成绩不佳的阴霾

作者：李喜娜（华东理工大学）

链接：http://blog.sina.com.cn/u/1412972405

在辅导员工作中，我发现总有一些学生对于自身的学习产生很多困惑：或是成绩不理想，或是面对未来无从着手。他们中的大多数对学习充满着渴望，但是命运似乎和他们开了一个玩笑，成绩的落后非但没有使他们奋起，而是由此陷入自卑、彷徨。特别是大一、大二期间，有相当一部分同学对于如何适应大学学习、如何看待学习的进步与后退、如何找准学习的正确航向存在着诸多困惑。一些家长对自己孩子的学习也非常关心，经常电话请教辅导员。辅导员以何种观念客观正确地分析学生的学习状况，牵动着远在全国各地的学生父母之心。为此我常有诚惶诚恐之感。

一次偶读林清玄的一则散文，让我在如何看待学生的学习进步与后退的问题上深受启发。

一位烦恼的妇人来找我，说她正为孩子的功课烦恼。我说："孩子的功课应该由孩子自己烦恼才对呀！"她说："林先生，你不知道，我的孩子考试考第四十名，可是他们班上只有40个学生。"我开玩笑地说："如果我是你，我一定会很高兴！""为什么呢？""因为你想想看，从今天开始，你的孩子不会再退步了，他绝对不会落到第四十一名呀！"我说。

妇人听了展颜而笑。我继续说："这就好像爬山一样，你的孩子现在是山谷底部的人，唯一的路就是往上走，只要你停止烦恼，鼓励他，陪他一起走，他一定会走出来。"过了不久，妇人打电话给我，向我道谢，她的孩子果然成绩不断往上升。

我想到，最容易被人忽略的是，山谷的最低点正是山的起点，许多走进山谷的人之所以走不出来，正是他们停住双脚，蹲在山谷烦恼哭泣的缘故。（林清玄：《山谷的起点》，原载《今晚报》，2001年10月6日）

林先生的这一点拨给我的启示在于：辅导员究竟要以什么样的观念与心态看待我们的大学生？尤其值得一提的是，辅导员该以什么样的观点来思考学习成绩落后学生的学习状态？

我院一名大二男生由于大一时各方面都没有很好地进入状态，第一学年就重修四门主干课程。该生勉强进入大二，课程的压力再加上决定是否能够顺利毕业的英语四级考试和计算机国家二级考试都集中到了这个时间段,因此学习压力就更大了。生活的不适应再加上学业的繁重，使得该生时不时地会表现出一种躁动不安的情绪。他曾经给我发过一条短消息说："我经常郁闷难受，在课堂上有时候上着上着就自觉不爽，站起就往外走，以前还有n多老师问我干嘛去，我一概不理会，现在那些老师都懒得问我了。我也不知道怎么就那么烦。但是我又懒得和别人说，说了也没人能帮我。您说我到底是怎么了？"

期中考试,该生考得一蹋糊涂,他对自己有些失望,亟需老师的建议,在这种情况下,我找他谈了一次话。首先他向我述说了自己的困惑，主要是焦躁不安，于是我就让他在纸上写下最令他讨厌或是失望的事情，他列出了五条：一是学习，二是无聊，三是经常感到无事可做，四是人际关系，五是生活单调。针对他的这些问题，我一一进行了分析，通过深入交流，我发现1、2、3点与该生的学习方法有较大的关系，该生没有学习计划，自信心还没有完全树立起来。作为辅导员，该怎样帮助他走出学习成绩不佳的阴霾？我与他主要针对以下几点进行了交流：

观念一：告诉他究竟与谁比。是与他人比还是与自己比？关注的是横向激励还是纵向发展？无论是在家庭教育还是学校教育中，表扬与批评是教育者惯用的教育手段。家长和教师喜欢采用横向比较法，如为纠正孩子的不良行为，常常采取表扬其他孩子，以其他同学作为榜样的方式加以对比式的评价。他们不会考虑到，表扬了一个学生会刺激另一个学生。横向比较的可能结果之一是越比越气馁，越比越觉得不如别人，因为山外有山，人外有人，你干得再好，总还可以找到比你更好的人来。记得有一位学生党员，学习很用功，成绩一直很好，但是他不满意，总是告诉我：老师我没考好。他忽视了自己如何纵向地进行自我比较，如此下去把自己搞得身心疲累。纵向比较的结果往往是越比越高兴，越比越能看到自己的发展，从而鼓舞自己的信心。每个学生的成长均不相同，因此，我们首先要关注学生本身的兴趣，让兴趣引导你尝试成功。其次，要养成这样一种习惯，即：和自己竞争，而不是和其他人竞争。因为与自己竞争要比一味地去击败对手更有意义。希望今天的自我超越昨天的自我，这样就可以为你的前进注入更多的动力。反之，如果过分地关注他人，往往就会先输掉自己。

观念二：关注结果还是注重过程？该生告诉我他曾经努力过，但是结果来得太慢，成绩不显著，他自己很沮丧。其实每个学生的思维方式是不一样的，每个人接受知识的速度也不同，我们应更多地看重自我努力的过程，不要急于看结果，切忌急躁。

因此，我给他的提醒是：目前最主要的学习是哪几部分？是否都安排好这几部分任务的学习计划，甚至是否都已经落实？由于大二的课程比较紧，加之该生有四门重修，按照常理，应该比较忙，不可能没事可做。可见，改进学习方法对该生是非常重要的。

观念三：注重现在还是面向未来？与关注横向比较相对应的是，我们的学生及家长往往较着眼于现在、当下、此时此刻，因而常常为比不过人家而感到惭愧、怨恨。因此，现代的大学教育者应该把比较的着眼点放在未来，特别是与学生未来的发展紧密结合起来，在学生成长的每一个阶段与其自身进行纵向比较。我在与该生对话中秉持的理念就是：决定一个人是否成功不是此时此刻，今天未能实现目标，是暂时的，只要你不断地超越自我，未来一定会比今天更好，在这样的理念指导下，往往能够给学生更多的憧憬和激励，而不是忧虑与自责。

观念四：关注合作还是强调竞争？人际关系是造成该生烦躁的另一个原因。大学的集体生活使来自五湖四海的莘莘学子们面临这样那样的问题，从而大矛盾小矛盾不断产生。如果处理得好，不仅对自身能力和素质是一次提升，而且还可能赢得自己一生宝贵的友谊；如果处理得不好，不仅会影响到自己的日常生活，甚至可能造成一些不该发生的事件，如马加爵事件等。因此，针对该生的情况分析其造成人际紧张的原因就显得至关重要。

在我们的传统教育中，教师和家长的内心深处总要求我们的孩子跑过对手，压倒对手。殊不知，团队比个人能够解决更多复杂的问题。这是一个充满竞争的时代，我们当然要培养学生的竞争意识，但这种竞争应是合作式的竞争和竞争式的合作，追求的是双赢的，而不是几家欢乐几家愁。我曾经把宿舍比喻为一个团队，它的最大目标是团队的成员要在四年中达到结果"最棒化"，这表现在学习、生活、思想等方方面面。我曾经在学生刚入大一时就开始酝酿每个寝室的理念，而这种理念是全体成员共同认可的，这种理念将为团队的和谐指明方向，营造良好的氛围。一年多来，有些寝室取得了非常理想的成绩。

通过与该生的交流，我发现关键还在于性格。俗话说"性格决定命运"，而性格的最终形成与每个人成长的环境有密切的关系。做为一名教师，帮助他们如何认识自己，如何通过自我改造不断地超越自我，努力与他人进行和谐共处，这是辅导员最主要的职责。在此基础上，帮助同学们解决人际矛盾，就可以取得事半功倍的效果。

此次谈话后，该生的成绩有了较大的提高。本学期开学不久，该生高兴地告诉我，他补考重修全过了，英语四级也过了。看到他许久未展的笑容，我从内心真诚祝福他，是他自己在超越自我上又跨出了新的一步。风雨过后的彩虹，更加绚烂美丽。

这样的事情在我担任辅导员期间还有很多。量的积累导致质的思考。辅导员的管理是一门艺术，更是一种观念的持续创新，而这种创新来自于教师自我的不断学习与思考。

休学的理由

作者：蔡晓月（复旦大学）
链接：http://blog.eastday.com/better

每个星期二都是学校最忙的一天。中午的时候接待了一对母女，女孩03级，大三。按说应该马上就要开始求职找工作了，但是她们来找我是因为希望办理退学。一年前才因为成绩不好休学，上学期刚复学，现在又提出退学。辅导员没有办法，疑难杂症让我来处理。

女孩子的精神比一年前好了很多，看上去也很清爽。女孩子的问题不是一朝一夕了，如果追溯的话，可以讲到她成长的环境，她的家庭教育。主动提出休学的学生，我并不是第一次碰到。她们并不会因为成绩不合格不能毕业而"一哭二闹三上吊"，所以不是学校里面的一颗"不定时炸弹"。但是，他们是否会成为社会的"不定时炸弹"，就不好定论了。

聊了一个多小时，期间女孩和母亲都流泪了，我的心里也不好受。女孩退学的理由是，想踏踏实实过日子，既然读不好书了，就不想在大学里面混日子了。

我问："你退学以后想干什么？"

她说："还没有想好，想做我自己喜欢做的事情。比如，做点心蛋糕，开个点心店；可以到宾馆里面做点心师。开店一开始没有钱，可以从给别人打工开始。学校里面学的东西好像没有什么用。"

我说："学校里面学的东西，一般情况下并不是可以直接用的。尤其是在大学里，学到的更多的是一种思考问题的方法，一种视野，一个更好的起点，一个朋友圈。这些都是你的蛋糕店不断成长的动力。如果真要赚钱，我算过了学校周围卖煎饼果子的人，一年也可以赚10万。但是，如果没有相应的知识基础，就不会有更多的更高层次的追求。"

她说："我的需求很简单，我对物质上没有什么需求，我每天花的钱很少，我只希望凭自己的实力来养活自己，做多少努力，拿多少回报。"

我说，"你现在还年轻，可能没有什么过多的物质需求，但是如果你到了30岁，你看到自己的同龄人都有了一定的经济实力，都有进步，你那个时候就会后悔了……"

她说："人比人气死人，人家获得的都是劳动应得的，我不会和别人去比，我只过自己的生活。我对物质没有过多的要求，所以我以后会自己做点事情，不想受到名利的困扰。我希望靠自己的奋斗在30岁前有所积累。"

……

我从世界观、人生观、价值观，一直说到夏朵、俏江南、比尔·盖茨、"超女"、"好男儿"，但是都没有能够说服她留下。一个下午我都在想这个女孩子的问题。她的家庭经济情况属于小康偏上，是很多其他的因素导致了她现在这样的想法。我不知道，随着她阅历的增加，她的想法会不会变。清心寡欲、与世无争、在自己生活的小圈子中生活，这并不是主流社会所认可的生活方式。

办公室里的领导说，这个女孩子是一个生活的弱者。也许因为害怕竞争失败，而选择了不去竞争。

我还想了很多——

职业没有贵贱之分。北大、清华、复旦的学生当然也可以卖肉、包糖葫芦、摆地摊、开面包店，也可以做出成绩，做出一番事业。所以她选择开面包店，可以理解。

学历并不代表一切。社会也是学习的大课堂，大学本科学历并不代表能力、学识，而是代表一种沟通思维方式。没有文凭，但有一技之长，也可以创造自己的事业。她选择放弃文凭，也是一种选择。

从这两点来说，她选择退学是可以理解的，而且应该尊重她的选择，毕竟她成人了。

只是我还是出于好心劝她保留学籍休学，先到社会上去看看，如果碰壁了再回来复学。我还要她在休学前给我看看她在将来的半年中的“社会实践”计划。

如果她的想法一直这么单纯、简单，那么这样的生活状态或许对她个人来说也是很好的。我担心的就是，突然某一天，她的想法变了，这个时候她就会非常痛苦，对于现状不满而无力改变，那个时候就非常糟糕了。所以，我劝她保留学籍休学，或许半年后她会改变想法来找我。不愿意按照主流模式来生活的孩子，可能是一个逃避现实的弱者。但是有的时候想想，至少她在选择休学的时候，她是一个强者。她按照自己的喜怒哀乐来自由地选择，不再受制于家长，不再考虑世俗的准则。

而我们自以为是强者，其实却越来越接近一个弱者。我们为了欲望没有勇气放弃，物质名利权势获得的越多，就越难舍弃。失去了，会痛苦；得不到，会懊丧；而得到了，也未必能快乐多久。于是，更多的苦恼接踵而来。

或许，利益最大化和无欲无求都不能导致突破式的创新与社会进步。寻找中间的一个平衡点，让自己进取点，洒脱点，快乐点！

我们的工作，是向世界说明中国

作者：沈安怡（复旦大学）

链接：http://www.kaixin001.com/diary/view.php?classid=0&uid=3106160&did=26536534&pos=32&start=30&type=list

周六坐地铁，地铁站的移动电视里正在播出介绍各国兴建孔子学院的专题片，海外汉语推广事业呈现荣景，各地活动热闹非凡。我停下来，在地铁站看完了整个片子。

晚上10点，SMG夜新闻专题讨论——"汉语时代"来了吗？邀请的专家是华东师范大学应用语言研究所所长潘文国教授。主持人和潘教授以数字来说话，勾勒出了世界范围内汉语教学的宏伟图景：世界上学习汉语的人数已近1亿；国家派出的汉语教师与志愿者超过8000人，但远不能满足世界各国的汉语教学需要；国家汉办在全国60余所大学设汉语国际教育硕士点，培养汉语教学的后备人才。汉语教学呈现出一片兴荣景象。

我们不禁自问："汉语时代"真的来了吗？

回顾我自己的求学经历，其实当时我也不是奔着这个热潮来的。在复旦读本科时，中文系念到三年级才发现原来复旦还有一个对外汉语专业。鉴于我的中文和英文虽然都谈不上太好，但加起来估摸着水平还凑活，于是我觉得这专业恐怕比中文还适合我。参加笔试面试各一次，一番拼搏以后，就这样赶上了这股热潮。

刚进来的时候，媒体对这专业并不怎么关注，世界各地的孔子学院也刚刚开始兴建，所以只是模模糊糊地觉得这是个朝阳产业，至于太阳什么时候升起，还是个未知数。当时真是这么想的。

从2007年开始的一两年时间里，大家对汉语及汉语推广事业的热情以超越我想象的速度提升着。我是2007年进入对外汉语专业读研的。当时对外汉语专业刚从中文系独立出来，算是第一次自主招生。中国学生一共才5个，加上2个留学生，一共7个学生就成了一个专业。08级稳中有升，但也只在10个左右。到了09级，汉语国际教育专业硕士点成立，和对外汉语专业一起开始招生，一下招进了50多个研究生，是我们当年招生人数的七、八倍。当时我只有两个想法：一是终于有男生了（前两届一个上分数线的男生都没有）；二是，这专业真有这么热吗？

越来越多的人开始进入对外汉语教学领域，专业内外呈现出一片兴荣景象。作为这一激动人心过程的亲历者，我对专业的发展前景报以乐观态度。但正如任何一项伟大的事业都必须浇灌心血与汗水，在接受外人倾羡眼光的同时，作为未来从业者的我们必须时刻保持清醒、具备客观的判断力，并做好艰苦奋斗的准备。

作为对外汉语、汉语国际教育专业的学生，培养方向之一是作为国家汉办的志愿者师资派遣到海外。在我刚进专业就读的时候，我的老师就曾经这样鼓励我们，作为一名研究生，你想坐在伯克利大学的教室是异常困难的，但今天你将站在它的讲台上。

与职业荣耀对等的是职业的艰辛。选拔派遣海外的师资和志愿者都要依循严格的选拔程序，笔试、面试、心理测试都要通过，涵盖语言学、文学、心理学、教育学等各个方面。不是说你要一定有多精通，但至少都要懂一点，同时一定要展现出色的组织和课堂控制能力。

同时，奉献精神是每个站上海外讲台的教师必备的素质。不要把出国教书想得太过于美好。异乡生活和异国教学环境与国内的差异无疑是巨大的，需要更为生动活泼的教学技巧和出色的文化适应能力，我们所要面临的是更加巨大的挑战。

教授语言的同时，我们希望人们不仅只是把汉语作为交流工具，更希望看到有更多的外国学生能喜爱中国文化、了解中国的历史和现实。因此国外的课堂不仅局限于三尺讲坛，更要走进中小学进行汉语推广，深入社区开设书法汉字兴趣班，举行汉语演讲比赛、中华艺术表演、节庆游园会等，这些都需要教师在保证课堂教学时数和质量的情况下，贡献出大量的业余时间，同时也要具备社会活动能力和推广汉语的热情。

从目前的情况来看，国外对汉语师资的需求是巨大的。为了争夺中国派去的汉语老师，学校和学校之间常常抢破头。但同时我们也需要清醒认识到，海外汉语师资之所以走俏，一是因为中国派去的教师更为专业，二是因为中国派出的教师大多接受了国家汉办的资金支持，为海外院校在师资费用上减轻了不少压力，从而造成了争抢师资的局面。正是由于这些师资都是由国家汉办经过严格选拔而派遣的，所以当教师作为个体希望进入海外求职市场的时候，竞争能力较之以前降低了不少。

另一方面，相较于国外的火热，国内对汉语师资的需求量却比前几年有所下降。三、五年以前，对外汉语专业的硕士研究生毕业后进入高校任教还是有可能的。但随着这几年留学热潮转淡，外国留学生增长减缓，愿意增加教师岗位的高校减少，只有少数高校在新成立对外汉语教学部时会开放少量岗位供研究生申请。国际学校和汉语培训机构成为毕业生择业的首选，工作的艰辛程度和不稳定性有所增加。

很多人问过我这样的问题:对外汉语还是个专业？不是只要会讲中文就可以了吗？这还需要学吗？

这些问题真是让人忍俊不禁。可以说，学习，异常刻苦地学习，对于这个专业来说尚且是不够的。除了掌握语言学、文学、民俗学的各种知识以外，好的对外汉语教师最好能具有以下的职业技能：

1. 时刻很High：课堂气氛决定于你。

2. "过度"反应：学生汉语能力有限，他跟你的交流通常是生活化、低层次的，不一定有意思，有时甚至不清晰，但你必须积极倾听并给予反馈。

3. 掩饰挫折感：再好的老师也有调动不了课堂气氛的时候；但当学生感到沉闷时，你不能更沉闷。

4. 一切来自练习和设计：以上这些不意味着对外汉语教师需要同时取得表演双学位。调动课堂的能力来自于对课堂的设计和对学生的准确定位与分析。这需要的是知识、经验和苦功。

综上所述，上好一堂课是很困难的。你必须具备以上的素养，同时对专业充满敬畏感，才有可能上好每一堂课。

身在这个专业，很庆幸。虽然言"汉语时代"为时过早，但正如开垦者必先洒下汗水，如果你的行业将大有可为，就意味着你在它尚处蒙昧之时就已经在奉献血汗。所以，做好吃苦和奉献的思想准备。艰难或沮丧时，我觉得这句话永远激动人心：我们的工作，是向世界说明中国。

心灵鸡汤

认真做事，善待他人

作者：秦文佳（上海财经大学）
链接：http://wenjiaqin.blogcn.com/diary,33872476.shtml

今天我想趁这个机会和大家聊聊关于情绪的问题。大学四年的四分之一已经过去了，在过去一年的学习和生活中大家可能或多或少都有所体会，小学、初中、高中，12年的学习和生活环境基本上没有太大的变化，而到了大学很多方面都悄然发生了改变。没有像中学里那么大量的习题和作业，每个人要自己按教学计划选课，老师在课堂上也只是提纲挈领地讲解一下，课程学习主要靠自己课后下功夫。

除了学习，很多高中未住过校的同学开始学着自理生活，要面对处理各种人际关系。因为在中学，我们毕竟生活在学校和家庭所架构的相对封闭的温室中，需要我们自己处理的关系也相对简单。对于外地同学，这一学年还有一个文化、语言的适应过程。此外，还有一小部分同学由于志愿填报的问题，所学非所爱，所爱又不再有时间和精力学，也经历了一段时间的选择冲突和痛苦。

我们在这一过程中逐渐发现，我们不再生活在中学老师和家长构筑的保险箱中，生活的重心不再是考大学，人生的目标似乎一下子不是很明确了，心情既焦虑又空旷。我们当中相当一部分同学还感到了一些困难和压力。伴随这种变化的更多的是各种情绪的体验，有愉快的，也有很多不愉快的，比如，第一次掉了钱包、证件，第一次和同学、室友争执，第一次被他人奚落、挤兑、嘲笑，第一次课堂陈述表现不尽如人意。

总之，生活好像多了一些意外。加上大学科目繁多，存在无形的竞争，有不少同学还在课余参加了各类证书考试辅导，给自己加了很多任务，自然承受更多应试的压力，不免紧张。其实，生活中面临一些事情的时候，每个人都会有情绪的波动、心理的冲突，只是程度不同、处理方式不同罢了。没有一个良好的心理状态，我们会发现自己什么事情都做不好，甚至做不了。

我们每个人都扮演着不同的角色，学习后进者成绩不出众，但可能是同学当中的电脑专家、社团的负责人；整天闷在图书馆的男同学，转身或许就是个灌篮高手；平时低调的女同学，原来是个热心公益的志愿者。当不同的角色扮演成功时，我们易于形成自信、自尊的自我意识，更能适应环境；而当角色扮演失败，就可能经历理想自我和现实自我的冲突，体验焦虑、紧张，出现适应不良。

比如，压抑是每个人都有的一种心理防御机制，我们会尽可能不去想那些令我们不愉快的事情，而把这些念头压抑下去，克制并且不表达。每个人都会采用压抑的方法，使自己暂时处于情绪平稳的状态。然而长期的压抑会使人失去朝气，对生活失去兴趣，包括不愿与人交往，感觉迟钝，容易疲劳，甚至牢骚满腹。严重的就会产生抑郁，自我评价低，对什么都提不起兴趣，学习效率也大大降低。还有一种状态就是焦虑。很多同学可能都经历过考前焦虑，一紧张，一恐慌，记忆力也好像减弱了，注意力难以集中。缓解压力、焦虑有很多办法，旅游、运动都可以，但不是最有效的，最有效的办法就是讲述。讲出来，对信任的人倾诉，如父母、密友、长辈等，比什么都管用。

当然一切的不如意多少会让人沮丧，处理不好还可能埋下自卑的种子。自卑主要有两种表现，一是自我评价过低；二是容易出现“泛化”，就是某个方面不如他人了，其他方面也觉得不如别人。自卑会让人变得对自己的不足和别人的评价比平常敏感，甚至把别人与自己无关的言行看成对自己的轻视，常常表现为对缺陷加以掩饰或否认，或者反过来表现为较强的虚荣心，还有就是逃避。

另一种常常出现在我们身上的情况是冷漠。这是个体受挫后的一种消极的情绪反应。比如，考试的时侯竟然最后一页没看到，都没做，或者求职的时候，投出去的简历都没有回音，唯一一次面试被淘汰了，有些情况下人们会选择退让、逃避、冷淡的方式进行自我保护，表现为麻木不仁，很漠然，对别人的招呼也是应付了事。

当然很多情绪体验是一时的，但有时也会持续较长时间，有时我们还会体验到比较激烈的愤怒、嫉妒。有一些情绪我们可能意识到了，但有时我们被情绪牵引着产生了失真的观念，认识也出现了偏差。而不了解自己真实感受的人将沦为感觉的奴隶，掌握自身感觉才能更好地主导我们自己的生活。继续我们今天的讨论前，请大家不要带着价值评判的标准看待各种情绪。其实各种情绪伴随我们一生，无所谓好与不好，但能带来正向的结果或者负面的影响，这就取决于你如何看待自己，能否管理自己的情绪，能否自我激励，形成恰当的目标定位。

改变事情的定义。情绪跟认知有很大关系，负面情绪的产生，与我们对外界事物的不合理认知和定义有关。当我们没有办法阻止事情发生时，我们可以决定事情带给我们的意义。你可以选择问题，也可以选择机会，想想在这件事中带给你的是什么教训和警示，下次避免重蹈覆辙，将问题转化为机会。你的定义就是你的结果。

改变人物画面。想到老鼠大家不会感到愉快，但想到米老鼠，我们就可能会感到愉悦，这就是画面的转化。你越觉得可恶人物的画面就会越加扭曲，连芙蓉姐姐都有她的可爱之处、可乐之处，只要转换一下人物的画面，我们就会心平气和很多。同样也可以用在自己身上，我相貌普通，不会小提琴，不是钢琴十级，英语口语也不好，但我时常面带微笑，语言和气，这就给人留下了不一样的画面。

改变对自己的问话。当别人说你可以，但你自己说不行，结果往往是不好的；别人说你不行，但你认为自己可以，结果往往导向成功。无论发生什么，可以试着经常问自己：这件事带给我什么样的经验或者教训？我该如何做才能将这件事处理得更好、更融洽？

改变学习的对象。物以类聚，人以群分，你是什么样的人，你的生活如何，从你交的朋友就可以看出七八分。悲观的人周围大都是悲观者，乐观的人周围也多是乐观者。要想有所改变，必须跳脱现状，向乐观者学习靠拢。当然我们也可能经历难以预期的变故，经历痛苦，而回应伤痛最好的方式就是让自己活得更好、更快乐。

此外，适度宣泄和适当转移注意力都是平衡身心的可选择的方式，但前提

是不影响他人的生活和利益。要获得快乐的情绪，首先，要注意保持适中的自我期望，也就是说根据自己的实际情况来确定目标，珍惜已有的机遇和学习生活条件，把握好每一次机会。其次，对人对己多一点鼓励，少一点责备，宽容而不要过于苛刻。从点滴做起，这会给大家带来良好的人际环境。

有这样一个现象。小学生举手抢答，中学生被动答问，而大学生在课堂上竟然没有问题，集体失语了。如果我们意识到了，就应该积极转变，在学习上变被动为主动。唯有主动才能为自己争取自由。在大学生活中，我们应提醒自己在必要时更积极一些，寻求一种更自主的学习。

大学四年，我们正处在心智上的成人化阶段，不可否认，也不可抗拒。在从学校人向社会人过渡的过程中，必然会经历各种成长的烦恼，经受不少困难和挫折，这个时候，心态就非常重要。要学会在挫折中总结经验，成长成熟需要一个过程，甚至我们一生都在不断地经历和学习。只有解决了"思想"上的问题，我们才能拥有更好的行为。想清楚很重要。有梦想，并为之努力。不过，如果一段时期总在一件事上一个人上纠结，不妨先放下，好好生活，等过了一段时间，回过头再看就可能会轻松释然。

总之，要怀着对人生和人性的感悟之心去体验，感受责任和动力，感受崇高和神圣，努力实现自我。认真做事，善待他人，这是我一直对自己说的话，也希望对大家有用。我愿意和大家一起去经历，与大家共勉。

幸福在哪里

作者：张　巍（华东政法大学）

链接：http://user.qzone.qq.com/315546786/infocenter

很长一段时间以来，总是听到女生苦于找不到男朋友的担忧、叹息，要么因为貌不惊人而自卑，要么为“优质资源”匮乏而苦恼。年轻轻的女孩子怎么就愁嫁了呢？幸福，真的那么遥不可及、遥遥无期吗？

我不知道该如何劝慰，我讲我身边的故事给她们听——

静是我研究生宿舍的同学，她是我们宿舍相貌最普通的一个，圆圆的，胖胖的，不知道为减肥的事儿下了多少决心，放了多少狠话，过不了几天就又能看见她认真卖力地吃东西了。她也是我们宿舍最“缺心眼儿”的一个，不管多么敏感的问题，比如你最近是不是交男朋友了，你投的简历有回音吗之类的，她都能用最大的音量问出来。她还是我们宿舍最“笨”的一个，每次考试，不论什么考试，她都要看书一直看到考场上，直到开考铃响监考老师强行把书没收。她肯定是我们宿舍最懒的一个，我在她的QQ好友印象中给的评价是“十分热爱并擅长睡觉”，她从不想功成名就，她只盼能养家糊口。她确实是我们宿舍最贫穷的一个，她每年的学费都是贷款，她没有穿过一件有品牌的衣服。她真的是我们宿舍最苦的一个，她来自单亲家庭，她求学在异地不能陪伴在母亲身边尽孝道……但她成了我们宿舍最幸福的一个，第一个做了美丽的新娘，第一个找到了人生的归属，嫁给了相爱六年的他。静最骄傲的事就是翻看三年来她每周往返于上海—昆山的几百张火车票，静说将来要给儿子看，给孙子看，一代代传下去。说这话的时候，一脸的满足，一脸的憧憬。虽然静的老公也同样并不富有，但他努力地工作，一直奔着幸福的方向。他们节衣缩食在昆山有了自己的小窝。静在嘉定做村官，每天仍要奔波在上海和昆山两地，十分辛苦，但为了那份甜蜜她认为值得。他们的婚礼简单而温馨，他不能给的，她不在乎，他能给的，她珍惜如生命。所以，幸福和容貌、财富、智慧、成功与否没有关系，得到幸福的人都是单纯的，他们做的只是相信爱，守望爱，为爱付出。

亲爱的女孩子们，我只是想告诉你们，不要梦想着凭借姿色一朝嫁入豪门，终身无忧，美国的一位亿万富翁分析过了：我的资产是可以升值的，而美女总会年老色衰，是要贬值的；不要委屈地先嫁“潜力股”以待牛市，有本杂志说了，你和他在一起不是出于爱，而是将就，把他当成未来的“绩优股”来培养，他又不傻，能不知道吗？将来他大红大涨了，一定会和你分享红利吗？也不要看破红尘，一赌气这辈子都不嫁了，那样你会失去太多的快乐，作家六六怎么说来着：有许多不是金钱可以负担得起的快乐，比方说鼓励失业的丈夫，给亲人筹钱看病，焦急地等待孩子升学考试结果，被老师叫到学校听训，给其他家长赔礼道歉，给老人养老送终，偷看孩子的异性朋友，和亲家第一次会面，照顾大肚子的媳妇，含饴弄孙，等等。

亲爱的女孩子们，幸福这件事是急不来的，我一直喜欢一个传说，人最开始是一个圆，有两个脑袋，四只胳膊，四条腿，落到地面分成两半，变成了我们现在这个样子，于是每个人都苦苦寻觅属于自己的另一半。相信吧，总有一天会遇到那个对的人。当你寂寞地仰头看天，地球上会有一个人和你凝望同一片星空。

亲爱的女孩子们，幸福就像蝴蝶，伸手去逮，它翩然飞走，当你静静地等待，它就已经自己落到你身边了……

真　　爱

作者：陈佳儿（上海海事大学）
链接：http://blog.renren.com/blog/273817656/384898467?from=fanyeOld

"真爱"是一个时常萦绕在耳边的名词，熟悉而又陌生。从小到大看了许多以真爱为主题的影视作品，也听过许多以真爱命名的歌曲民谣。以至于从大学时代起，当周围的同学们都纷纷参与到恋爱大军中时，我还在自己的世界里，等待着像琼瑶言情剧中的男主角，一直相信真爱会自动出现。最后的结果很明显，至少在大学期间我的爱情无果，这难免有些遗憾。说实在的，到了现在，近 26 岁了，我才渐渐意识到，真的很有必要好好地学习一下爱情理论，明确下到底什么是"真爱"。我不仅自己需要学习，更要指导我的学生——一群年轻、美丽、智慧的女大学生，协助你们成为中国最具有魅力的女性，也是我作为辅导员的职责。于是在假期里，我阅读了新世纪性别教育读本《女性与恋爱》《女性心理与成才》，感觉受益匪浅，学习到了很多关于恋爱方面的知识，也引发了我很多的感慨，发现自己很有必要在 26 岁来临前好好地思考一下，形成自己的较为成熟的爱情观。现在就我的想法与大家分享。

我要的爱

真爱，不是情绪化的，而是意愿性的，真爱意味着承诺。这往往是恋爱中的人们最难做到的。真爱的承诺应该包含以下几点：

1. 承诺给予自由的空间。在给对方真诚与关心的同时，希望对方也能充分地发展与完善自己，能够独立思考和富于想象。

2. 承诺责任。正是由于这种责任感，才使相爱的双方能够同舟共济，渡过急流险滩，踏上爱河的彼岸。

3. 承诺尊重对方。爱一个人决不意味着去改变对方的生活习惯和生活方式以适应自己的需要，而是彼此尊重，即使发生分歧，也应求同存异，而不是把自己的意志强加于人。

4. 承诺不断学习。这是责任感和尊重的基础，只有自己有了知识，才能与对方交流、沟通，正确地决定自己的行为方式和听取对方的意见，才能避免误解，升华爱情。

我理想的终生伴侣

我希望我的爱人是一个有正义感、同情心、责任感的大丈夫。除此之外，我希望我们有相近的世界观、人生观、价值观，有较为相同的恋爱的价值取向。

有道是："以利交者，利尽则散；以色交者，色衰则疏；以心交者，方能永恒。"每个人追求异性的目的和角度各不相同，并且往往是复合的，由多种心理状态交织而成，但同时又会以某种倾向为主。人们在选择恋爱对象时的心理取向一般有以下几种：(1) 以事业为重；(2) 追求精神满足；(3) 追求物质条件或政治依靠；

(4)追求外表美；(5)游戏和消遣。

对照了一下自己，我发现我的择偶价值取向已从精神满足转变为以事业为重。我希望与未来的丈夫的感情能像革命导师马克思与夫人燕妮、新中国第一代领导人李富春与蔡畅那样，爱情基于相同的事业追求而得到永恒，这样无论在事业还是爱情上都能始终保持步调一致，互相勉励、奋发向上、勇往直前。

我眼中的校园恋情

同学们正处在青春期后期或成年期早期，你们对异性之间所产生的亲密关系有着强烈的渴望。一方面，希望想通过这种亲密关系摆脱孤独感，通过这种关系来获得自我肯定；另一方面，对处理好两人关系缺乏经验，容易导致恋爱关系的破裂。因此大学里的恋情最后能开花结果的很少。当然，我们并不是要禁止在大学里谈恋爱，其实大学的环境确实是培养感情的沃土。但在确认恋爱关系前，我希望同学们要进行自我审视，问问自己目前对对方的爱情是否是真挚的、纯洁的。你爱对方什么？是外貌？是金钱？还是纯粹的游戏？还是因为孤独？如果是我之前所提到的那些，那么希望你三思而后行。因为爱情还意味着付出与责任，你不仅要对自己负责，更要对对方负责。

我们通常会建议同学们在交异性朋友时，需用时间去考验对方，从细致处考察对方。你们能否在精神上彼此润泽、学习上互相鼓励、生活上互相帮助？如果可以，那么恭喜你，你得到了大学校园里可贵的情感。因为外在美与内在美的统一，理想与追求的志同道合，双方感情的共鸣，才是大学恋情的最可贵之处。

最后，我想要对我的“真爱”说：不管怎样，我们的目标都是相同的。我想爱你而不用抓住你，欣赏你而不须批判你，邀请你而不必强求你，离开你而无须言歉疚，批评你但并非责备你，帮助你而没有半点看低你，那么我们俩的相会就是真诚的。

给大学生的爱情建议

作者：张爱芹（上海电机学院）
链接：http://llaaq1314.blog.163.com/blog/static/170091337201073082236 75/

作为一名高校辅导员，接触最多的就是大学生，处理得最多的也是大学生的生活、学习问题，这其中，与爱情相关的问题可以说占了很大的比例。当一个男生带着哭腔给我打电话，说自己不知道如何和女朋友相处，虽然他们都爱着对方，可换来的却总是争吵的时候，当一个女生，因为不知道如何处理感情问题而患上抑郁症的时候，"爱情"这两个字突然变成了一个沉重的话题。

看看同学们的个人博客空间吧：《计算你的女朋友值多少钱》、《不娶红太狼的十大理由》、《娶个好老婆，男孩的心声》…… 这些转载率极高的帖子，几乎红遍了QQ空间、校内网等。通过转载阅读，同学们思想中的爱情渐渐有了雏形，而年轻的你们又没有太多辨别是非的能力，所以，很容易接受一些错误的爱情观念。一旦让这些观念占据你们的思想，再想去改变，谈何容易？

因此在专业课之外，我们有必要开设一门情感课，增强同学们的辨识能力。这比阻止你们， 甚至在你们因为无知而犯下错误后批评你们都要积极有效得多。带着这样的目的，一段给同学们的爱情建议就这样开始了：

男生们，你们不都是大款，当你为女朋友倾囊付出的时候，请别忘了家中还有盼望你成才的父母，请别忘了为了筹集你的学费曾经让多少人为难。不管渴望给她惊喜让她幸福的愿望多么迫切，都请记住，你还是个学生，学业是你这4年一直要经营下去的主业，副业做得再好，也会因主业的失败而失去光彩。

女生们，你们不是弱者，你们需要用充盈的学识来塑造魅力，做个博识宽厚的人。这样气质和美丽自然会和你终生相伴。

男生们，当你去想尽办法追求生命中的那个她时，你有没有想过，你真的爱她吗？你爱她什么？虽然恋爱不一定都走向婚姻，可是我们选择恋爱的初衷一定是希望长长久久。茫茫人海之中，你确定，她就是你要保护一生、关爱一生的那个人了吗？你确定，你现在有实力承担这样的责任了吗？如果没有，那么请你三思而后行。

女生们，当你做好准备去接受你生命中的那个他的时候，你有没有想过，你真的爱他吗？ 爱他，意味着接受他的一切，包括他的缺点、他的家庭、他的过去和他的未来。选择了他，不止选择了有人对你关怀备至，你选择的，是可能和你相伴到老、共处一世的伴侣。你的那个他，可能家庭清贫，可能在未来的某天连工作都找不到，可能因为就业的原因和你天各一方。对于可能发生的一切，你确定都做好准备了吗？如果还没有，那么请你对你和你要选择的那个他负责。

男生们，如果你确定你的爱情已经到来，那么请记住，与之相伴的还有一种东西叫做“责任”。保护她不受到任何伤害，包括来自于你的。优秀的异性还有很多，适合你的也并不只有她一个。可是，当你选择和她相伴终生，就意味着你已为她放弃了整个异性世界。给她这个保证，这是你对她最重的承诺。

女生们，如果你确定你的爱情已经到来，那么请记住，与之相伴的还有一种东西叫做“自爱”，保护自己，不受到任何伤害。爱他，表达的方式还有很多，但爱自己，你们的底线却只有那一个。把它作为礼物送给未来的丈夫而不是暂时的男友，它会显得珍贵许多。

我亲爱的学生们，不管是男生还是女生，请都先记住，你们还是学生，学业的重要性不是老生常谈。说了这么多，如果你仍然确信，你找到了你生命中的那个他（她），那么请记住，爱情是个神圣的东西，请一定要好好珍惜。

父母皆祸害?

作者：秦文佳（上海财经大学）
链接：http://wenjiaqin.blogcn.com/diary,33501052.shtml

关于这个主题，网上有太多相关帖子、评论、报道，如果把言论者分为正反两方，相信这是一场没有尽头的辩论赛。之所以有感触，是因为我在工作中确确实实地碰到了这样的个案，当我们自己也成为父母时，我们会如何对待自己的孩子？这也促使自己反思，警醒自己对待子女的方式，并留心学习。

"有问题的学生背后肯定有一对有问题的父母。"我的一个学心理学的同事如是说。不幸次次命中，无论是心理问题，还是学业不良，抑或网络成瘾，父母不恰当的教育方式都直接导致了子女的怨恨、抵触、叛逆。种下什么样的因，便结出什么样的果。我曾亲历爱女心切的父亲在我面前承认自己教育的失败，懊悔不已；望子成龙的家长在电话里反省自己对待儿子的失当言行，并对儿子如今的压抑无比痛心。其实，我们可以在一开始就避免犯这样的错误，那么我们为什么不那样做呢？各色热议中，让我印象深刻的是这样一句话："这个世界上所有的爱都以聚合为最终目的，只有一种爱以分离为目的，那就是父母对孩子的爱。"正如这个名为"Anti-Parents 父母皆祸害"的网络小组所宣称的："反对不是目的，而是一种积极手段，为的是个人向社会化进一步发展，达到自身素质的完善。我们不是不尽孝道，我们只想生活得更好。在孝敬的前提下，抵御腐朽、无知、无理取闹父母的束缚和戕害。这一点需要技巧，我们共同探讨。"

就我个人的经历来说，我庆幸自己与父母之间一直保持着亲密而平凡的良好关系，以至于在所谓的青春期，当身边的父母都在数落、感叹自己的孩子如何烦人时，代沟、叛逆却没有发生在我身上。我甚至有点奇怪为什么自己没有觉得父母的话刺耳、唠叨、不中听，真的有所谓的代沟或者叛逆么？我当时的结论是，代沟不是一定存在的。当然代际差异是客观存在的，只是我的经历不是父母管得过多，而是过少而已。过少的问题在于，在人生的重大选择上，基本上要由自己做主，遇到各种问题，基本上自己想办法解决、调节、化解，很多问题即使跟父母说，限于他们的知识和经验他们能提供的帮助也相对有限，或者难以给予有效的指导。这也会带来一些潜在的负面影响，比如，升学填报志愿时的随性，选择专业方向时的无知，个人发展上的无目的、无计划性。而这些其实也是可以得到改善的，那就是寻找自己的“人生导师”，不一定是一个人，也可以是多个人，多方面地主动咨询和获取信息。大学时代的我却并不明白这个道理，有很多困惑，不知道谁能回答，只是一个人苦想，而那样是没有结果的，于是导致了某些方向性的错误，以及大量时间和精力的浪费。现在大学里的情况已经有了很多变化，围绕学生身心、学业、生涯发展的咨询和服务逐步建立，导师制也在部分本科班级中试行，当然最关键的还在于自己能否把握。我们是需要为自己做主，但是在没有这样的能力和经验时，我们更需要学习、聆听、分辨、实践……

无论父母是何出身，是何职业，无论他们带给我们的资源是多是少，即使有所怨恨，也无法抹灭彼此的爱；无论父母带给我们的影响如何，这种影响持久而有力，多一些平等的对话，少一些斥责，多一些相互的理解，少一些彼此的抱怨，我想是非常必要的。在子女成长的不同阶段，父母也要相应地调整自己与子女的互动方式，而为人子女总有一天要学着自己长大。

所有的悲欢，我们都可以担当

作者：王树江（上海海事大学）
链接：http://blog.sina.com.cn/wsj2061

听了这样一个故事令人感动。一对父子千里迢迢来大学报到，爸爸从没出过远门，更没来过上海，当安顿好了一切，儿子担心爸爸找不到回去的路，不知道如何坐地铁，同时也想让爸爸去看看东方明珠，于是儿子开始了送爸爸的路程。送到了车上，售票员惊讶地说："我们以前看到的都是爸爸送儿子，没见过儿子送爸爸！"儿子带着爸爸看了上海部分景点，又把爸爸送到火车站才匆匆赶回学校参加了新生见面会。他们来自农村，家里比较困难，因此爸爸告诉儿子，"孩子，你得靠自己！"于是，儿子心里一直有一个信念：我想！我能！我做！我行！

听了这样一个故事让人心痛。女儿考上了大学，爸爸妈妈爷爷奶奶一同来送孩子报到，女儿因为宿舍床位不好而不开心，妈妈也跟着嚷嚷，最后找到了老师要求调换，让老师和其他家长感到难堪。从第一天开始孩子们心里就结下了恩怨，后来因为宿舍关系不好，这个女孩换到了其他宿舍，也因为气氛冷漠而愁眉不展。妈妈告诉女儿："孩子，不要怕，我们没那么好欺负。"女孩心里一直在想："为什么她们都那么讨厌我、欺负我？"

相同的路程，不同的启程。我们看到了不同的家庭成长背景带给孩子不同的人生影响。每个大学生都有自己成长的动力，这样的动力很多源自于家庭。看多了我们就会发现，那个各方面都很优秀但是连外出参加班级集体活动都要向家长请示的乖乖女背后，有一个极其严厉的爸爸，她的行为源于惧怕父母。看透了我们就会发现，那个痴痴爱着女孩未果最后恨得面目狰狞的男生，背后有一个难缠的妈妈，管儿子像管自家的小狗，他对妈妈的爱和恨一如他对女友。看懂了我们就会发现，电影《唐山大地震》里的那个弟弟方达到了高考前几天还在做地下导游赚钱，因为背后有一个失去了女儿和丈夫的妈妈，他内心有一种动力支撑起这个家……还有很多这样的例子，我们也许只看到了表面的问题或者现象，但是他们都有一个内在的动力，而动力来自家庭，有爱也有恨，有悲也有欢，就像波浪不平的水面，下面更是潜流汹涌。成长，也许很多时候我们身不由己，甚至没有觉察，一路踉踉跄跄。但是，直到我们明白，所有的恩怨，所有的悲欢，我们都可以担当，我们都可以做自己，那时我们就真正的的长大了。

为自己做一个排列

作者：曲　喆（东华大学）
链接：http://blog.21campus.cn/a/149772

系统排列工作坊培训已经结束将近一个月时间，这次培训对我的震撼和影响却久久没有淡化。短短的5天培训，在心理培训中心的精心组织下，在郑立峰先生的悉心指导中，收获了许多新的知识，更重要的是体验了系统排列这样一种心理治疗方式的神奇力量。其中，有欢笑、有泪水，体味人间百态的同时，也让我有时间认真沉淀自己的工作和生活。

回归原生家庭

“每个问题学生背后都有一个问题家庭”，“学生是家庭的镜子”这一类的言论之前听到过很多，但是在培训中，让我亲眼看到、亲身体会到了家庭的力量。带着问题而来的学员，面对生活中的种种困难，关于家庭成员之间的关系、两性关系、人际交往，经过郑老师的组织排列之后，大多归因为原生家庭的原因。

孩子良好性格和人格的培养，与父母亲良好的相处模式有很大的关系，父母双方关系的不顺畅，会使得孩子产生补救的想法，试图替代家庭中母亲或者父亲的角色，从未而影响其正常的情感发展，为以后各方面关系的处理埋下危险的种子。

组建一个家庭是一件不容易的是事情，如何处理好两性和亲子关系，都是一门大学问，需要用爱去经营，用心去体会。

接受自我成长

在人成长的四个阶段中，从无自我意识的婴儿期，到可以体会到失望的儿童期，到要求自我空间开始对父母说“NO”的青春期，到需要自己做决定的成年期，生理上一步步走向成熟，情感意识上却往往徘徊于儿童期或青春期。所有人不是不想长大，而是不接受自己长大。

步入大学，同学们会觉得面临很多问题而无从选择，这就是从青春期过渡到成年期的困惑与烦恼。当我们不再是小孩子有父母为我们做决定，当我们不再是青少年可以无所顾忌地否定任何事，此时的我们，需要面对现实，选择自己的人生，对自己负责。我们不再归属于原来的家庭，我们将成为一个独立的个体。

坦诚地说，现在的我，还不能完全跟原生家庭划清界限。在培训中，我有幸被选为代表，扮演委托人的角色。当郑老师让我以一条围巾为界，放在地上，表示与爸爸妈妈割裂，成为一个独立的个体时，我的手变得麻木，腿根本不能弯曲，无法将围巾放在地上。经过老师的引导，在与父母的内心告白以后，在强烈的情绪中，我颤颤巍巍地放下了那条围巾。在做自我家庭排列联系中，几位代表所呈现出的状态，和实际情况基本一致，让我感受到了其中成长的意味：接受自己长大的现实，正视独立的自我，规划个人的生活。

释放我们的爱

系统排列是一种用来研究爱的秩序的有效手段。每个人都有爱的能力，只是表达方式有所差异。人的一生中面对的种种关系如何维系，归根结底是一个爱字。关系的出现、建立、维系和断裂，统统需要爱的维护。从Live到Love，一个字母的差异，却道出了人生的真谛。

学会释放心中的情感，想笑的时候就大声地笑出来，委屈的时候就痛快地哭一场。勇敢地面对自己，面对自己的失误，面对自己的无奈。

学会表达自己的情感，让他人感受到自己的善意。用积极的眼光看待他人，善于发现他人的长处，学会感恩，学会说感谢。用感恩的心面对世界，会发现别样的美好。

学会积极地看待这个世界。面对疾病、面对失败、面对不满，抱怨只能加重我们的内心负担，要学会正确地看待世界，用开放的心面对他人，用真实的情感面对自己，感受自己的真实存在。只有自己的问题解决好了，才能更好地帮助他人。

想要变得坚强，就要先让自己的心软下来，学会冷静地看待问题，不要将自己的情绪置于问题处理中，这样才能更好地处理问题。

面对工作，面对生活，我还有太多的疑惑，对我来说，成长由一个虚词成为一个动词，成长从未这样让我体会深刻。相信自己，相信他人，心怀善意必将收获美好。未来路上，继续体会成长的含义。

如何与人相处

作者：朱玉飞（上海海事大学）
链接：http://blog.renren.com/blog/25107385/351599504?frommyblog

人的能力有很多种，其中的人际能力，也叫与人相处能力，是非常重要的一种。可以说，与人相处达到理想化的不多，也就是说，很多人在与人相处中都会有或多或少的压力和困惑。特别是生活在集体中的人，与人相处又是不可逃避的。那么，如何与人相处得更好呢？

首先，我们看看为什么会有压力和困惑。每一个人都是一个与众不同的个体，都有自己的性格、想法、观念、习惯、爱好、私欲……而当这些个体走到一起的时候肯定会有碰撞、有交流，合得来相互间可以弥补、融合，合不来就会有矛盾、冲突。那些显现的或潜在的矛盾和冲突就是压力和困惑的来源。如果靠自己的行为和努力能够使矛盾和冲突解决了还好，压力和困惑只是暂时的，而有些矛盾和冲突是自己单方面难以控制的，甚至你越努力改变情况越糟糕，那么此时压力和困惑将是令人压抑的。

说起集体生活，大学班级和宿舍是最典型的，特别是宿舍，这是一个最锻炼与人相处能力的地方。可以说，大学宿舍中同学之间没有任何冲突的寥寥无几。因为大家要天天生活在一起，鸡皮蒜毛的事是不可避免的，有矛盾和冲突也是可以理解的。那么作为大学生如何去处理这些矛盾和冲突，最大限度地减少压力和困惑，更好地与人相处呢？

首先，是要想得开。不能钻牛角尖，把一些小矛盾、小冲突想得太严重，有些人喜欢将一些鸡皮蒜毛的小事和自己的能力、自信、人生联系在一起，这样的话容易使自己陷入大喜大悲之中。现在回想起来，当年在班级和寝室令我郁闷和生气的一些小事很是可笑、荒唐。但是，事实上，作为当事人又很少有人能跳出来看问题。其实不管事情多重要，你多在乎，某些人你多反感，在一起相处最多四年而已，和得来的你可以选择多交往，合不来的你可以保持距离，他们不会影响你的人生和未来，最多偶尔影响一下你的心情，如果你看得开一些，连心情都影响不到。

其次，是做好你自己。做到以诚待人，问心无愧。对待别人要真诚、不能虚伪。四年虽然不长，但还是有一段时间的，如果玩一些虚的东西，迟早要暴露的。“你敬别人一尺，别人敬你一丈”，只有你对别人真诚了、好了，别人才会对你好。我想这一点是与人相处的基础，只有这一点做好了，有矛盾和冲突的时候才不会内疚、不会被动。

再次，是要学会宽容。人非圣贤，孰能无过，要允许别人犯一些小错误。多宽容才能得到别人的宽容，谁也不能保证自己不犯错误。当然，容忍也是有度的，故意伤害行为就另当别论了。我想在大学宿舍里，大都是无意中引起的伤害和误会，故意的不多。所以，在大学里，学会宽容也是一种能力，宽容的过程也是一种很好的锻炼。

第四，要学会换位思考。经常站在别人的角度考虑一下同样的问题，感受肯定不一样。比如，喜欢晚睡的考虑一下有早睡习惯同学的感受后就不会在寝室折腾得太晚，喜欢热闹的考虑一下喜欢安静的同学的感受，爱玩的考虑一下爱学习的同学的感受，爱学习的也考虑一下爱玩的同学的感受，家境富裕的考虑一下家境困难的同学的感受……多设身处地考虑一下别人的感受，相互之间多包容，有些矛盾和冲突根本就不会存在了。

总之，与人相处要多从自身突破，多理解，多主动，多沟通，尽量减少自身不必要的一些压力和困惑。

有一天必定以你为荣

作者：周成贤（上海大学）
链接：http://user.qzone.qq.com/1298096511/blog/1288329555

时光，在字里行间穿梭，在冥思苦想中奔驰。四年，不仅仅是1460次的日月轮回、昼夜交替。花前月下的温存，废寝忘食的备考，畅汗淋漓的娱乐，在上大校园的角角落落深深镌刻了青春的痕迹。

在那个绚烂的九月，我翻开了你的质朴与纯真；在这个火热的七月，我读懂了你的自信与成熟，也理解了所有你关于青春的定义：

——你的愤怒，我理解。当面对不公、曲解、冒犯，可以有不屈不饶的奋力抗争，但喷涌的热血不能冲毁理性构筑的安宁的精神家园，留下满目疮痍、一片荒凉的心灵废墟。

——你的抱怨，我理解。当内心的诉求与外在的条件存在断裂，我们可以不断地抱怨，但必须以实际行动去改变哪怕是一丁点的现实，然后扪心自问：我该做的已做到了哪些？

——你的失落，我理解。当感叹英雄无用武之地时，当面对计划赶不上变化时，当"关键时刻掉链子"时，荣光与梦想总是擦肩而过。跌宕起伏，才是青春真实的律动。我们可以体验无尽的失落感，但不可以从此自暴自弃，在唉声叹气中堕落沉沦、一蹶不振。

——你的困惑，我理解。现有的知识与阅历容纳不了太多的纷繁复杂与变幻莫测，我们可以有重重困惑，但不可以在人云亦云、似是而非中失去独立的思考和判断的能力。

——你的激情，我理解。那似火的激情闪动着灵光，化枯燥为润泽。我们可以激情无限，但不可以在放浪不羁、随心所欲中失去应有的睿智与谨慎。

四年中，我与你一起成长，共同感悟生命中的点点滴滴。临别之际，如下三点与君共勉：

有一种力量叫做信念。当无法控制外在世界时，我们必须牢坚定自己内心的信念，才能避免随波逐流的痛苦与无奈。有了坚定的信念，我们的内心才能无比坚强，只有内心的强大，生命才有可能创造奇迹。

有两样东西——无论是他人的还是自己的，都是不能亵渎和玩笑的，那就是生命与尊严。生命只有一次，珍爱生命，对赐予生命和点亮生命希望的人永远保持一份感恩；生命因为有了尊严才会变得崇高和洁净，对尊严时刻保持一种敬畏，让其远离名利市场！

犯错有三种层次：一是年轻无知的过失，二是一错再错的愚昧，三是将错就错的遗憾。年轻是犯错的资本，但绝不是理由。年轻意味着有更大的理由去苛求自己实现完满。愚昧意味着面对做同样的事情，自己付出了双倍的宝贵时间和精力。遗憾则是一种彻底的放弃，放弃了自己走向成功的可能！我们不可能没有过失，我们有可能会愚昧，但我们绝不可以有遗憾！

海阔凭鱼越，天高任鸟飞。我坚信，有一天我必定以你为荣！加油！

当突发事件遭遇真情和智慧

作者：邹　雷（上海交通大学医学院）

链接：http://blog.21campus.cn/a/76115

【案例】2009年6月上旬的一天下午，工作了一天的我正准备下班，突然接到一个学生家长的来电：“老师，我家女儿，找不到了，手机也联系不上，怎么办啊？”“又是她！”我心口骤然亮起了红灯。从电话中传来的异常紧张不安的声音中，我预感到事情的严重性，我忙说：“你先不要急，能否详细点？”“最近她一直关注教务网，今天上午从网上查到了那门重修课没过，就发疯一样从家里跑出去，我没能追上，后来就失去了联系。已经半天过去了，我很担心……”我一边听着她的叙述，一边整理着思路。对于面临毕业的学生，这门课没过，就意味着不能按时毕业，也意味着将失去已经找到的工作，这对她的打击可想而知，情绪的异常反应也是正常的。

那么此刻她在哪儿？万一情绪失控怎么办？我第一时间向主管领导汇报了此事，同时设想着各种情况。“她手机开着吗？”我问道，这是我想问的第一个问题，“手机开着但一直没接。”我心中燃起了一丝希望，“你别急，我来试着联系她！”我拨了她的手机号码，通了，但无人接！一次，两次，三次……我的心也跟着悬了起来。5:30 时收到了一条短信：“老师，对不起，我现在不方便接电话。”收到短信后，我悬着的心稍微安稳一点。我立即通知她的妈妈，女儿目前平安无事，同时我马上回了一条短信：“你现在在哪儿呢？”过了 10 分钟，她回信：“老师，我现在心情很不好，想安静一下。”于是我立刻开启了飞信：“你的情况老师已经知道了，老师能感受到你此刻的心情，相信你有勇气面对目前的问题。”10 分钟后我又发了一条：“没接到你的回信老师很担心，你妈妈很担心，希望你能回到她的身边。”

在没有得到她确切的回信后，我的心又悬在半空中了，于是我想到了她的男朋友。我和她妈妈谈了我的想法：寻求她男朋友的支持。一开始她妈妈还有顾虑：她对女儿的男朋友还不很满意，不想求他，另外她还想保住女儿的面子。于是我说：“你的心情我很理解，但此时此刻最重要的是要缓解你女儿的情绪，要有人陪在她身边，防止意外情况发生。让她知道周围的人理解她，没抛弃她，没歧视她。”在我的劝说下，她妈妈终于联系了她的男朋友。7:00 左右，她男朋友传来了消息：“已找到，我会陪着她！”我悬在半空中的心终于落下来了，长舒了一口气。

回想认识她是在大三下学期的时候，当时的她还有七门课程不及格，开学后，两门补考合格后还有五门不及格。面对世界观、价值观、思维方式、学习态度和行为习惯都已基本定型的她，可谓是“铜墙铁壁，刀枪不入”。我该如何面对她，走进她，让她认可我，接纳我，从而接受我的帮助和指导，这是摆在我面前的难题。然而真正让她“听我话”的是在一次考试作弊后。

2008年12月中旬的一个周六上午，她参加英语四级考试。她很重视这次考试，因为这将关系到她能否顺利拿到学位证书。之前我一直督促她好好复习，争取考过，掌握主动权。但就在考试开始后的一个小时，我接到了学院教务处的电话：“你班上的同学考试作弊，当场中止了考试，现在教务处会议室。”于是我立即扔下手中的活，赶往学院，见到了悔恨交加的她，也见到了她焦虑不安的母亲。

在学工部老师的教育和引导下，她如实地讲述了事情的经过：考前几天，她为英语四级考试做最后的准备，做了几套模拟试题后，发现成绩和及格分数始终差几分，为此焦虑万分。眼看自己已进入大四，时间不多了，而且不久前刚签约了一家单位，为了能如期拿到毕业证书和学位证书，为了能顺利地参加工作，她抱着侥幸心理决定铤而走险。事发后，在老师的教育下，她痛定思痛，对这次严重的违纪行为作了深刻的检查，承认这次行为严重破坏了考纪考规。为此她受到了学校的严肃处分。

事发后，她整天躲在自己小屋里，谁也不见。我和她妈妈进行了沟通，她妈妈向我说了她从小就特别注重对女儿各方面的教育，在她的督促下女儿小学毕业时，就通过钢琴十级考试，弹得一手好琴；在她的引导下，女儿初中开始练排球，高中时代表上海队参加全国比赛获奖，是二级运动员；在她的严格要求下，女儿顺利地考上了大学，没想到女儿竟会做出这样糊涂的事！说到这儿，她伤心的泪水夺眶而出。我静静地听着她的倾诉，沉默了一会儿，说道：“错就在于你总是替她设计未来，从没让她自己做选择。”随后，我和她本人进行了一次严肃的谈话：“虽然犯了错误，但要有勇气为自己的行为负责，正确面对学校的处分，积极走好以后的人生。”为此我和她约法三章：(1)为了顺利地完成本学期五门学科的考试、两门学科的重修任务,明天必须返校上课;(2)严格遵守各项校纪校规;(3)认真参加下学期的毕业实习,做好毕业论文和最后一门课的重修考试,争取按时撤销处分。随后,我又找了一位已经直研的同学对她一对一地进行帮助。在她的努力和同学的帮助下,大四上学期的考试全部通过,并取得了历史最好成绩。五月底毕业论文答辩顺利通过。没想到不可测的情况又发生了,但我自信一定能说服她。于是我不断地给她发短信。到了晚上12:00左右,她终于回信了:“老师,放心吧,我会回家的,给我点时间。”

次日早上7:00点,我接到了她妈妈的来电:凌晨两点,在男朋友的陪伴下,她回家了!

【反思】处理突发事件,我感到:稳定情绪是关键。遇到突发事件的首要任务是要稳定学生的情绪,第一时间上报相关上级组织备案,这样如果事件不能在第一时间内得以稳定,就可以动用更多的社会支持系统。上报的同时要实施有效的干预,就像本例中,辅导员的及时介入就是一种有效的干预。其次是寻找恰当的社会支持。当事人的父母和男(女)朋友等是社会支持系统中的第一梯队,及时动用他们的力量也许能找到解决事件的突破口。本例中,男朋友的介入就是一种恰当的突破口。疏导情绪要真诚,情绪得到暂时稳定后,需要及时疏导。要理解学生此时此刻的心情,尊重学生此时此刻的感受,帮助他们进行合理的分析,使学生的情绪得到进一步的稳定。本例中,面对一个考试作弊并要受严厉处分的学生,老师以理解包容的态度教育劝导她,使她内心深受触动,能很快缓解情绪,并投入正常的学习生活。再次是认识问题要到位。学生因情绪发生异常而做出一些非理智行为,往往有其深层次的原因,我们要学会透过现象看本质,看到其内在的需求和存在的问题。本例中,她虽然是因为学位的压力、毕业的压力和就业的压力而做出这种不理智的行为,但其实还缘于家庭对子女的不合理的教育方式而形成的“等、靠、要”的依赖习惯和没有责任心的生活态度。最后是感情积累要智慧。现在的独生子女是很自我的一代,是在“我行、我能、我最棒”的文化熏陶下成长起来的,要想让学生们从内心深处接纳我们,“听我们的话,跟我们走”,

和我们有感情，靠的不仅仅是知识和阅历，更是经验和智慧，是老师自身人格的魅力。我们的学生需要思想上开导、生活上引导、就业上指导、心理上劝导。肩负着重任的我们应从仪表整洁、言语温和、待人亲切、举止优雅开始，从学会微笑、点头、赞美开始，从懂得理解、尊重、关怀开始，做一个有风度、有品位、有修养的人，用我们自身健康的人格引领学生的健康成长。

不要成为“习得性无助”的人

作者：赵 静（上海对外贸易学院）
链接：http://blog.renren.com/blog/241321098/465688195?frommyblog

写这封信的目的,既源于现实中你们的危机,也为走向一个“新我”的理想所激发。我并不知道你们的假期是怎么规划的,但是,有时希望你们能适当地“无插头”地生活,能静下心来,远离网络,远离诱惑。

如果你们生活的酒杯里盛满了躁动的成分，那么就无法一心一意地做一件事情，哪怕是一件小事。请不要为这次考试的结果留有任何余地，任何理由都苍白无力，没有努力是你自己造成的，没有学分的后果也要由你自己承担。

如果你们为了改变现状而制定一些计划，那是值得肯定的。但是我想提醒你们，在这些计划的实施中请你们避免“计划陷阱”。有这么一种现象，我暂且把它称为“计划陷阱”：为了克服某种状态而采取一些措施，过一段时间后，状态死灰复燃，结果是该种状态和为了克服状态所采取的措施一起强化了原来的状态。

另外，我想说，健康的范畴除了身体、心理以外，还包括道德以及社会适应能力。大学是社会的一个子系统，社会是个多元的大系统。“童鞋们”经历了一年的大学生活，是否已经适应了呢？即使你已经适应大学这个相对简单的系统，能否保证你能真正适应社会呢？

在大学里，书本的学习是基础，但是远远不够你去适应社会。在完善知识结构上，除了学习书本知识以外，还要善于利用一切共享资源，如图书馆、讲座等。那么，光靠知识结构的储备能否适应社会工作呢？答案是否定的。好比电脑一样，储备功能也仅仅是个工具。如果人活着仅仅成为一种工具，那是悲哀的生活。

所以，在大学里，除了学习外，最重要的事情，就是一定要树立"个体的意义"，人有了意义后，才有真正的价值。这种意义的确定，之所以要及时完成，原因在于"你一旦不自己定位，那么你就会被别人定位"，这种后果必定是由于你缺乏自我主宰生活的控制权（"习得性无助"）。在意义的树立或者寻求过程中，你难免会发现自己缺乏适当的程序来适应目前的生活，比如人际关系、团队协作、婚恋知识等。当你发现自己滞后于生活时，请及时安装或者更新程序。学会了这一点，无论以后社会如何变化，你都能顺利适应。随着自我调适的不断成功，你的生涯规划也会越走越宽。拥有这些能力，才能够让你活得更健康。

礼　　物

作者：石莎莎（上海交通大学）

链接：http://blog.sina.com.cn/s/blog_67c5bc9a0100mchu.html

虽然我正式入职才4个多月，可被学生们亲切地叫作"老师"的时间却不止这么短。从支教时在讲台上面对贫困山区45双清澈单纯的大眼睛，到读研期间担任2008级医科类58名学生的班主任，再到毕业后成为780名电子信息与电气工程学院2010级新生的辅导员，这条路已经走了5年。其中虽不乏辛苦与低沉，但回想起来，充盈于心的更多的是感动与喜悦。

每个老师都有自己的为师原则，对于我来说，自己坚守的其中之一是坚决不收学生与家长的礼物。但是，却有这样一些特殊的"礼物"让我不能忘怀。

2005年的8月，我刚到甘肃。因为是山区，很多孩子早晨要走很长的路来学校，午饭也只能在学校里解决。这里严重缺水，蔬菜很少，所以孩子们的午饭就是黑黑的馒头，吃了几口后就要到水龙头那里接水喝。我看了于心不忍，但也只能带了开水瓶到教室里告诉他们不要喝生水，或者是在讲台上更努力地把自己知道的知识告诉他们。一天中午，一个孩子神秘兮兮地跑过来，趴在我耳朵边上说："姐姐，我带给你一个好东西。"然后把我拉到旁边，笑嘻嘻地给了我一个西红柿。这个我们生活里最普通最常见的蔬菜，可在他们眼里却是献给老师最珍贵"礼物"。

后来我支教结束要离开那里。走的那天早上，还在洗漱，就有孩子在外面敲门，我打开门，小班长塞到我手里一个东西，匆匆地说："这是我们班学生给你的。"转身就跑了。她塞给了我一个手链，我认得出这是哪里来的。这里的孩子虽然贫困，但是小女孩仍然爱美，手腕上挂了用各种彩色珠珠串成的手链，有的脖子上也挂了绿色的或者粉色的塑料小牌牌。她们给我的这个手链，就是小女孩们从自己的手链中取下来一颗她们认为最美的珠子串成的。在我看来这是我收到的最美的"礼物"。

后来读研期间我开始做兼职班主任。大学生和小学生自然不一样，他们有更多的想法和自己的个性，我也常常需要面对更多的问题，闲下来的时候会思考会怀疑，自己的工作有没有得到他们的认可。大概在2009年12月，有一次和一个女学生聊天，她忽然问我："老师，你有没有听到那首歌？""什么歌？"我很奇怪地问。她有些失望，告诉我，有天晚上，她们宿舍一起听广播，听到点歌台，就集体为我点了一首歌，名字叫《无与伦比的美丽》。这首歌我虽然没有听到，但是我相信，我对于他们，还有他们对于我，都是"这个世界上无与伦比的美丽"。

现在我毕业了，成为了一名真正的老师，不再像自己是一名学生时，听他们叫我"老师"时会脸红，坚持让他们叫我"莎莎姐"。现在2010级的学生入校了，他们开始非常正式地叫我"石老师"，而我却更怀念自己被围着叫"莎莎姐"的日子。刚开学即到中秋节，我们学校的惯例，中秋节每个学生发两个月饼，生活委员领回去大家统一分。有天晚上我正在加班时，有个学生在外面探探头，我问他怎么了，他很不好意思地走进来，说：“老师，您还没下班呀？”然后跟我说，“刚刚发月饼，有个学生还没来报到，所以多出来两个；同学们说一个给班主任，一个给辅导员老师，于是就让我给您，我刚刚在学院开社团会议，就顺路过来看看您在不在。”然后他把学校发的月饼给我，坐下来和我海阔天空地聊了半个小时，聊初入学的感受，聊自己的人生理想，也聊自己的困惑迷茫。走之前，他说：“我们以后可以叫您‘莎莎姐’吗？这样比较亲切。”于是这个月饼，这个亲切的称呼，便成了我不能拒绝的礼物。

支教只有2个月，做2008级的班主任只有1年零7个月，做2010级的辅导员也可能只有未来的四年。虽然师生之缘只有短短数月或数年，却留给了我无数无法抗拒的“礼物”，留给了我可以延续一生的感动与感激。

我想，其实学生们才是我生命中最无与伦比的“礼物”。

生涯导航

大学生就业前的“三大准备”

作者：蒋忠勇（上海师范大学）
链接：http://jia-yuan-11.blog.sohu.com/170918539.html

大学生就业难问题，目前社会上非常关注，对于其成因、表现及对策，观点很多，分歧也很大。有人说是政府的问题，呼吁要适应形势，不断完善就业政策和体制；有人说是就业市场不规范，人才培养与市场需求脱钩；还有人认为是就业观念出了问题，大学生要树立“先就业后择业”、“行行可建功、处处能立业、劳动最光荣”的思想。这些观点都是正确的，需要社会各方面的共同努力。那么大学生们面对严峻的就业形势该怎么办？

从事高校学生管理和就业指导工作以来，很少听同学们从学业和自身能力角度剖析为什么会被单位拒绝，而更多的是在抱怨竞争激烈、条件苛刻、没有门路等。不少学生从上大一就开始跟着学长们随声附和就业难，彷徨了4年，建立而又放弃了一个个远大目标后，毕业前开始游走于各大招聘会，四处碰壁，简历很多变成了废纸。静下心来想想，我们究竟为就业准备好了吗？也许是老生常谈，但我还是想说，大学生要为就业好好准备一番，而且要早动手。

一是在思想上做准备。心中要有个规划，大学毕业后去干什么，也许这个规划是肤浅的，但它是个方向，要经过不断修正，努力去实现。在择业的路上，充满荆棘和坎坷，要有面对困难的勇气和战胜困难的决心。当然，还要在思想上准备好应对未来工作中的各种情况。在学校里，有老师指点，有同学帮助，100分的知识学会六成也能及格过关；而在社会上，一项工作交给你独立完成，没有及格与不及格的标准，只能拼命干好。

二是在知识上做准备。大学学业，一刻也不可放松。有一种说法，认为在学校学的知识过时了，工作用不上，没有必要花费精力，工作后边干边学就行。这种思想害人不浅，没有知识的沉积，没有良好的学习方法和自学习惯，就算在工作中边干边学，也是在修筑空中楼阁。多少次在招聘会上，看见那些苛刻的人事主管们，把求职者词藻华丽的自荐信搁置一边，直奔主题寻找英语等级证书、奖学金证明，到那时你再抱怨用人单位过于看重分数又有何意义？知识储备还要抓紧时间，一位大二同学告诉我，毕业后想去应聘程序员，大三下学期准备开始学习几种编程语言，问我这个目标可行吗？确实，她明确了目标、制定了计划，但为什么不从现在开始，非要等上一年呢？

三是在能力上做准备。能力是逐渐培养出来的，上大学这几年，抓紧时间学知识之外，还要有目的、有针对性地多参加一些社会实践活动，培养锻炼自己与人沟通、待人接物、团结协作等方面的能力，早日适应未来的工作。大学生活，转瞬即逝。择业路上，愚者等待施舍，智者则提早准备。就业形势严峻，我们无法逃避，只能主动出击。

毕业生休整期不能"冬眠"

作者：王　业（上海交通大学）
链接：http://fhrl-wy.blog.sohu.com/164988936.html

按照中国传统的工作节奏，每年的1–2月，各个用人单位都进入了旧年度的工作总结和新年度的规划展望阶段，人才中心或各单位的人力资源部也纷纷着手对入秋前后招聘的新人拟定体检时间、拟办聘用、培训以及定人定岗的规划了，通常这个阶段的招聘工作基本降温了，对于高校毕业生来说，1–2月间也就进入了休整期了。

所谓休整期，就是休息调整阶段。进入休整期的毕业生通常有三种状态：一是已经实现了规划目标（考研升学、出国深造、签约工作）；二是手拿数个offer尚在观望之中；三是依然徘徊在求职大军之中。高校毕业生无论处于哪种状态，休整期都不能用来"冬眠"，利用"休整期"做好自身职业生涯的调整，迫在眉睫。

首先，休整期可用来提高技能。当全日制的教学单位进入寒假的时候，很多资格培训和进修机构则进入了如火如荼的招生阶段。对于一些因各种原因而错过签约或者尚未申请到国外好学校的毕业生，可以好好利用这个寒假加强集训，增长自己的能力，提高自身发展的条件，或去恶补语言的训练，或去恶补留学的咨询，或是准备来年的类似于雅思、GRE、托福、教师资格证、会计师、培训师、司法等各种水平测试和资格证的考试。

其次，休整期可用来提速冲刺。对于那些已经和单位明确签订了就业协议的毕业生，不妨利用休整期做一份细致的计划，为即将完成的毕业设计（毕业论文）提高速度。比如，之前求职、面试消耗了一部分时间和精力，现在将集中精力、认真投入，让自己尽早完成毕业设计（毕业论文）；同时，也为自己尽快从学校人过渡为社会人制定相应的措施，比如，在认真进行毕业设计（毕业论文）的前提下，还应在校友、学长，摄取一些与未来工作相关的信息，让自己提前了解、提前学习、提前准备，以求尽可能地缩短适应期。

最后，休整期可用来调整身心。对于一些已经明确实现了规划目标的毕业生，要利用这段"休整期"做好身心的调整。对于大部分高校毕业生来说，这一个寒假将是自己作为学生的最后一个寒假了，即将成为职业人的你们，将来能够安心地享受和父母在一起共度假期的时日越来越珍贵了，所以，利用这个休整期好好和长辈们团聚，从亲情和心灵上给长辈一种慰藉，也让自己更加明白，走入职场，是自己成长过程中的一次美丽的蜕变，是开始懂得反哺和承担责任的开始。与此同时，认真地为自己制订一份科学、合理的锻炼计划，然后坚持锻炼。为自己将来能够从容、自如地应对紧张激烈的竞争而准备一副健康的体魄和充沛的精力，是非常关键的。

每年阳历的1–2月份正逢中国传统农历的岁末，经历了一年的努力和奋斗，在这岁末年初的喜庆中，人们通常更愿意尽情地享受过去一年来收获的喜庆，更愿意满怀对未来期望的美好祝福。单位招聘进入了休整期，学校也进入了寒假阶段，如果毕业生们能够利用好这一珍贵的时段做好调整，为来年做好充分的能力和心理准备，相信未来的一年一定又是一个丰收年。

充分投入是展示自己优势的前提

作者：王　业（上海交通大学）
链接：http://fhrl-wy.blog.sohu.com/164988936.html

硕士小江今年三月份毕业于某市属高校建筑学专业，受聘于一家建筑设计院，到现在已经工作了四个月。由于小江在学校的专业能力非常出色，深得导师欣赏，读书期间在导师的推荐下，每周两次去一家设计院实习。除了上课和实习，其他时间小江基本上都扑在图书馆里，阅读了大量的与专业相关的资料，以填补专业知识的不足，所以，小江到单位后，一经培训上手很快。两个多月以后，领导就带着小江开始跑单位，机灵的小江坐在一边认真倾听领导和客户之间的谈话，一边认真做好记录，对于客户的意愿回来独自揣摩。遇到领导想要回顾会谈中的某个数据，小江立刻就能提示。有一次，领导试探性地征询小江的看法，小江也很注意谦虚地、有分寸地表述自己的“拙见”。几次下来，部门的几个领导对这个勤奋、灵活、钻研而且懂得沟通的新人开始了关注。正值此时，单位接到一个大的工程设计项目，缺少人手，领导就把还在接受入职培训的小江抽调出来，参与了新的工程设计流程。

同时，进入这家设计院的硕士小孟，虽然毕业于名牌大学，可入职后却总是漫不经心，得过且过。同样接受了四个月的培训，进步速度反而不及市属高校毕业的小江，状态也不够积极，于是领导对他也没有太多的注意。小孟受到如此“冷遇"，心里觉得很不公平，整天抱怨自己运气不好，没有遇到真正的伯乐。

当真是小江有人缘，而小孟运气不佳吗？事实并非如此。

当初，此单位只是小孟垫底的一个单位，只因一直没有收到自己期待的另外两个单位的offer，眼看自己就要"校漂"了，所以才勉强地进了现在的这家单位。因为心不甘情不愿，入职后，小孟一边参加业务培训，一边复习功课准备来年的公务员考试，心有旁骛，所以也没有把很多的精力放在业务的钻研上。

也许是毕业于名牌大学，入职后，小孟也曾受到领导的特别关注，也曾被领导带出去走访客户，可因为他的角色感不强，对座谈和交流毫无感觉，回来也没留下什么印象，更谈不上有思考和心得。几次下来，领导对他也就失望了。

现在，像小孟这样的大学毕业生，还真不少，他们有着一些共同的心态：

1. 希望速成。大多数新人入职后，什么机会都想要，既想有机会继续提升，又想在众多的新人中脱颖而出，所以非常希望能有表现自己的机会，更希望通过自己的优秀表现尽快得到领导的认可和重用，积极性是值得肯定的，可他们忽略了一个道理，那就是：从职场适应到成熟不是一蹴而就的，需要经历一个奋斗的过程。其实，用人单位何尝不想招来人马立刻就能拉上岗使用？可学校里所学的知识只有通过入职和专业培训，才能投入到实际的工作中加以运用；除此之外，心理角色的过渡也需要一个阶段，学校人的心理状态和社会人的心理状态有很大的距离，换位思考、待人接物、工作责任、思考能力、对单位文化的认同和人际关系的融洽等，各方面都有待于训练和磨合。有些新人为了表现自己，好高骛远，眼高手低，不踏实，结果欲速不达。

2. 盲目自信。从小一路走过来，接受的都是鼓励式教育，认为"自己就是精英，是天之骄子，我就是最好的！"其实也不能怪他们，现在的学生都习惯了表扬和鼓励，对自己充满了自信。正常的自信是必要的，可盲目自信则容易阻碍自己客观地认识自我，认识世界，会让自己看不到别人的长处，看不到自己的不足，丧失了评价他人和自己的客观性。如今，"出生"论已不再作为发展的"决定"论了，毕业以后，大家齐刷刷站在入职这同一根起跑线上，学习态度、学习能力和专注投人，将决定自己能跑多远、跑多快。毕业于哪所高校只是你的基础记录，伯乐更关注你现在的表现是否出众，是否有跑千里、万里的素质和潜力。

3. 受挫自弃。因为缺乏对职场的了解，所以，新人往往更容易感受到挫折。目前，用人单位普遍反映，新人入职后一旦发现别人强过自己，不是反省自己的不足，实事求是地在自己身上找差距，而是捶胸顿足、妒火中烧，他们偏执地认定就是因为对方有后台、有人挺……总之，将自己没有获得相应的机会全部归咎于对方，不但不能正确认识自己的不足，而且也听不进他人善意的劝告和建议，整日怨天尤人，甚至产生自暴自弃的情绪。

新人要想展示自己的能力，首先要明白“机会总是为有准备的人准备的”这条职场铁律。“有投入不一定有产出，但不投入肯定没有产出”，机会背后的耕耘少不了踏踏实实的努力，只有做足功课，只要有机会出现，就可以随时展现最好的自我。如案例中的新人小孟那样，抱着侥幸心理、投机取巧，没有足够的努力，没有厚实的积累，即使有机会也无法展露自己的优势和精彩，到头来只会让领导失望，让自己羞愧。

摆正就业心态

作者：单颖文（复旦大学）

链接：http://fhrl-wy.blog.sohu.com/161221315.html

写在最前面，我想说，“羡慕”这个词从未在我的字典里出现过。首先，正如家家都有本难念的经，我们看到的总是别人光鲜的一面，而我相信，每个人都有自己才知的苦衷。其次，每个人都是独一无二的，在这个世界上，没有人可以被复制，所以你不会样样都不如人，你总有比你所谓羡慕的人优秀的地方。

这个学期，大家都面临毕业的压力，不怎么好的心态似乎成了大众心态。

有人说，羡慕那些直研的同学，在我们奔波忙碌的时候，他们似乎是最先定下的那一群。如果这样，首先请你问问自己，我是不是想直研呢？如果不是，那你为什么要羡慕那些拥有了你并不需要的东西的人。如果是，那请你扪心自问，我是不是在学术、成绩上比直研的同学优秀？如果不是，那说明别人做了比你更多、更久的准备；如果是，那或许你的定位和评委的定位有偏差；也或许不如你的那些个别人，在你没有努力的地方努了力。

有人说，羡慕那些有了offer的同学，无论怎么样，好像他们比自己顺利，比自己好运。如果这样，请你先问问自己，他们的offers是你想要的么？首先，撇开自己的因素不说，我不能说所有的竞争都公平、公正、公开，否则"恨爹不成刚"不会这样快地流行起来，但至少，从中你可以有一些自己的判断。一个要录用"李刚子女"的地方，你挤破头进去了，当下可能是开心的，但是长久来看你会工作得快乐吗？进而再想，这些人的offer，是你综合考虑个人兴趣、薪酬待遇、辛苦程度、工作地点、长期发展、名誉地位等，想要的第一份工作么？如果不是，你又何必苦苦追求呢！如果是，那同样道理，你不能成为offeree，可能是因为你不是人家想要的人（包括over qualified），或者你准备的不如offeree准备的充分（无论是性格cases这样的长期准备，还是面试笔试前的短期突击）。

出国，似乎需要一个比较长的准备周期，目前大家应该都还没有"神马"定论。但同上的是，你如果不想经历出国的种种繁复准备以及今后的奔波适应，你就不要在人家有闪闪的offers的时候不停BB。

对于有offer的同学，我想说，大家也要摆正心态。很正常，大家对于自己的offer总会有种种concern，这跟找男/女朋友一样，没有一个人是为你而生的，就好像没有一个工作能令你感觉十全十美一样。有钱的可能很辛苦，不辛苦的不一定发展前景好，发展前景好的不一定没有第三方阻力（比如父母对于工作期望给你的压力），没阻力的不一定喜欢，喜欢的不一定location好，location好的不一定名头响，名头响的不一定有钱……对于工作，你总是能找到不止一个不满的理由，但这就是现实。有时候，我们要想想，对于工作，最吸引我的是神马，而我最不能忍受的又是神马。如果最吸引你的点在你的offer中能强力体现，那我相信至少在一开始你对工作会有热情，可以enjoy；如果最不能忍的点在你的offer中所占比重太高，那我会建议你不要考虑，将来工作心情还是很重要的。当然啦，如果你特别能忍，那就另当别论了。

对于"面霸类"的选手呢，我想提醒一下，一是offer只能毁一个，所以不要现在面得high，到时候多了不少鸡肋的负担，不知如何取舍；二是人的精力毕竟有限，我希望你们能想清楚你真心要什么再去争取，不要什么都争什么都抢，如果你只是想证明自己的话，可能别人一个offer就可以压倒你的一片鸡肋。

最后，想说各位加油吧，今年的就业形势还不错，相信我们都会有好offer的！

"营销"好自己

作者：胡根芳（上海建桥学院）
链接：http://blog.21campus.cn/a/156990

前几天听得一条新闻：日本大学生逃避就业，近8万人选择留级！为了避免成为失业"浪人"，更重要是为保住"应届毕业生"的身份，日本的大四毕业生开始选择一条无奈的缓兵之计——留级。这世界当真快疯了！问了问公司里的毕业生，他们会不会选择留级，答曰：如果没找到工作，又考不了研，估计也会考虑。

如今的就业形势的确严峻，但就此要选择留级的极端方式，也实在令人匪夷所思。在我看来，就业的第一步，就是如何"营销"自己。

如今的人才市场，供大于求，到处都是所谓的人才，其实，真正缺少的是持有特长的"专才"，因此个人营销的第一步就是如何定位你自己？定位就是牺牲，别把自己形容得十全十美，而是应该一针见血地说明自己的专长所在，必须抓住最重要的关键字来营销自己。

个人的关键字可以来自于"产品"本身的属性，即人的特点、性格。比如，周立波的"头势清爽"以及"春哥"的中性风格，都是出自于"产品"本身很明显的特质。每个人都会有一个明确的定位，比如善良、细心、犀利等，当我们必须要营销自己的时候（比如面试时），就必须强化，甚至强化自己的定位，因为要给人第一印象只有一次机会，你必须用强烈的手段给人留下深刻的印象，而这个印象就必须是你自身最大的优势，即你自己的定位！我看过很多人的简历，什么都写，什么都说，到最后等于什么都没说，什么印象都没有；反而是那些"专才"才会留下深刻的印象。

如果你来面试文案，洋洋洒洒写了一大片你对广告的狂热和憧憬，却丝毫不提你擅长的文案是哪种类型，究竟是能写感性的还是写理性地；究竟是能写新闻稿还是能写商品软文，那我如何用你？而你提供的作品又是十样俱全，什么类别都有，什么类别都不突出，感性的打动不了我，理性的又说服不了我，我又该如何聘你？

与其这样，还不如强化你最大的卖点来营销你自己！

我们不相信天才，天才就该留在天上，我们更需要的是专才，或者说，所谓的天才，只不过是"专才们"成功后的新名字，是靠脚踏实地的坚持，拼搏出来的。

个人的关键字更需要和社会需求、职业需求等诸多因素相联系。比如，奥巴马在竞选总统时只提了一个关键字：CHANGE！但这个关键字正是符合了大多美国民众急需改变的社会需求，因此实现了美国历史上第一位黑人总统的奇迹。

奥巴马竞选的成功相比较于他的对手，他还赢在了聚焦。他时刻强调了"CHANGE"的重要性，及他自身将为此做出的努力。他的每次演讲，每次活动，都在不断地重复这个关键字，不断强化了他在美国民众心目中。立志改变美国现状的形象。可见，关键字的坚持对个人营销中的重要性。

因此，对毕业生而言或者对职场人士而言，当你在考虑自身定位的时候，必须融合社会需求，但是，我所指的并不是个人需求一味地去迎合社会需求——当人们都忙着开发电脑软件时，你就该去学点外观设计，为电脑创造更酷更新的外观造型，毕竟用电脑的人多了，买电脑的人就会增多，个性需求就会增多，电脑的外观设计就会被逐渐重视；当人们都忙着学开车的时候，你不妨先去学点修车，毕竟开车就意味汽车损耗、事故，维修会增多，相应地就需要更多的人去维护；当大家都在说自己是著名的某某某时，只有郭德纲说自己是非著名相声演员，但市场却偏偏火了这个“非著名的”……就如同我以前说过的：人走我不走，才能杀出新血路。万事随大流之前，先反过来想想，有没有别的路可以走，会不会走得更好点，这时再做决定也不迟。

我始终相信天道酬勤的真理，但目前随着就业压力的与日俱增，坚持和努力仍是需要的。“80后”、“90后”的毕业生除了要摘掉“草莓族”的帽子外，还要好好学习一下营销学，好好给自己做个定位，认真地把自己“营销”出去。

愿意做蚱蜢还是蚂蚁

作者：蔡晓月（复旦大学）

链接：http://blog.eastday.com/better

十年前，某世界500强在组织小组面试时，让求职同学共同讨论一个故事，那就是：蚂蚁和蚱蜢的故事。

蚂蚁一生兢兢业业、勤勤勉勉，临终前衣食无忧还有大房子，躺在床上对子孙说，我终于没有白过这一辈子。

蚱蜢一生风流快活，纵览大好河山，尝试各种职业，临终前回忆着自己一生的传奇经历，躺在床上对自己说，我终于没有白过这一辈子。

讨论问题是：你愿意做蚱蜢还是蚂蚁？

记得当年我的同学说愿意做蚂蚁，最后的求职结果就是“杯具”了。因为马克思曾经说过，资本主义企业都是希望雇佣任劳任怨的劳动力的。

十年过去了，回顾这个故事，我突然发现它其实意味深长。

蚂蚁一工作就为了房子，买了房子要还贷，一生并不是被"资本家"所雇佣，而是被房子所雇佣。

蚱蜢一直也没有买得上房子，房价上涨比储蓄增长的速度快，总是差那么一点点，于是只得租房子。这一租就是一辈子。但是他也乐得没有约束，可以不断地变化工作与城市，体验不同的生活，做一个自由的灵魂。唯一的缺憾就是，蚱蜢总是会被误认为"盲流"，被居委会大妈们bs，尽管他遵纪守法按时足量纳税，却成了蚂蚁们的反面教材。

这就是十年后蚂蚁和蚱蜢的故事。

不知道再过十年这个故事会怎么样？

蚂蚁永远只是勤奋的好员工，而蚱蜢的可能性却没有穷尽，就看他是否坚持自己的理想与信念。

送给职场新鲜人

作者：王永林（东华大学）

链接：http://blog.21campus.cn/a/228684

四年前，我毕业工作，算来也已经有些工作经历了。自己有过新人的经历，也看到了其他新人的表现。在我看来，包括我在内的所有新人的经历，都有很多共通的东西，我想，这些东西总结出来，就是新人必须面对却经常会困惑的问题。

第一，越有能力的，通常陨落越快。我说的这种有能力的，是指个人能力突出，同时具备非常强的表现欲望的那种人。很多新人到工作单位，第一时间想展示自己的才华，怕别人不知道自己有能力，同时也就犯了第一个错误。才华是要展现的，但要用别人愿意接受的方式。这是个很大的话题，非得需要慢慢去了解才行。整体上说，才华要在合适的时候合理地展露，才能既不招妒忌，也不招轻薄的评价。其实，任何单位需要的都不是有才华的人，而是最适合的人。

第二，不要比老板聪明。不要比老板聪明是职场最大原则。第一，你真比老板聪明，老板的面子被你弄没了，后果会很严重，或者老板压根儿就容不下一个比他聪明的人。第二，你其实并不比老板聪明，这种情况最常见。刚入职场的人，看到一些事情不合理，就觉得老板很笨，其实不然。你可能根本不知道一些事情为什么是那个样子的，比如说某些事这么做明明效率很低，但老板要求必须这么做，却不知道这其中是有道理的。很多老板确实不聪明，不过即便如此，你也不能比老板聪明——如果需要你比老板聪明的时候，还需要好好考虑怎样让老板仍然觉得比你聪明——至少，让他觉得他知人善任，会用比他聪明的人吧。

第三，不要轻易下结论。在事情的前因后果没有弄清楚的时候，就轻易地下结论，这是新人的通病。面对一个流程、一个工序、一个安排，看起来明明不合理的时候，就直接评价说不行，这是新人经常性的做法。在没有完全了解情况的前提下，就轻易下结论，后悔的只能是自己。

第四，不要轻易评论人。世界上最容易的事情，就是上嘴唇碰碰下嘴唇。对于新人来说，相当一段长的时间内可能都弄不清楚单位里每个人扮演的角色，因此如果轻易地去评论，吃亏的只能是自己。一个深藏不露但意见举足轻重可以影响大局的人是比较难于发现的，可是这样的人在任何组织中都是存在的，很多人却一直看不明白这一点。人与人之间的关系是怎样的，可能你很长时间才能知道。当着一个人的面说另一个人，很有可能不久便会广泛传播，再经过各种扭曲歧义，最后造成无法挽回的后果。其实，在任何时候评价人都是不明智的，如果当着一个人的面评价别人更可怕。如果别人在谈评论人的时候，作为新人最好的方法是远远走开，让爱议论的人自己去议论，你远远地避开，这样就不至于不知不觉惹上麻烦。

第五，不要比老板还着急。到了工作单位后，最先发现的也许并不是单位的向心力，而是离心力。很多人在单位不求上进，浑浑噩噩，糟蹋公家的钱却不干正事。这时候，很多新人开始着急，觉得他们这样做怎能行，于是愤愤不已，比老板还急。其实，也许这种情况老板是知道的，或者干脆就是老板在养的闲人。但很可惜，无论是哪一种，这些都不是新人需要关注的问题。当你比老板还急的时候，估计就是被这群无所事事的人当靶子的时候，你的痛苦时刻也就到了。那么，我们需要的正义感呢？请记住，在没有保住生存前，最大的正义感就是你需要坚强地活下来。只有活着，才有改变现状的可能性，虽然这也许要等待很长时间。

第六，要尊重老资历的人。老资历的人很有可能会倚老卖老，这是新人最痛苦的事情。很多老资历，几十年还待在最基层的岗位上，这肯定存在这样或那样的原因。很多人新来的时候，以为老资历意味着修养高，其实也许恰好相反，，否则他们就不会是老资历，而是领导了。很多老资历的人不做实事，这很正常。其实，他们的做派老板都看在眼里的，连老板都不轻易敢怎样，新人能做什么？工作中，难免和老资历产生不同意见，可以很肯定地说，很多老资历为人都不大度。和老资历发生冲突，那是最糟糕的事情。遇到这样的情况只有一个选择：忍让。否则，自己的工作生涯会很难过。不过好在老资历的人中，有很多只是心累了，不愿意争名利，但内心其实有正义感，愿意提携和帮助后辈。这样的老资历，多多益善，更需多多尊重。

第七，避开任何公开化的冲突。宁愿惹恼君子，绝不得罪小人，这基本上是大家的共识。因为是小人，所以小人，撕破脸皮的时候有些事情他做得，而你做不得，如果你做，那就一定会吃大亏。在小亏和大亏面前，遇到小人时，宁愿多吃点小亏，也别惹了大麻烦。另外，遇到某些人的公开挑衅，也要保持足够的克制。和小人计较的人，或许大家会希望你好好收拾他一番，但更多的是，大家只是在看热闹。从逻辑上来说，愿意和小人计较的人不也就是小人吗？这即意味着，只要应对公开的挑衅，自身的所有形象就彻底全没了。作为一个新人，还是多忍耐些吧。公开化的冲突没有一点好处，只会让人把瞧不起引到自己身上来。相反，面对挑衅一笑了之是最好的回应。挑衅最怕的不是接受挑衅，而是不理睬。是非公道，自在人心。

第八，随时做好被非议的准备。当你想有所作为时，你就需要知道，大量的闲言碎语会伴随着你的每一点成就。你做得有多好，就要承受多大的压力。很多新人受不了闲言碎语，在还没有放出亮光的时候就熄灭了，之后选择一条默默无闻的道路。其实，与其说这是机遇问题，不如说这是心理能力问题。干多大的事，就得预备好顶多大的压力，生活从来如此公平，自己愿意放在天平上，就必须承受这种议论的重量。不要怨天尤人，总是觉得世界和你做对。世界不会和你做对，如果你这样去理解别人对你的非议，或许这就是你进步的动力了。

第九，交志同道合的朋友。所谓工作，就是和一群人共同做一件事情。如果这群人都是你的朋友，沟通成本是最小的，相互之间的宽容会使得合作变得简单，误会减少，效率也会相应提高。先做朋友，再做事，这是一个非常聪明的方式。很多人并不懂得这个道理，把自己的职业弄得特别职业化，上下级森严，不同部门不交流，弄得大家都很累，却没见什么效率。古人云，道不同不相与谋。作为一个新人，我们可以先交那些志同道合的朋友，共同面对事业，用多双手撑起天空，岂不比一双手高得多？而那些道不同的人呢，我们交不了朋友的时候，再谈怎样做事吧。多一个朋友多一条路，多一个敌人多一堵墙，这是谁总结的，多么精辟的论述哦。

一个人刚刚参加工作，除了技能上的欠缺外，为人处事方面的欠缺恐怕更是不少。以上的原则，基本上都是新人最容易犯的错误或者想不通的事情。想不通没关系，可以慢慢想，很多事情非得亲身经历才有深刻的体会。不过，既然读了我的文章，也希望你们少走弯路，尽快进入事业高速发展的时期。

话说招聘市场

作者：孙雅艳（上海师范大学）
链接：http://blog.sina.com.cn/s/blog_4a5d658b0100050o.html

进入大四，大家都面临就业的压力，也将参加各种招聘会。近年来、各类招聘会可谓铺天盖地，让人眼花缭乱。有些人会觉得参加招聘会肯定不会有太多的希望，但是也不乏成功的例子。我的同班同学，现在徐汇区教师进修学院附中工作，当初就是通过学校在西部球类馆举行的一次招聘会，在大家都没有看好的一个摊位上，投了简历并取得成功的。我始终相信，机会总是留给有准备的人的。那时候大家都不是很看好的一个初中音乐教师的职位，她通过一轮又一轮的面试，最后进入了这所学校。那时候上海已经控制外省市生源进沪了，但是招聘单位还是为她办理了入沪手续。虽然这个过程听说很麻烦，最终还是成功了。现在她在工作岗位上得到学校领导的认可，成为音乐学科的骨干教师。

之所以举这个例子，是希望大家进入大四就要做好充分的准备，不要放弃任何一个机会。有些看似没有机会的机会，只要我们努力去争取，也很有可能会创造奇迹。只要你始终相信自己，始终用自己的努力去争取去拼搏，你就很有可能会成功！

再来讲讲大四会遇到的一些招聘市场的信息。可能有些同学已经发现，在你们还是大三的时候，我就常买人才招聘的报纸来看。我比较关注我们专业的相关的招聘信息，但是说实话，很少很少。我们这个专业的市场需求量很小，所以在招聘会上大家不能钻牛角尖。如果所有和自己专业无关的信息都不关注，或许你将错过很多潜在的好机会。择业和就业之间是辩证的关系，大家不能一味地"择业"而使自己错过了"就业"。

每年上海市都会组织很多场的招聘会，有时也会分各种不同专业的专场，虽然竞争比较激烈，但我建议大家都去看一看、试一试。这类大型的招聘会门类比较齐全，有很多的岗位，也比较权威。当然还有其他很多的招聘活动，大家只要有时间有精力，都可以去看看。

学校也会联系一些用人单位来校开招聘会，这些专场就比较有针对性。来的单位对我们学校较为熟悉，我们也知道他们的大致需求，大家可以有的放矢，做好相应的准备。

如果有机会，我也会联系一些单位，主动向它们推荐我们的毕业生。如果我们家长有这方面的信息，烦请也告知我们的同学！

总之，希望大家都能顺利地找到让自己满意的工作。如果遇到什么问题，大家可随时联系我，我们一起商量！

假如你想做辅导员

作者：孙雅艳（上海师范大学）

链接：http://blog.sina.com.cn/s/blog_4a5d658b010005fb.html

今天在博客上写了好多文章，竟然一回车就全没有了，有些郁闷。但是还是有很多话，有很多想告诉大家的东西，虽然写这些有些耽误时间，但是只要能对同学们有帮助，哪怕仅仅是对一个人有帮助，我还是愿意去做的！

最近这几天和同学们互动很多，我的QQ已然成了咨询热线，有时候甚至都忙不过来。但是那种气氛很让我乐在其中，如果能给大家一点帮助，我会很开心！

今天想和大家交流的是关于应聘高校辅导员工作的相关问题。

首先，在思想上要有正确的认识。

1. 辅导员的工作较为琐碎，有时就像保姆一样。如果你有这样的思想准备，真的热爱学生、热爱学生工作，可以努力去争取！

2. 辅导员与学生生活在一起，会比较操心。和学生同吃同住，有时还要应对突发事件，所以要有吃苦耐劳的准备！

3. 辅导员岗位的竞争较为激烈。目前，高校辅导员工作逐渐得到社会各方面的关注和重视，许多硕士生，甚至是博士生，都加入到竞聘的行列，本科生受聘的机会越来越小。

4. 本科生要学会表现自己。在求职过程中，只要有一丝机会就要努力去争取，不要觉得本科生没有机会了就无所谓，对自己要有信心，要抓住机会充分展示自己的优势。

其次，在应聘中要有科学的技巧。我觉得这一方面可以做以下几方面的努力：

1. 要多方面多渠道地了解各方面的信息，主动推销自己，敢于去竞争。如果有机会去实习或者兼职，一定要去。刚开始可能会很辛苦，但是只要你热爱学生，热爱这个岗位，就可以做到苦中有乐！

2. 如果在实习过程中，遇到辅导员或者团学工作方面的问题，可随时和我联系。在工作中，大家千万不要好高骛远，刚走上工作岗位和实习单位要谦虚，要肯干，不要喊苦喊累！相信机会总是留给有准备的人的，更相信同学们会把自己打造成市场需要的人才的！

3. 很多同学觉得学了多年的艺术，毕业居然找与自己专业不对口的岗位，心有不甘，遇到机会迟迟不肯出击，丧失了诸多潜在的好机会。我想说的是，专业学习背景固然很重要，但社会需要的是复合型的人才。有时候，专业知识会成为我们很出彩的学科背景，但不一定是职业发展的全部。比如在组织各类学生活动时，学习音乐的专业背景可以为指导活动增添不少亮丽的色彩，但综合协调能力也很重要。

最后还要说一下，如果应聘全日制高校辅导员工作的难度太大的话，大家可以把目标放低一点，比如中专、职校或者其他类别的学校。目前高校辅导员招聘工作越来越规范，也有较多程序，比如面试、笔试、实战演习等，对于应聘者而言，必须要具有一定的组织管理能力、教师基本素质和涵养、处理紧急事务的能力。大家都要针对性地进行准备，并做好展示。

相信大家都是最棒的！很期待和大家成为同事，共同在辅导员工作的这片天地里耕耘！

从大一开始规划

作者：刘余勤（东华大学）
链接：http://blog.21campus.cn/a/56148

还记得学生们报到的那天，看着你们提着大包小箱在爸爸妈妈的陪同下来到东华校园，夏日的东华园里绿树茵茵，碧波映湖。看着你们充满好奇又稚嫩的青春的脸庞，我突然有一种似曾相识的亲切感。7年之前，我亦是带着和你们一样的心情踏进大学校园，然而现在我却是一名正式的辅导员了，是一名要陪伴你们一同走完大学四年光阴的老师了。

接待你们报到的那天事情非常多，因为要提前布置展台，早晨6点钟就爬起来了，匆匆吃了早餐带着资料赶到接待点的时候，就看到在大学生活动中心门口排队的你们了。从上午7点一直到中午，报到的程序一直很紧张地进行。一个个证书编码，一份份材料和表格，我仔细地核对，反复地叮咛，每一个环节都不能出错。很快我就感觉很累了，输入证书编号的时候老是出错，可看到你们排着的队伍和门外焦急等待你们的家长们，我反复告诫自己一定要坚持，不能因为我的失误让你们等待更多的时间。记得报到虽然人很多，但是阳光下的你们都很守纪律，队伍排得非常整齐。其实，你们当中的很多人都是坐了两三天的火车才到上海，然后又是辗转来到松江校区，已经相当累了，那一刻，我的心是被你们震撼了。

你们给我留下的第二个深刻印象是在你们报到的晚上，那天晚上我和两个老师从6点半开始一个个寝室走访，一直到10点半我们才结束了走访。虽然第一次作为一个老师去走访学生寝室，虽然当时我已经累得几乎坐下去就很难再站立起来，但是你们的热情和礼貌却是我意料之外的。几乎每到一个寝室你们都抢着把凳子让给我坐，给我拿水，几乎你们当中的每一个同学都尊敬地喊我老师，那一刻起，我就暗暗告诫我自己，一定要好好努力，和你们一起把我们的班级建设好，一定要好好努力，和你们一起在东华的校园里共同成长进步。

经过几天的新生教育，我们之间有了更多的了解。新生教育的第一天晚上，我几乎一直在办公室接你们的电话和回复你们的短信，从丢失饭卡、找不到寝室楼，到办理户口、申请困难认定，很多很多的事情。尽管那天一直回复你们的短信到很晚才离开办公室，但是看到你们发来的一句句感谢，一句句问候和祝福的话语，我已经不感觉累了，心里满是一个做为老师的甜蜜和温馨。

新生教育的第二天有一个小女孩来找我，她年龄很小，才16岁就考入了东华大学。但她告诉我，自己感觉很迷茫，没有目标。在这里，除了对她，我也要告诉你们，其实，刚刚踏入大学校园的你们有这样的心情是非常正常的。我曾经看到一个老师写过关于学习与人生的一段话，他说其实学习有的时候和生活是一样的，虽然人每天都在生活，但是如果不注重对自己过去的反思和总结，很难有进步，生活也不会有积累，没有积累就没有沉淀，就不会厚重和精彩。

所以在这里，我希望刚刚进入大学的你们能够尽快融入大学生活，在体验大学生活的过程中，去明确自己的目标，并认真地对待这些目标，切实地行动起来，让你的目标鞭策自己，督促自己，让你的目标引导你去全情投入，尽情享受奋斗的快乐。另外，也想在这里提醒你们，大学四年，光阴荏苒，你们的时间是有限的，除了学习，不要把自己的时间安排给网络游戏和游山玩水，希望你们能给自己一点独处静心思考的时间，去总结生活，去体验心灵，去拓展自己的视野和思维，去实现自己的规划和梦想。

五彩校园

追忆那些“坏孩子们”

作者：蒋成凤（上海建桥学院）
链接：http://blog.21campus.cn/a/76626

回首往事，不由感叹：“时间如箭，日月如梭”。我不是故作姿态，实在是因为我陪伴大家一起度过的这三年多时间里，发生了太多太多的“重大事故”：你们经历了由新生到老生直至毕业的美丽转变，我也经历了恋爱、结婚直至升格为妈妈的“人生三部曲”……

依稀记得你们刚进校时，我作为一个刚刚踏上工作岗位的新手，和你们一样“懵懵懂懂”，对学校的各项制度也经历了一个适应的过程。既然是适应，自然就有人适应得较快，有人适应得相对慢了些，所以在此过程中，滋生了一些所谓的“坏孩子”，展开了和老师“斗智斗勇”的一场“奇妙之旅”。

在你们就要毕业离校的前夕，我想在此细数与你们共处时发生的点滴趣事，以作为我们共同的回忆。不知身为当事人的你们是否还能回想得起来？

当然，为了照顾个别同学的面子问题，我打算隐去名字，只以姓氏代替。但还是欢迎大家对号入座。

在行文之前，我还想声明一点，就是我的题目可能会引起某些同学的误会：“坏孩子”倒成了老师追忆的对象了，难道老师就不喜欢“好孩子”、不想“好孩子”吗？不是这样的，“坏孩子”、“好孩子”老师都喜欢，因为无论什么样的孩子都是自家的孩子嘛。之所以把这些同学定义为“坏孩子”，并不是因为这些学生真的坏，而是因为在这些同学身上发生了一些趣事或无伤大雅的“坏事”，所以为了行文的方便，老师就把这些同学统称为“坏孩子”了。也许你们从来没有把自己归入“坏孩子”的行列，但你们却能在老师的文章中发现自己的踪影。现在，让我们转入正题，来追忆我们班的那些"坏孩子"。

刚入校时，我和小周同学一起站在讲台上，同学们都误以为她是老师我是学生，都向她请教问题，把我尴尬地晾在了一边，后来我实在没办法，只好把周同学哄下台了。

夏天我去男生宿舍查寝，有一位俞同学从浴室以飞人刘翔百米跨栏的速度狼狈地冲进了寝室，一边跑还一边喊"老师别看，老师别看"，害得我从此以后每次去男生寝室总是派一个男同学去每个寝室敲门喊一遍："老师来了，老师来了"。还有一位叶同学无论冬夏总是在我踏进寝室的一刻"哭喊"："老师，你不能进来，你不能进来！"每次去男生寝室查寝，几乎都会让我有新发现和新收获：昨天也许会从某位同学的口中得知某某的八卦信息，今天可能会在现场抓住某个调皮捣蛋的学生，后天也许就会得知整个班级的"情报"。

男生寝室的查寝之旅如果可以比喻成电影《潜伏》和《无间道》，去女生寝室查寝在我的记忆中就是比较温馨的甜蜜之旅，总是能带给我无数的小感动：还记得去6020寝室时，正赶上蒋同学过生日，都深夜11点，她还花言巧语地跟我说："这是我的生日蛋糕，吃了不会发胖的"，连哄带骗地让正在努力减肥的我吃了好多，撑得我睡不着觉。某次去6010寝室时被张同学连哄带骗地化了个浓妆，出去约会时还被姐妹们狂赞了一番。还有一次在某寝室被同学们天花乱坠地吹捧了一番之后，我一时飘飘然就大方地请他们撮了一顿……

我老公经常和一些学生打球，并且和这些学生结下了很深厚的友谊，这些学生经常会向他爆料：我们的辅导员人很胖，但是人很好之类的。以致于后来在参加奥运会的一个活动时，那几个同学发现我和我老公在一起时，"吓得脸都白了"，拼命地问我："老师，那是谁啊？那是谁啊？"

还记得有一次午饭时间，我走在南京路上，看见沈同学和陆同学远远地走来，我就悄悄地走过去，想吓他们一跳，就在他们背后大叫了一声，两位同学跳了起来把手中的水果撒了一地，由于事发突然，一位同学还一不留神喊出了我的绰号—"凤姐"，从此以后我才知道，原来大家在背后都把我当成了《红楼梦》中大名鼎鼎的"凤姐"！

我怀孕的时候，得到了大家的"一致照顾"，王同学天天早晚自习都帮我搬个椅子放在教室门口。每当有同学犯错误时，班委同学更是统一口径地说："老师都那么大肚子了还在坚持上班，你迟到、早退、旷课好意思吗？惹是生非好意思吗？"连最爱调皮、曾经因为旷课被处分过的另一位王同学都"性情大变"，也能够严格地遵守学校的规章制度了，他还贴心地跟我说："老师，我有做得不对的地方，您多批评我吧，但是不要动怒，生气对宝宝不好的。"……凡此种种，现在回忆起来，真是数不胜数，让我平添很多感动。

在你们即将踏上人生新的征程，与我告别之际，我的心中充满了不舍和怀念，不舍你们的好与"坏"，怀念你们的点点滴滴。但愿若干年后，可爱的你们还能回忆起，在你们的生活中，曾经有一位蒋老师出现过。

校园达人秀

作者：曲喆（东华大学）

链接：http://blog.21campus.cn/a/160532

昨晚，管理学院2010级工商大类"校园达人秀"颁奖典礼暨元旦晚会，在桃李厅举行。我和同学们一起，度过了开心的两个半小时。

此次活动积极响应学校号召，动员同学们参加校园达人秀活动，工商大类的评选算作一个预热，为全校的评比打好基础。活动先期在易班开展达人展示区，展示五类达人的风采。随后发布专贴进行评比，网上投票。最后，将线上活动搬到线下，进行一场精彩的颁奖典礼。活动至此，让我感触很多。

今天的大学生们，我可爱的同学们，你们活得多么精彩啊！你们年轻、充满活力、思维敏捷、大胆创新，需要有更多的平台和空间来展示。

之前对于同学们的才艺已经有所了解，但是这一次，仍然有很多惊喜。同学们唱歌，不仅仅是唱歌，还融入了许多舞台元素，其稳健的台风，充满感染力；同学们跳舞，不仅仅是简单的街舞、民族舞，小哈的机械舞已经达到了相当的水平，演出时台下鸦雀无声，所有人都被震撼了，这绝不是业余水平；同学们演奏乐器，不再只有钢琴、小提琴，还有葫芦丝、琵琶、手风琴；同学们用方言朗诵、配音，丝毫不怯场，来得落落大方，任台下的人已经笑弯了腰。

学习达人，积极跟大家分享自己的学习经验和体会，讲述自己的求学经历，鼓励同学们一起努力。生活中，你们热心帮助周围的同学，班级内开展了系列的学习小组活动，每周定期辅导同学微积分，周围越来越多的同学受到感染，投入到学习中去。

励志达人，真正体现了励志的精神，不畏艰险、不怕困难，在前行的路上勇往直前。你们瘦弱单薄的身体，看起来让人心疼，但是你们的坚定和坚持，让周围的同学深深感动。你们在学习上努力上进，在工作中脚踏实地，在生活中热心帮助他人。

活力达人，你们像阳光一般散发着青春活力，在体育运动、音乐、诗歌方面，都有着广泛的兴趣，在你们的世界中，永远都是晴天。你们积极影响和感染着周围的同学们，让所有人一起感受生活的美好。

创新达人，你们想法独特，思维敏捷，不被已有的事物捆绑住手脚。你们自编自导创作舞台剧，你们在开学之初就摩拳擦掌建立跆拳道社团，并定期开展社团活动，你们的创意在一次次实践中发光发彩。

感谢老韩老师和秦老师的大力支持与热情出席，秦老师的游戏环节使同学们笑声不断，老韩老师的舞蹈使全场气氛高涨，谢谢！

感谢班团委成员！这一次晚会，完全由班委来完成，从前期策划到后期开展，充分体验组织一项活动的全过程。我们的班团委成员，付出了很多时间和精力，你们也得到了收获。这其中有不足、有失误，但重要的是，收获了宝贵的经验。

感谢所有的同学们！你们的欢笑和成长，是我最大欣慰！

我可爱的同学们，今天当我再次观看昨天的视频，看到大家的精彩表演，听到大家欢乐的笑声，心中无比幸福！

正像昨天我说的，每个人都是自己生命中的达人。希望同学们在追逐自己梦想的道路上，勇往直前！

熠熠师生缘 且行且珍惜

作者：唐菲菲（东华大学）

链接：http://blog.21campus.cn/a/56170

亲爱的同学们：

今天是我们认识的第三天，短短的三天塞满了太多的忙忙碌碌，回忆起来觉得我们已经认识很久了，已经是熟络的老朋友了。忙碌成为每个新学期开始的主旋律，忙到天昏地暗，忙到我全心思地投入到工作中不可自拔。在东华的校园里，你们成为我最重要的人、最操心的人，与我联系最紧密的人。因为我知道在这所偌大的校园里，有这么一群可爱的人，热情地叫我“唐老师”，每当我听到这个称呼的时候，我感到肩上担负着无比重大的责任。之前也许我们并不熟识，但是现在的相遇将会把我们联系在一起，这也许就是缘分。

在开学之前，我一直想象我的第一批学生会是什么样子的，我带的班级会是一个什么样的集体。虽然三天前我们素未谋面，但是我已经早早知道自己是机械1007、1008和1009班的辅导员。在新生系统里一遍遍地查看你们的电子档案成为我每天必做的事情，我从未如此迫切地想要开学，我急着盼着想见到你们，我知道在经历了高考之后，就已经确立了我们之间的缘分，你们不会让我等太久，你们终于来了！

在报到的前一天我就已经迫不及待地开始走访寝室，当然我见到的同学不多，但是我依然很兴奋，我终于见到了你们，我的学生（自豪中）！第二天，我发现大家对我的态度还是不一样的，有的活跃，有的沉默，有的热情，有的甚至有疑问为什么自己的辅导员会这么年轻。位于七楼的寝室我来来回回爬了七次，我不放过我遇到的每一个学生，我渴望与你们交流，我多希望我能一下子了解你们。因为我发现我已经爱上你们了！你们有自己的想法，对问题有着自己独到的见解，拥有比我想象中更成熟的心智；你们自立能力强，阳台上已经挂上了自己刚洗好的衣服；你们待人热情，很有礼貌，会用敬语主动向我问好；你们细心体贴，为四处奔波的我让座、送水；你们竞赛得奖多，还会主动要为我分担工作……这一切的一切，都令我十分感动，亲爱的同学们，缘分让我们相见了，相见后我就爱上你们了！

同学们，在开学前你们也憧憬过自己的大学生活吧？是否也会想象自己的大学老师会是什么样子？短短一天的相识，你们反馈给我的就是你们对我工作的支持。我希望大家可以快速适应大学生活，不要总是带着问题来找我，而是要事先思考自己的解决办法，我希望你们给我做的不是简答题，而是判断题，就是用"老师，我这样做可以吗"的语句来代替"老师，我该怎么做"。如果这个要求过高，我希望大家在适应期先给我做选择题，你们想到几种办法，我会给出我的意见。你们爽快的回答，干练的执行，让我对我们今后的班集体充满期望，你们将来必将成为值得我自豪和骄傲的人！

今天在班会上发生的事情，真的让我很感动。我使用了"5W"法来引导你们做生涯规划。我没有给思考的时间，让你们大家回答五个问题：(1) Who are you? (2) What do you want? (3) What can you do? (4) What can support you? (5) What can you be in the end? 我之所以没有给大家考虑的时间是因为我想听到大家最真实最直接的心理反馈。你们回答得很踊跃，有的甚至很创意地用英文来回答。同学们一个接一个来到讲台上讲自己的故事和想法，我真的是享受其中。我珍惜和大家在一起的时间，我渴望深入了解你们每一个人的想法，虽然我总是自己讲得口干舌燥但还是觉得我们的班会时间太短。S同学的回答让人听了很振奋，他说他读完大学四年他的父母已经负担很重，他很体谅自己的父母，他渴望找到一份好工作来尽早承担家庭的经济责任，所以他不会去读研。这是他最真实、最朴实的想法，我从他身上看到了坚韧和自强。X同学的回答更是让我很吃惊，外表大大咧咧的男生说他第一次想家了，以前急于逃离父母管束的他，在接到父亲的电话时还是没有忍住的泪水。亲爱的同学们，你们都是最最可爱的孩子，因为你们有着一颗单纯善良的心，我不得不承认，在我们认识第三天的时候，我忍不住在你们面前动容了，也许是因为我确实太情绪化，但更可能是因为我为你们感到欣慰被你们感动。

现在又是凌晨时分了，一向作息规律的我已经习惯了晚睡。在飞信上Z同学告诉我别太辛苦了，要好好休息。听了后心里暖暖的，我要的是那么那么少，却得到了很多很多，你们就是上天赐予我的财富。好几天没给我妈打电话了，我跟她说我很忙。我妈只问了我一句话：你这么累做得开心吗？其实家人只是担心我是否每天过得好，过得开心。我简短地回复我妈：我很累，但是我一见到我的学生们我真的是很开心。这是我的心里话。

亲爱的同学们，是你们让我改变了对90后孩子们的偏见，你们身上有着很多人都不具备的闪光点。有了你们的努力，我们就是一个优秀强大的集体！逐渐地，我悟出了一句话：辅导员是这样一群人，做了很多很多，但只要收获了一点点，就会非常满足。学生的一条短信，一句问候，都是最大的安慰。

写在热血沸腾的合唱之夜

作者：陈蔚蔚（同济大学）

链接：www.renren.com/vvchen2002

晚上回来就看见很多同学依然激动而亢奋的状态。我想说，三营的同学们，大家淡定。

我必须肯定地说，我们今天的表现是这么多天排练中最好的。我们基本唱出了最初排歌时想要达到的效果。可能很多同学都不知道，上台前我们在外候场时，我狠狠地批评了2009经济的男生，我说，如果要这样唱，我们就别去丢人了。他们很不开心，很郁闷，同时，我们都很着急。加上小慧的嗓子已经哑到一定的程度，我虽然没有说，但这也着实让我担心。我只能保持沉默，让教官来做个赛前动员以缓解气氛。

上台的时间很快到来了。随着第一个同学迈出去，我感受到了你们坚定的步伐。当我发现大家没有按照原先排练的按照班长口令统一向右转，我心里有些咯噔，我尝试着喊了一句"向右转"，所有人都很有默契地完成了动作。小慧的嗓音尽管有些哑，但依照很美。然后，男生，女生，我感觉到面对我的这80个人居然眼里都闪着一种光，这首"琵琶"被唱绝了！我感受到前所未有的一种气场向我袭来。更让我们备受鼓舞的是台下那雷鸣般的掌声，似乎成为我们演出不可缺少的一部分。

可以说，我们很享受地完成了整个比赛过程。同学们很激动，教官们很激动，我也很激动。我们一直沉浸在自己营造的胜利氛围中，以至于感觉很快就到了公布结果的时刻。大家都很期待，也很兴奋。但评委点评只字未提"三营"，一丝不安的情绪开始蔓延。最终就是现在大家知道的结果。于是，失望、愤怒的情绪迅速传递开来。

我想说，这个结果完全可以接受。首先，我们必须尊重评委，有时候，一次比赛的结果就是一个偶然事件。其次，我们必须尊重我们的对手。同学们，虽然大家现在提到"星星"几乎可以用满腔愤怒来形容，但是你们知道么，二营的同学们每天晚上都要排练到11点多，总排练时间起码翻我们一番，客观地说，他们的努力和表现不会配不上这个第一。此外，抽签、曲目选择等也几乎不能带给我们优势。很多因素都可能是我们失去第一的理由。

我更想说，我们其实根本不需要沮丧，更不要愤怒，我希望我们都能成为一个大气的人，一个不管从成功还是失败中都能汲取进步源泉的人。如果你那愤慨的心脏还没有平复，那么想想在台上看到底下那么多人为我们真心鼓掌的瞬间，想想我们被自己的歌声打动的时刻，这些才是最重要的。用不了多久，谁还记得那张纸上写的数字是几？而当多少年后，如果我们想起这次比赛时可说的只有那个缥缈的数字，那该是多么的悲哀。我相信，重要的是回荡在我们心中的那份感动，为自己，也为身边的人，更为我们的集体。

比起去指责评委或唾弃对手，我想，感谢身边给了我们帮助的人更为重要。感谢每一位参赛的同学，感谢中途参与排练的11位管科专业的同学，感谢我们所有的教官，有了你们，我们的同学才会更加精神饱满、斗志昂扬，感谢每一位在观众席上为我们摇旗呐喊的同学！2009经济，我爱你们！三营，我爱你们！

奋斗的青春精彩无限

作者：莎日娜（东华大学）
链接：http://blog.21campus.cn/a/56019

9月4日，伴随着我校2010级本科生报到，我迎来了来自五湖四海的同学们。看着你们一张张略显稚嫩的脸庞，我的思绪仿佛也回到了自己当年走进大学的时候，一幕幕场景浮现眼前，不由地感慨大学时光的短暂与难忘。

作为大家的辅导员，我的心情是忐忑而快乐的。忐忑的是，你们来自祖国的四面八方，有着不同的成长背景和迥异的个性特点，我要思考怎样为你们提供有针对性的指导，让你们快速融入大学的生活，并从这里迈出人生坚实的第一步；快乐的是，“80后”的我从此有了214个“90后”的朋友，在未来的日子里，我期待与你们一同成长，分享你们大学生活的每一点成长，每一次感动。

新生入学教育，忙碌而充实，有党团专题教育、有校纪校规学习、有学院教授的专业启蒙，也有优秀学长的经验交流。每一次的专题讲座，你们都用心聆听，眉宇间闪烁着无限的自信与希望，让我看到了青春最闪亮的光芒。

当然，刚刚步入大学的你们，也有着很多的困惑。该如何适应大学的专业学习，该怎样安排自己的社会工作，该如何与身边的室友和谐相处，此刻，或许这些都是大家心中共同的疑问。我也想借此和大家分享自己对于大学生活的体会：大学生活是忙碌的，相比于中学阶段语数外几门课程的学习，大学需要学习的课程多、任务重，特别是对于计算机专业，不仅要掌握理论知识，还要有较强的实践能力，能够学以致用，因此，要想在大学中取得优异的成绩，离不开勤奋刻苦的努力和顽强拼搏的毅力；大学生活是精彩的，学生会、社团、班级，一个个生机勃勃的学生组织期待着你们的加入，他们也会因你们的到来而焕发新的活力。但是如何兼顾好学习和社会工作的关系，就需要你们理性地选择并管理好自己的时间；大学生活是充满挑战的，第一次远离家乡，要学会照顾自己、管理自己，规划好自己的大学之路；大学生活是难忘的，师长的尊尊教诲、同学的亲密无间、班级的友爱互助，都是记忆无法抹去的瑰宝。

同学们，你们的大学生活才刚刚拉开帷幕，此刻的你们，也许有着许许多多的梦想，我想说，请为你们的梦想设定一个目标，并将目标落脚于每一天的奋斗和拼搏，每一天都能够与梦想靠得更近。

最后，分享李嘉诚的一段话，与同学们共勉：当你们梦想伟大成功的时候，你有没有刻苦的准备？当你们有野心做领袖的时候，你有没有服务于人的谦恭？希望大家从今天做起，从身边的小事做起，用奋斗的足迹书写灿烂的人生，祝愿大家的大学生活精彩而快乐！

离别的夏天

作者：黄静（上海对外贸易学院）

链接：http://blog.renren.com/blog/243675300/474176913#comments

2002年的夏天，在韩日世界杯的呐喊声中，我与四年的同窗挥手道别。离校的那一天，六名室友红着眼，帮我把所有的行李搬到楼下，互道珍重。

2006年的夏天，在德国世界杯的助威声中，我与三年的同门兄弟姐妹道别。那天没有眼泪，大家high得不行，喝到不行。

又是一个夏天，又是一个世界杯，在南非世界杯的乌乌祖拉声中，我与我的第一届学生相拥道别。这一次，我体会到了离别的无奈，更懂得了情谊的珍贵。

致亲爱的同学们：

你们不是我生命的过客，

268名同学，每一个都那么与众不同，每一个都那么独树一帜，

相信未来268条属于你们的道路，定会精彩纷呈、繁花似锦！

加油！亲爱的们！请相信你自己，对，就是独特的那个你！

是你们，成就了我第二次拥有如此美好的四年大学时光；

是你们，见证了我第一次成为辅导员的青涩与成长历程；

是你们，陪伴了我度过了年的风风雨雨；

是你们，宽容我每一个工作上的失误；

是你们，理解我每一次严格而紧迫的要求；

是你们，配合我完成一个又一个近乎不合情理的讲座“拉人”任务；

是你们，支持我每一项无聊活动的号召；

是你们，乐意让不会骑自行车的我无数次搭在你们车后；

是你们，用温馨的祝福和问候给予重病中的我动力和信心；

是你们，在临别前的一晚无怨地牺牲休息时间陪我加班至深夜12点。

四年我们曾一起笑过，一起哭过，一起拥抱，一起分享，一起成长。

“如果世界只有明天，我想我会记住你们每个人的脸。”

也许明天，我会开始整理办公室，

但是，

你们的教师节卡片，我会一直珍藏在抽屉里；

你们的军训大头照，我会一直保留在电脑里；

你们的团日活动剪影，我会一直放在文件夹里；

你们的每一个名字，我会一直铭刻在心里。

去赢得荣耀吧，以青春的名义

作者：许青（同济大学）

链接：http://blog.renren.com/blog/225933752/231920659

虽然那段时光已经渐渐走远，但我仍然愿意称你们为战士。

当你们看到这篇文章的时候，你们，已经顽强地走完了军训之行的最后一段路程。骄阳和汗水刻画着你们经历的磨难与锻炼。然而这些，对于勇敢的你们来说，只是万里征程的开始。当你们感到疲惫、感到困倦的时候，却恰恰是你们去赢得荣耀的时候。

记得第一次看到大家身着迷彩时的情景，大学生特有的朝气和同学们身上那种男子汉的勇气让我感到一丝欣慰，但是，又有一丝忧虑。是啊，年轻稚嫩的双肩是否能够支撑起军人的强健？优裕生活中成长起来的你们是否能够找到军人的勤俭？无拘无束的心是否能够接受军令的约束？

短短十来天很快就过去了，我一次又一次被感动，一次又一次在大家充满信心的欢笑和坚韧的脚步中看到希望。苦痛和疲倦打不垮你们！清晨的集合、齐整的步伐、挺拔的军姿、响亮的口号，每一个进步都让我为你们而骄傲：因为在我面前的，是一群真正的男子汉！回想起一起走过的每一天，我感到一种温暖，来自大家的理解，来自大家的拼搏，来自每一个人血管里沸腾的热血！无论是歌咏比赛中表现优秀并最终使整个团队获得一等奖的每一个人，还是拔河比赛中虽败犹荣的七位勇士；无论是队列训练中因为各种各样的原因而未能参加阅兵式的同学，还是我们那群尽心准备节目却在最后一刻未能如愿的战士，我都为你们的努力而叫好。因为荣誉没有让你们沾沾自喜，因为伤痕也没能让你们丧失斗志。

这，就是"威武不能屈"！我相信，属于一支队伍的激情和荣誉，意味着一种伟大的力量，意味着这是一支英雄的队伍。曾经的汗水和苦痛将迸发出灿烂的火花，映红属于我们的每一片天空。我们不会将脚步停下，不会无视本应属于我们集体的荣誉。这是一个充满光荣与梦想的年代，去赢得荣耀吧，我将和大家在一起，把最后时刻的勇气和信心化为滚烫的汗水，夺得更多的属于我们一百三十一名热血男儿的荣誉吧！

向勇士们敬礼！

同甘共苦，荣辱与共，一十九连，百战百胜！

军绿夕阳伤离别，风轻云淡亦从容

作者：陈蔚蔚（同济大学）

链接：http://www.renren.com/vvchen2002

军训结束有两天了，人人网上的照片分享和状态的刷新频率开始缓缓下降，可能再过几天，打开的屏幕上就看不见这片迷彩绿了。相信随着起初关于暴晒和痛苦体验的慢慢退却，那些关于教官和同学的革命友谊的积淀将愈显沉厚。

这是我第三次带学生军训，虽说是任务和工作，但我觉得很快乐，因为我太喜欢和你们在一起了，真的。所以，只要有可能，我就会和你们疯在一起，玩在一块，其实有很多人并不能理解我当初留在学校的选择，我说很简单，我就是喜欢学校的氛围，喜欢和学生们在一起。因为如此，我把和你们的相处当成很有趣味的一件事情，亦师亦友是我追求的境界。

我在小孔同学的某张军训的照片后面留言说："我多不容易啊，一把年纪了，为了不被'90后'所淘汰，成天学这学那的。不过那也全靠你们给力啊！"小孔回复到："不知道为啥，被感动了……蔚蔚姐最棒！"其实写这篇日志，就源于这个对话。

我突然觉得两年半以后你们就将离开，我心里特别难受，开始回忆这一年以来和你们在一起的每一个片段：共青森林公园的烧烤、每一次班会、与某些同学的促膝长谈、世博志愿者没日没夜的生活经历、共同度过军训的每一天、合唱比赛中每个认真的脸庞、我开玩笑说"你们这些'白眼狼'有了帅排长就不要我了"……每次我都让你们在活动后要留点纪念，要求你们每年至少拍一张集体照（体谅我人老了喜欢沉浸在回忆中）。

其实，我自己也不知道能不能陪伴你们一起毕业，就像去年的现在，我离开08行管，这些都不是我可以控制的。我不得不说，因为我也有我自己的理想，也有我没法对你们诉说的苦衷，也许某一天，没有预兆的，我必须离开你们，希望到那个时候你们不要难过。

那天，我并没有听到你们喊"年轻真好，青春万岁"，但我能够想象，那该是一幅多么美好的画面。看着你们，我都忍不住感叹，年轻真真好，青春万万岁！我羡慕你们的肆无忌惮，我欣赏你们的率性直白，我钦佩你们的坚强刚毅。反正这次，你们给我长脸了！多好啊，我们度过的每一天都是余下的生命中最年轻的一天！

军绿夕阳伤离别，风轻云淡亦从容。卸下那一身迷彩绿，往后的道路上依然酸甜苦辣喜忧参半。无论遇到什么困难，想想这段时光，想想一同走过这段时光的人们。当然，还有，我和你们在一起。用你们的话，我会相当给力！

收拾心情，调整状态，开始新的征程吧。

今天你答辩了吗

作者：成茜（上海海洋大学）

链接：http://blog.21campus.cn/a/77009

晚上参加学院的优秀学生干部答辩，80分钟的时间里有11个学生参加答辩，人均不到7分钟，相信每一个同学都为这7分钟做了精心准备。但是几点感触，不吐不快，纯粹从面试官的角度，供已经参加过无数答辩和正在参加答辩以及今后还要继续参加无数答辩的孩子们参考。

1. 答辩内容要充实且真实。答辩的内容重要还是形式重要，也许是盘旋在大家脑海最大的困惑。其实两者都很重要，但是真实且充实的内容是答辩能否成功的根基，失去了这个根基再华丽的包装也是枉然。所以，答辩时请突出重点，把你最出色的成绩、最突出的业绩、最富特色的工作成果展现出来。一忌主题不明，不知所云；二忌内容空泛，东拉西凑；三忌平平淡淡，没有重点。

2. 搞清答辩的本质。说到答辩的本质，自然就联想到求职面试的本质——告诉面试官，我是最适合这个职位的人！推及今晚的答辩，自我陈述的5分钟，就是告诉台下的7位老师，我就是最符合"优秀学生干部"这个称号的人！请务必参照《学生手册》中优秀学生干部的评优标准，告诉面试官你为什么是最合适的人选。至于你一年来的感慨、心酸、痛苦和甜蜜，请留给自己回味，这是成长的代价，并不是我们今晚所关心的内容。

3. 把握核心人物。台下也许坐了很多听众，有好友、同学、竞争对手以及活动组织者等，但是千万别忘记最重要的一群人是评委，是面试官，是决定着最终花落谁家的这群人。所以你的演讲稿应该以这些人为中心去制作，而不是漫无边际地像发表获奖感言一样从CCTV一直感谢到身边室友，离题万里。

4. 善用PPT，不要让它为你减分。PPT是帮助你更好地阐述自己的论点，同时能帮助评委更好地理解你的演讲的一个工具。在这次答辩过程中给我印象比较深刻的是小矣同学的PPT，上面没有出现大段的表达文字，而是配合自己演讲内容的各类活动照片。所谓"一图胜万语"就是这个意思。如果你仅仅在通读PPT上的大段文字，那PPT其实就失去了存在的意义；如果你恰巧又费尽心思用了无数的动画，每个字都像空中飞人一样地掉下来，看得评委两眼发花，那对不起，这样的PPT就在帮倒忙了。

5. 永远不要忽视你的身体语言。除了你的语音表达，仪态和风度是进入人们感受渠道的第一信号。孙中山先生曾经说过："其所具风度姿态，即使全场有肃然起敬之心，举动格式又须使听者有安静祥和之气。"这恐怕就道出了演讲的最高境界，希望对大家有所启发。不要5分钟一直低头念稿，咱又不是小学生读课文，给台下的观众一个微笑，一个注视，让大家明白你不是在自言自语，这很重要。

纵观整个答辩流程从容有序，较之以往有了很大的改进，可见组织部的同学们为此付出了很大努力，团队合作的精神也体现得淋漓尽致。特别让人欣慰的是，咱们学院本次答辩学生的整体表现比之以往几届进步巨大，尤其是2009级第一次参加答辩的一些同学其准备充分和冷静大方给评委们留下了深刻印象，虽然较之2008级的成熟还有距离，但是毕竟刚刚进入大二，潜力巨大，不可小觑。

既然有竞争，肯定就有落选。但是我想说今晚的每一个同学都是优秀的，你们的出色工作老师和同学们看在眼里，记在心上。只不过名额的限制让大家必须有所取舍，相信我们每个同学都会坦然面对，继续高歌前行！

社会实践的三条金律

作者：杜晓馨（复旦大学）

链接：http://blog.renren.com/blog/234758192/497205051?frommyblog

每个学年的第二学期，学院都会有一门给大三学生开设的必修课"社会实践"。这一门课程由分管教务的副院长来担任指导老师，没有具体的上课时间，同学们可以在学期中课程不是很繁忙的时间或者学期结束后的暑假自己寻找单位进行社会实践，最后由班级辅导员负责评分。

9月开学后，我收到将近两百份选了这门课的同学的实习鉴定表。看到这些成果，又想起在实践开始之前，有很多同学来向我问询如何寻找实习单位、如何选择合适的岗位、实践的意义在何处等问题，最终，通过学院老师的讲解、帮助以及实践中同学们的自主探索，看着一份份报告册，感觉还都成长了不少。总结大家问题中的和种期盼和误区，得出以哲人的话可以概括的三条金律。

"认识你自己"——苏格拉底。这一句话是关于如何自我定位。认识自己所需要掌握的要素包括自己的性格、喜好、优缺点、能力擅长等方面，只有了解了这些，才能做出一定的选择。很多学生生活在别人的期望中，却不了解自己的需求。金融、咨询行业的热门使得很多同学认为那是能力的证明，然而同学们必须了解的是，社会的评价体系是多元化的，只有找到适合自己的方向，才能发挥出自己的才干。

"我思故我在"——笛卡尔。此话虽然耳熟能详却不一定能真的被予以践行，它是关于信息的获取。实习信息的发布渠道多种多样，有家人朋友的介绍、辅导员的推荐、校内网络和社会就业网站的信息发布等。许多同学倾向于盲目投递简历，或者坐等辅导员发布信息，而不自己积极主动进行了解。尽管社会实践在大学三年级才成为一门必修课，如若对某一行业有基本的兴趣，可以提早通过网络或者学长学姐来了解在相关行业获得一份社会实践经历的条件，以便自己更好地准备，完善自身。这一点需要动脑筋思考，拓展更多的信息获取渠道。

"吾日三省吾身"——孔子。感觉到很多学生即使获得了不错的实践锻炼机会，也没能得到真正的成长，归根到底，是对于自己的实践活动并没有进行反思，比如，自己所做的工作在行业中的角色如何，自己在公司中的位置怎样，怎样总结自己工作中的不足和长处。很多公司在面试时都会有开放性的问题，比如，你在之前的学生工作或者实习中遇到的最大困难是什么，你是怎样解决的。同学们面对这样的问题有时想起了某件事情，却想不起来自己是怎么解决的，这便是对于自己所开展过的实践活动没有进行反思归纳的结果。

社会实践是生涯发展中重要的一步，要不断尝试了解自己，评估自身的能力，主动寻找丰富的信息获取渠道，对自己所有的实践经历进行反思和总结。能做到这三条，相信同学们一定会有更多的机会，更多的成长。而这三条金律也能帮助学生更好地了解社会实际，成长为社会更加需要的人才。

拓展训练 分享合作

作者：彭辉辉（华东理工大学）
链接：http://chemjobs.blog.sohu.com/133989999.html

自从迎新见到2009级的小同志们，就想给他们做一次拓展训练，今天终于做好了，虽然很累，但是看着大家拿到证书，都很有收获的样子，心里很是满足。

6、7、8号三天在奉贤校区值班，就开始为这次拓展训练做具体准备了，让工092班长小张统计所有班长、支书和党员今天下午是否有空，8号他就给我回信了，把能参加的人数和不能参加的每个人的情况都详细告诉了我，做得不错，呵呵，表扬一下。训练的地点就定在了大学生活动中心对面19、20号楼北面的草地上（这是我发现的除了理学院、通海湖边的又一处好场地，所有地面项目都能做，还能做背摔和“电网”）。

时间、地点、人物都有了，接下来就要针对他们的情况设计训练项目、完善训练计划了。

各班班长、支书有30位，加上党员16位，队伍庞大，并且由于新生开学才半个多月，这支骨干队伍相互之间还不是很熟悉，因此，本次拓展训练的首要目的就是使他们尽快熟悉起来，相互了解、相互信任。其次，他们都是老师的助手，又是班级的领头人，很多工作要通过他们去开展，必须要让他们在短时间内学会如何工作。所以，在设计项目的时候主要考虑增强他们的领导力和执行力，在时间管理、工作效率和质量提高以及突发情况处理上重点突破。

12：45，拓展训练准时开始，从团队破冰热身到团队组建、人名速记、同心杆、空中飞人、极速六十秒，再到团队大分享，一个下午排得满满当当的。本来还准备了"寻找另一半"、"寻人启事"、"穿越雷阵"和"七巧板"等活动项目，由于时间关系只能作罢了。下次吧，下次一定给大家再体验一下。现在奉贤校区专业的拓展训练基地也建起来了，有机会带大家去做做那些以个人挑战为主的高空项目，非常刺激，高空断桥上绝对是"断桥一小步，人生一大步"，空中单杠也一定能跳出"真我"。

这些"90后"的小同志们，个性鲜明，想法多，有激情，愿投入，敢表现，善表达，爱竞争，会创新……但也因为大家个性太强、想法太多，导致决策效率底下；凡事从自我出发，而致主动沟通意识较差，只知竞争不懂双赢……不过在项目分享的过程中，大家也都意识到了这些问题，相信今后会有所改善。

带了一瓶水，三两口就喝光了。一下午下来，嗓子又哑了。我的特点是，没讲几句话嗓子就哑，上课有话筒还好，没话筒可就糟了。今天虽然带了喊话器，不过扩音效果不好，基本没用；更主要的是，拿着大喇叭极度影响"手舞足蹈"地开展活动。算了，哑就哑吧。

结束的时候，我说：希望10月9号这个下午大家都有所收获，我不奢望大家一辈子记住这个下午，记住我们做的这些项目，只要大家能在一年后，在遇到一些事情时，还能偶尔想起今天的活动，那我这个下午就没白忙活……

照例本次拓展也留了影像资料，等整理好了就发上来供大家分享。

算来这已经是我的"青年领袖拓展训练营"的第8次训练了，培训人数已经超过400多人，如果再加上选修"职场训练营"课程的学生，应该超过500人了。时间过得真快啊，两年前将拓展训练引入校园，现在已经大有燎原之势了，有这么多学生受益，心里真的很开心。虽然有些同学把拓展搞成了单纯的游戏，好像有点做歪了，但在客观上还是提高了拓展训练在高校的知名度。只要利于拓展训练的发展，有利于同学们的成长与成才，有点小问题也要原谅嘛，对吧。

一屋不扫何以扫天下

作者：丁勤玲（上海建桥学院）

链接：http://blog.21campus.cn/a/64994

记得那是5月14日的中午，同学们准时来到包干区，像往常一样劳动着，不知哪位同学小声调侃了一句：不干就没机会啦。为了鼓舞士气，我把这句话喊了出来，大家相互传递着，气氛一下子活跃起来。结束的时间一到同学们蜂拥着走出包干区，此时此刻我的心情很激动，情不自禁地和几位女生相互拥抱，大家非常兴奋，脸上挂满了胜利的喜悦。一个半月，每天三次，风雨无阻，这是多么伟大的壮举啊，我为同学们感到骄傲和自豪！

文明修身活动已告一段落，当初学校召开动员大会的情景还历历在目。说心里话，那时我也曾迷茫过，大部分同学家庭条件优越，从小到大家长包办代替了生活上所有的一切，一天三次劳动，全员参加，一个半月能不能坚持到底，将会遇到什么样的问题，各种各样的担心成了无形的压力，以至吃不下饭、睡不好觉。

每天早晨我都要定好闹钟，生怕自己睡过了头。每次我都是提前到男生寝室楼前等候，对提前上岗的同学给予鼓励，给快迟到的同学一个提醒。然后从男生宿舍区四号值班室开始一个班一个组地巡视，最后到五号值班室和两个专科班一起结束劳动。

这次文明修身行动完成了预期的任务，首先要感谢院系各级领导亲临现场和同学们一起劳动，给予辅导员工作上支持和鼓励。同时感谢我的140多位学生，是你们用自己的实际行动解除了我的种种忧虑和担心。感谢班团干部、文明修身小组长、厅长、寝室长，是你们不失时机地提醒着、身先士卒地带领同学们投入到活动中。特别是班长们每次早早来到包干区先干起来，然后再去各组签字和督促检查。小组长们尽职尽责，第一时间把组员召集到现场，组织安排打扫。

同学们及时调整生物钟，克服了最初拿着工具低着头时的羞涩，从内心里体会到了劳动的光荣；通过小组密切配合更加认识到团队精神的重要性，懂得了宽容和换位思考；同学之间多了相互交流的机会，你帮我，我帮你，劳动场面气氛活跃，我能感受得到，如今你们已经把“一屋不扫何以扫天下，一境不清何以清心灵”，“修身、齐家、治国、平天下”牢记在心中。

这次活动为每位同学提供了一个客观、全面的展示自己的舞台，使我对你们有了更进一步的了解，更多地发现每个人身上不同的闪光点。

在活动中，同学们给了我很多的支持和鼓励：当看到个别同学不用心做时我就会“吼”几声，你们理解我的心情，马上行动起来；同学们说我每次在宿舍楼下等候是对你们的支持和鼓舞；还说我每天就像上了发条的机器，准时准点出现在你们面前。

在活动中，我时时被感动着：从没有摸过工具的手磨出了血泡却一声不吭；发热近39度有病假单仍坚持参加劳动；父亲从贵州来看望等候在机场，坚持把最后一次劳动做完才赶过去；当我做示范时，同学马上抢过扫把说，“老师，让我来”；下雨了，总会有一把雨伞撑在我的头顶。我和同学们就这样相互鼓励、相互支撑着走过了一个半月文明修身的日子。

通过文明修身行动我们惊奇地发现，一个人的可塑性是很大的，潜力也是无穷的。希望同学们把这段不平凡的经历深深地留在记忆中，在今后的文明创建活动中做得更加出色。以文明修身为契机，在学习、工作、生活中将这种战胜困难的勇气发扬光大。希望你们增强掌控自己的能力，不要沉迷于网络，记住，人可以玩游戏，但不可以游戏人生。希望你们懂得珍惜大学的时光，不辜负父母、学校和老师对你们的期望，不要到了即将走向社会时再后悔，留下终身遗憾。

最后祝愿同学们在大学有限的时间里不懈努力，取得更大的进步，把自己培养成为社会有用的人才和栋梁。

一棵“老白菜”的世博日志

作者：郭钊德（上海海洋大学）
链接：http://blog.21campus.cn/u/22216

2010年9月6日，累并快乐着

今天，是我们志愿者“小白菜”在世博园区正式上岗的第一天，全体志愿者青一色“小白菜”服装，甚是漂亮和壮观。早7点半，大家雄赳赳气昂昂地走进园区，8点30分按时上岗服务。一天结束后，从队员们的外表看，显得有些疲累，一张张小白脸晒得红彤彤的，但从相互交换的言语中，透露出的尽是兴奋和快乐，如遇到老外的咨询就会出现各式各样的问话方式，有语言交流不顺的尴尬，有幽默滑稽的忍俊不禁，有只问点不看方位的盲目，还有不会认地图的、不会走大通道的……此外，“小白菜”们在休息和轮岗间歇，与人交换徽章成了一大乐事，此时，一切的疲劳好像都烟消云散了，兴奋点集中到了挂胸牌的带子上，你欣赏我的，我品评你的，谈论在交换徽章中发生的许多趣闻轶事。在这些场合，我当然也是“小白菜”们的焦点，争相要与我交换或向我讨要徽章。这时我好像也变得年轻了许多。

当然，我的主要工作任务是巡岗查点，解决队员们的一些疑难问题，下达新的任务，协调各小组忙闲不均的工作，巡岗一圈下来走得腰腿酸痛，但看到“白菜们”的热情高涨，我感到无比欣慰，值得。休闲时与同伴、与学生们聊聊徽章之趣，就是很好的解乏良方。

2010年9月7日，可爱的“小白菜”——我们共同加油吧

今天是志愿者生活的第二天，若说心情，我和“小白菜”们仍是愉快和兴奋的。在几个来回的查岗过程中，了解到不同身份、不同学历、不同国籍、不同年龄

的游客在咨询问题时的方式和话语都是各式各样的，尤其是遇到老外，他们全用本国语言，我们有个别志愿者还能听得懂一点，个别志愿者还能与其交流，但大多数是听不懂。我就感到，多掌握一二门外国语的重要性了。

经过这两天的志愿者岗位巡视，抽测“小白菜”们的知识点，还是存在许多的不足，一是反应能力不强，二是准备的知识不全面，三是还有少数“白菜”主动性不够。看来还得进一步强化“小白菜”的自身素质，提高“营养”质量，在今后的十多天里，真真正正磨砺出标准合格的世博志愿者——中国特色的“小白菜”。我为你们加油，我们共同努力加油吧！

2010年9月11日，我为“小白菜”们唱支歌加油鼓劲

我们可爱的“小白菜”们从8月28日开始参加培训至今，已连续作战15天了，中途没有休息，没有调整，已经开始出现疲态，即便有几次校领导进园区慰问，那也是部分岗点上的“小白菜”享受到温暖关怀，而大多数“小白菜”虽然未能受此荫庇，但还是兢兢业业地忠于职守。虽然毫无怨言却也持续透支着精力和体力，我这棵“老白菜”看到他们轮班回到休息室来就像烤焉的一样，有时也觉得鼻子酸酸的，但又不能在他们面前流露松懈的情绪，我想用一种方式为他们加油鼓劲，就唱一支自编的“小白菜”歌吧：

“‘小白菜’，水汪汪，世博园区服务忙，游客高兴来参观，许多疑难得到‘白菜’热情的相帮，一个微笑，一声问好，像暖流汩汩注心房。‘小白菜’，嫩旺旺，情系世博志高昂，不辞辛苦作奉献，烈日高温腰酸腿痛决不下战场，一分付出，十分收获，今生世精彩永难忘。”

我相信，“小白菜”们听了我的歌后，再接下去的8、9天时间里，仍然会长势旺旺，水滴汪汪，精神酣爽，因为，他们是有我这颗“老白菜”垫底支撑着的。

2010年9月13日，水洗“海白菜”更鲜艳

一场大暴雨，将我们嫩绿的“海白菜”洗了个透彻，雨过天晴，“白菜”更显出

光艳鲜亮。

几个交通岗点上的"海白菜"，还未上岗就先在雨水中"漂过"。站头上虽说有挡雨棚，可哪里抵挡得住那倾盆大雨的洗礼？

雨滴大，声音更大，"海白菜"们拉开嗓门，一遍遍地喊："请游客们注意脚下，别踩着水塘脏了鞋！""别拥挤，两边通道都可进！""老人家，慢慢走！小朋友们跟上队！""上车别急，先下后上！"

喊声压过雷雨声，沙哑的音调，清楚的语言，汗水雨水，洗靓了"白菜"本色。

几幅大地图牌前，雨棚在暴雨的袭虐下仅是一种摆设；透明飘逸的雨披又哪能经得起泼雨的猛烈攻击？被洗过的"海白菜"，仍然没有褪色，精神爽朗，在游客眼中愈发姣美，愈发可爱，愈发可敬。

雨打我不怕，游客在我心中的分量最为大；外在"白菜装"的鲜亮，透显志愿者心灵的高尚。

我是"海白菜"！我仰天对着雷电高喊：让暴风雨来得更猛烈吧！把我洗得更鲜艳！

2010年9月15日，让"小白菜"胸前的徽章更闪亮

在世博园区里，有两种文化演绎得很有特色，那就是"印章文化"和"徽章文化"。对于担当志愿者的"小白菜"们来说，"印章文化"略有些个远离，有工作条件的局限。而"徽章文化"的盛行可能是一道最亮丽的风景了。但凡有志愿者的岗位，远远望去，首先映入眼帘的就是"白菜装"和徽章。每个"小白菜"的胸前，挂胸卡的佩带上别满两行各式各样的徽章，有被称作"大饼章"的，有被誉为"金属章"的，又有叫作"胶囊章"的，还有"橡皮章"，等等。这是一种荣耀，这是一种光彩，这是一种自豪，这是一种信心。因为，在我们小白菜的眼里和心中，徽章的多寡与质量，包含奖励和慰问的层次，包含交流和信任的广度，包含友谊和团结的力度。所以，"小白菜"和徽章，是一对孪生子，同生共长。假若仅有"小白菜"而无徽章的映衬，那"小白菜"就显得不那么鲜亮，反之，只见到有徽章而不

是"小白菜"的，那最多只是徽章达人。为世博会的精彩，让我们的"小白菜"胸前的徽章更加闪亮吧！

见证对世博的承诺

作者：许青（同济大学交通运输工程学院）

链接：http://blog.renren.com/blog/225933752/472867085

当我点下邮件发送按钮的时候，电脑右下角的时间已经是5月31日凌晨4点，这是我作为世博志愿者片区轮值主管所发送的最后一封邮件。当初决定做同济大学世博票务中心片区志愿者轮值主管的时候，并没有想到这一个月会这样度过，更没想到这一份忙碌会从2009年12月份一直延续至今。

2009年4月至5月，我们开展了青春世博行动及招募志愿者活动。2009年底，刚接到志愿者选拔通知那会儿，有近500名同学参加了志愿者报名，我们讨论了很久，最后确定了全院志愿者选拔方案。在经过长达8天的层层筛选后，共有243名同学有幸成为世博志愿者，这还不包括校团委选拔的我们学院的志愿者。之后，随着世博的临近，为了更好地宣传世博、服务世博、奉献世博，使志愿者们以最优秀的状态奉献给世博会，我们又组织了"L·E·A·F 世博知识挑战赛"、"世博走进敬老院"、"唱响世博"十大歌手大赛等多个活动。

而从试运行到正式服务之后，我每天的状态不是在某个票站就是在去某个票站的路上。凭借着"11路园内公交"奔走着，每天固定地在结束当天服务后召开组长例会，固定地在凌晨3点整理并发完所有报表之后入睡，每天固定只睡4个小时……而同样的，我看到我们的每一个志愿者都很出色。还记得4月份的一天，挺冷的，为了拍好"同济，我们准备好了"这段视频，同学们穿着短袖，在寒风冷冽中坚持了半个小时，这也使得我们能够在最后的视频中看到同济人饱满的热情和风采。无论何时，他们坚守着自己的岗位，从一点一滴的小事做起，以火红的青春奉献精彩世博，当这一点一滴乘以几百人的系数之后，我觉得我的这点辛苦就不算什么了，我可以想可以做的，大概就是为他们做好服务保障工作，保证他们每天的志愿服务能够顺利进行。

不管别人对"90后"如何评价，我所接触的所有志愿者，包括同济大学票务中心片区的两批志愿者们，都表现出了积极良好的工作状态、优质的服务水平，以及毫无怨言、兢兢业业的工作作风。我们的志愿者每天的出勤率平均都保证在99%以上，1047人次获得"每日之星"，75人次获得"园区优秀志愿者"，5支团队获得"园区优秀志愿者团队"，8人次获得"双周之星"……

每天都有各种各样的优秀事迹涌现：小葛作为第一批志愿者见证了世博最初的半个月。身为上南路交通问询组组长，不仅要克服上海五月多变的天气，忍受十几度的昼夜温差，更要应对园内众多游客提出的种种问题，有时到了高峰时期常常忙得不可开交。碰上情绪激动的游客往往还得不到理解，但是每一次他都面带微笑向游客解释。

2008级本科生党支部书记艳姐在此期间身兼数职，工作勤奋踏实，获得了片长、组员和游客的一致好评。作为嘉定41号车车长的她，有时下课赶不及吃饭，就要忙着去张罗中午集合发车的事。虽然忙碌，但她深知志愿者们安全有序的出行是心情愉悦地开始一天工作的前提。因此这项工作她从未懈怠。

同是九大票站组长和小武，工作同样辛苦。身为组长他们不仅要合理安排大家的工作时间，针对每天的问题进行改进，还要为组员们着想，特别是大家的心理动向。因为党员们不仅时刻关心游客的满意与否，同样牵挂着普通志愿者的喜怒哀乐。每天工作结束后给大家送上一句问候，愿明天工作会更好。有时高峰时段人手不够，他们俩也会亲自出马，到各个岗位轮班。和每一名普通志愿者一样，他们享受着服务游客、服务世博的过程。看到自己每天能为这么多的游客提供服务，并且顺利地帮助他们，心里有说不出的喜悦和满足。

学院学生会主席孔同学在世博运行期间作为片长助理，除了做好自己所在上南路小组的管理工作，还要完成片区的相关管理工作以及学院志愿者的活动组织，宣扬同济人、交运人严谨求实、认真负责的精神。每天晚上小孔都会发短信鼓励每一位组员，温馨的话语和贴心的提醒让每个人的心里暖暖的。在两周的志愿服务期间，她的团队一直保持良好的状态。

小楠楠、小潘潘、大叔、小原原、星仔你们也很棒呢！（感言都在那份特殊的礼物中了……）

有一些小组长们，你们只有大一或者大二，有的人还是第一次担任组长之类的职务，但我看到你们都在尽职尽责地去完成一个组长该做的事情，你们关心组员，你们热爱岗位，你们以身作则……你们有太多太多的事情让我感动，倩倩、学姐、霍霍、骈姐、小黑、拌胖、云霞、刺猬、棉棉，我记得你们每个人的名字，也记得你们每个人的成长，记得你们身上所呈现出来的闪亮的品质……

还有许许多多没有担任组长职务，但仍然怀揣着一份热情、肩负着一份责任、认真工作在自己的岗位上的志愿者。虽然每天对着游客说上几百遍同样的话，但他们都坚持用自己真诚的微笑去打动每一位游客，成为游客们世博旅程的引路人。有时游客提出的各种问题，让人应接不暇，但大家总是尽己所能地耐心解释说明，力争提供最有效的服务。面对外国友人，他们利用自己所学克服语言障碍帮助游客解决问题，了解他们的需求，给予他们帮助。

志愿者们在此期间收获了很多感动，学会了去承担责任，他们都自发地写下服务感言。有位志愿者写道：“在志愿服务的时候，我会对每一个过往的游客微笑，而每一个经过的游客都会回报我一个微笑。这样一个平凡的表情，每天都要坚持好几个小时，但我却不觉得累，因为每当看到游客脸上绽放出美丽的笑容时，我的心中，都会升起一股浓浓的暖意。微笑，是世界共通的语言。一个人的微笑是个人的表情，千百万人一起微笑就是一座城市、一个社会的表情。”“我的世博志愿者生涯自此即将结束，但我的世博体验却还没有走到尽头，今后，当我再次以游客的身份重返世博园区的时候，当我再次站在我曾经站过的岗位之时，我可以自豪地说：世博，我曾经参与过；世博，我曾经奉献过。”

经历了试运行时候的积极探索，到迎来了50万人次世博园开园以来的最高峰；世博园区的地图从试运营的第1版，到离开时的第3版……正是本着这份坚持和热情，我们顺利且圆满地完成了世博志愿者服务任务，展现了“海宝一代”的风采。当最后与第三批志愿者交接的时候，我们把厚厚的一本包括整整一个月运行情况的同济大学票务中心片区志愿者工作总结赠送给了片区志愿者主管，这一刻，是对我们“同济人，世博行”的伟大见证。

现在，我们告别世博园回到原来的工作岗位，回顾为世博奉献的这720多个小时，心中充满了不舍，我们仍将一如既往地用心奉献世博，并将尽自己所能影响和激励更多人参与、服务到世博盛会中，这是每一位同济志愿者对世博的承诺。

双脚站立的地方，就是舞台

作者：王郦玉（华东师范大学）

链接：http://blog.renren.com/blog/232689815/464810991?frommyblog

本想今天买点新鲜水果到DDMM们的寝室看看大家，算是为志愿者“壮士”们饯行吧，可一个会议竟从中午开到了晚上，又饿又热，头昏眼花，只好颤巍巍地打道回府咧。养兵千日，我却已不记得是从何日开始围着世博的事儿转悠了，大概是从去年夏天结束的时候算起吧，开了无数个会，做了无数张表，打了无数个电话，其间费尽心力，却难免时有错漏，总算是在各位的谅解与支持下跌跌撞撞到了今日。

不知为何，对于“志愿者”这个名称，我有一种与生俱来的好感，或许因为父母做的都是治病救人的活儿，或许因为自己素来喜欢不作太多计较地真心付出，或许因为周遭就有抛开一切前往非洲志愿保护野生动物的好友，我总觉得这个称谓和身份带着几分美好、几许神圣。在这个滥情与薄情并存的时代里播撒温情的种子，在这光怪陆离、瞬息万变的城市里搭起一方小小的舞台。它那么小，小到只能容下双脚，但它承载的，却是最脆弱却也最可贵的一片心。

然而爱心未必一定能换来欢乐，从许多年前第一次做志愿者开始，我就体味到其中的委屈、无奈、疲惫。从单纯的校园走上志愿者的岗位，突然发现世上的人千奇百怪，人间百态啼笑皆非。好在不快的事儿我素来不会记得太久，因此也就只剩下一点体会：就算有再多的岗前培训和介绍，不到站在岗位上的那一刻，都无法真正体会那份冷暖自知的甘苦。“台上三分钟，台下十年功”，这句话同样也适合志愿者，因为那脱口而出的每一句话，那应急之间的第一反应，其实依靠的都是我们多年的素养积淀和从容的处事态度。优秀与否瞬间可证。

志愿者的舞台不是单靠一个人就能站得住的。这么多年过去了，那些曾经见过的领导、演艺明星的印象早已模糊，但和自己曾经奋战在一起的志愿者伙伴们却让我记忆犹新。虽然素昧平生，然而十天半个月机缘巧合的相处有时却能结交到相知一生的朋友。

也许是在车水马龙的华丽商铺，也许是在乏人问津的冷僻之所，优雅形象与一片耐心同样重要。就算无人关注，舞台依然闪亮。“慎独”的艺术，更值得领会。如今我即将站在空空荡荡的校园，坐镇大后方，心系志愿者，那个“心”的标志，就是我们之间的暗号，不要客气，不要憋屈，有一说一，心心相印。

从来没有怀疑，一直如此坚信，明天，明天的明天，明天的明天的明天……你们，都将是那个舞台上最耀眼的明星。

一样的巴士　不一样的情怀

作者：曹姝婧（上海外国语大学）

链接：http://blog.21campus.cn/a/73115

坐在世博越江线的最后一排，隐约看着窗外这十六天来陪伴着我们这批志愿者的世博场馆，听着身边的游客们讨论着护照盖章的趣事，不由得感触涌上心头：对于很多人来说，十月三日是国庆长假的第三天，很平常的一天；可是对于我，对于来自上外1300多名志愿者来说，这一天注定会铭记心间，成为我们脑海中难以忘却的一份回忆。

回想十六天前，迎着第一缕阳光，我和国际工商管理学院的100多名同学们踏上班车，走进世博园，内心涌动着些许忐忑、些许新奇，几分兴奋、几分期待。在园区片区主管俞老师的帮助下，我们开始熟悉工作，了解我们与众不同的岗位，看看胸前挂着的志愿者吊牌，不知不觉所有人都感受到了肩上的那分责任。这次走进园区做志愿者，我和同学们所属的是园区的交通部。交通部的志愿者主要负责世博大道线、越江一线、越江二线以及龙华东路线的乘务调度、交通疏导以及在车上为游客答疑解难。俞老师给大家介绍工作的时候说，其实园区计划中本来是没有交通部志愿者的，后来在试运行的时候驾驶员师傅们普遍反映游客在车上会咨询大量的问题，对于各个站点的情况也不是很明白，急需"小白菜"支援，这才增加了交通部。不过也正是因为是新增的部门，基本上每次都需要相关学校从原有的志愿者中重新调配，因此每个批次交通部的人员都稍显不足，几乎没有轮班休息的时间。任务重，压力大，休息时间少，这是我对交通部工作的第一印象。这些"90后"的孩子们能吃得了这样的苦吗？我心里不由得有一份担心。

十六天以来，他们用行动证明了我的担心是多余的；十六天来，他们也用行动感动着我，也感动着身边的每一个人。

正如之前片区老师介绍的，交通部的志愿者在园区中要克服很多其他岗位的志愿者所遇不到的困难——没有真正意义上的休息时间、每天需要不停地说话、单调的重复劳动……但是他们都挺过来了，甚至做得很好。进入交通部的工作氛围，我们把自己看成是"汽车人"，还特意制作了交通部的标志性徽章"变形金刚"系列。在中秋节前夕，这群"小白菜"在结束了一天志愿服务工作之后，自发利用休息时间写卡片，在中秋节当天带着我们特色的阳阳月饼和卡片给园区司机师傅们送上一份浓浓的问候。在休息室边的公交车上，趁着上岗前的半个小时空当，我和这群可爱的志愿者们过了一个快乐而又疯狂的集体生日。

还记得，服务期间晕倒在去餐厅路上的小薇笑着对我说的那一句，"老师，没关系，我坚持得住"；还记得，大四的志愿者小丽，泪眼婆娑地向我倾诉外婆的病重，坚定地告诉我"老师，我会尽量坚持"；还记得每周一次的片区搬水活动，一个男生从公交车上搬了200多箱矿泉水后，默默地对我说，"老师，胳膊真酸，不过咱坚持下来了"；还记得，在公交车上大家欢愉地听着小夏同学的海派清口，调侃道："哈哈，老师，有这样的小周立波，游客们都不愿意逛馆了，这交通部的工作坚持下来就不难了！"……

"高科西路站到了，到中国馆、沙特馆、日本馆以及韩国馆的乘客请在本站下车。谢谢您的乘坐，祝您观博愉快。"一段清脆悦耳的报站声把我从思绪中拉回。我转脸看看车上端坐在乘务员专座上的"小白菜"，熟悉的内容，陌生的面庞，一样的巴士车，这次却带走了我对世博，对这十六天志愿服务工作的一份难以言语的情怀。"坚持就是胜利，要加油哦！"临下车时，我轻轻地对着那棵"小白菜"说。我明白，虽然10月3日是我们志愿服务的最后一天，但是这里的志愿者精神会延续下去，园区里的200多辆巴士车也将成为下一批志愿者挥洒汗水、无悔奉献青春的舞台。

我的"白菜"和"蓝莓"们

作者：叶晓燕（东华大学）

链接：http://blog.21campus.cn/a/76294

今天将是很难忘的一天，因为期盼已久的学院园区志愿者已正式上岗了。从耀华路路口过了安检走进世博园，看到"小白菜"，心里非常激动。因为世博轴上是我们计算机学院的志愿者。虽然还是那身"白菜"服，但与之前14次世博园的参观经历不同，一见志愿者，感到的是亲切和激动。望着一张张熟悉，或者不那么熟悉的脸庞，看着我们"小白菜"们热情、真诚的服务，心中涌现出的是自豪，因为这就是我们的优秀学生。当然，看着我们"小白菜"们忙碌的身影，心中也有些不舍。总之，我完全被"白菜"们感动了。当然，无论是在慰问前的突然造访，还是与小李同学一同前往的志愿者慰问，当我为你们别上"热情"徽章时，当我看到你们开心的笑脸或惊喜的表情时，我也感受到一种快乐，因为能为辛劳的你们带来快乐，就是我们后方师生最大的快乐。

除了快乐，我还要说的是，你们真的很辛苦。在世博轴上常常被游客包围，不停的回答、耐心的解释、熟练的指向，这充分体现了你们的训练有素。虽然你们已经在前两天的实训中体验了超大客流量，但在正式岗位上，仍然能感受到你们的"吃力"与"辛苦"。经过一天的服务大家都很疲惫，但是我想叮嘱大家：长征才开始第一步，请大家保重身体。因为，在晚上与小李的交流中，我已得知大家回去后已经累得只想休息了。虽然这样，还是很欣喜地看到了小陈、小张几颗"小白菜"在"易班"上晒出的充实一天。这也让在后方焦急等待的师生了解了"小白菜"的第一手资料，很珍贵。

今天在园区看了"小白菜"们，心里也惦记着"小蓝莓"们。因为之前已经了解到"蓝莓"们在岗位中也有很出彩的表现，今天一看帖子，确实看到了不少趣事。与白菜们不同，"蓝莓"们的表现有时似乎更需要经受考验，因为你们面对的问题实在是层出不穷，如帖子所说还遇到借钱的，但都很真诚、机智地解决了。当然，你们还会遇到"回头客"，也正是这样可能得到更高的评价和谢意。这些也在小王、小康、小马等"蓝莓"们的帖子中感受到了。晚上，再次从郭老师那儿了解了你们的情况，你们辛苦了，尤其是要自己乘车来回。有的同学很晚才能回到校园，路上一定要注意安全哦。很抱歉，徽章虽然已经准备好了，但也只能明天给你们了。

"小白菜"、"小蓝莓"们，辛苦了，我们学院后方的师生也在时刻迎接你们凯旋。

写给即将出征的"小白菜"们

作者：孔祥跃（上海建桥学院）

链接：http://blog.21campus.cn/a/50323

2010上海世博会的志愿者，因其服装上绿下白，被人们亲切地称为"小白菜"。我校的"小白菜"们在经过了选拔、等待和培训之后，也即将要奔赴各自的服务岗位了。

在即将上岗的"小白菜"中，既有可敬的老师，也有可爱的同学。通过网络博客和世博园区的实际观察，我对"小白菜"们的工作有了较为感性的认识。在此祝福你们。

"小白菜"们，你们是幸运的：因为你们都是历经了各种苛刻的选拔之后脱颖而出的、那值得骄傲的八千分之一；

"小白菜"们，你们是幸运的：因为"小白菜"的服务已经形成了品牌，受到了世博园领导和广大游客的称赞；

"小白菜"们，你们是幸运的：因为历经了两个多月的实践探索，"小白菜"的服务要求已经得到了具体的细化和认真的梳理，形成了规范的体系，不再有刚开园时的忙乱；

"小白菜"们，你们是幸运的：因为有可爱的"小白菜"们的不断总结，在每个具体岗位上游客们可能会问的问题都已经整理成篇，通过培训大家可以做到胸有成竹、心中有数；

……

"小白菜"们，你们有很多很多的幸运，数也数不过来。

但是也正因为这样，你们还面临更多更大的挑战：

因为到了盛夏，上海地区酷暑来临，你们要接受高温和暴雨的考验；

因为服务成了品牌，你们接下来的表现只能是"只有更好，追求最好"；

因为你们是园区"最受欢迎的人",游客们将会有更多的"问题"要问你们;

因为你们是园区"最可爱的人",大家看到了你们的风光,却体会不到你们的辛苦;

因为你们是"小白菜",你们只能360°面带微笑,暂时掩饰和隐藏身心的疲惫和不被理解的委屈,直到回家休息时才能得以释放;

……

向所有的"小白菜"们致敬!

向我校即将出征的"小白菜"们致敬!

祝愿你们去的时候是精神百倍、斗志昂扬的"小白菜",回来时依然是水灵灵的"小白菜"!

做一棵恪尽职守的"大白菜"

作者:张慧芬(东华大学)

链接:http://blog.21campus.cn/a/ 112146

我是一名辅导员,我也是一名资深志愿者,无论是在无偿献血、敬老爱老活动,还是在2002年第35届亚洲开发银行年会、2004年第六届必比登挑战赛的志愿服务中,我都乐在其中,奉献青春与热情。

百年难遇的世博会当然也不能错过,在学校、学院领导的支持下,2010年10月,我这颗30"高龄"的"大白菜"作为中国馆机动志愿者光荣上岗。虽说是机动,但一上岗就面临了103万超大客流的挑战,我曾长时间定岗在中国馆49米平台"同一屋檐下"展区解答问题,劝解游客不要席地而坐,要到休息区休息,为接待贵宾清场;也曾经在"城乡律动"展区千百遍的重复:"您好,请继续往前参观,不要触摸两边灯柱。";还曾经在"国之瑰宝"蛇形走廊,万千遍催促游客:"请各位游客加快脚步，跟上前面的队伍。”；在“春天的故事”展厅提醒游客：“轮椅和小推车请往这边走。”……也会碰上不理解的游客抱怨：“排了半天队，怎么上来还让我排队？”“走得累死了，哪里还有力气加快脚步？”“我是老年人，腿脚不好，可以走轮椅通道吗？”面对这些，我和“小白菜”们始终微笑面对，温和劝说，有时也会耍点“小花招”：对于那些因为有些疲惫而走不快的孩子们，我们就会热情招呼：“小帅哥，小美女，要加油哦”！每当小朋友听到这样的称呼与鼓励就会笑着加快步伐。

十四天的时间转瞬即逝，纵然曾经在腰酸得难以起床时祈祷：快点结束吧”，但真到要落幕的时候，心中却有千般不舍与万般感动。一点一滴的记忆片段时常萦绕在脑海：物业阿姨的亲切关怀；周围游客满意的微笑；和“小白菜”换班时的拥抱“加油”；学生在省市展厅敲章到满是印泥的手掌；同样是我学生的“小白菜”在风雨中忙碌于“南广场”的身影；返校后加班完成其他工作时楼管大爷的嘱咐“明天还要早起，晚上早点回家，工作回来再做呗。”；老公开车送我去学校时惺忪的睡眼；易班平台上“白菜和蓝莓”分享经历的一点一滴；学校、学院领导和同事来中国馆慰问志愿者时的惊喜；最后一天温家宝总理的问候：“小白菜辛苦了”，并与我亲切握手时的激动……

我骄傲，因为上海世博会也留下了有我这棵“大白菜”的身影。

我们是世博的螺丝钉

作者：张亚琼（上海海洋大学）

链接：http://blog.21campus.cn/a/32398

深夜的窗口数你的灯光最亮，清晨的路上数你行得最早。从2009年12月1日世博志愿者招募启动开始，食品学院团委书记王凤林老师便承担起了学院有关世博的相关工作。

2009年12月9日，食品学院1319名同学报名参加世博志愿者，本着对世博负责、人人机会均等的原则，食品学院在王老师的周密部署下，各个专业、年级分班级有序地进行面试，从志愿者服务精神、知识面、世博知多少、学习能力和实践经历等方面对报名同学进行了严格地审核与筛选。期间，落选同学难免会有疑问，但是不管时间多晚，王老师总是耐心、认真地帮助学生分析面试过程，使落选的同学通过这次面试了解自己的不足之处，明确了以后努力的方向。

王老师一直强调："我们是世博会的'螺丝钉'，哪里需要用到哪里。我们不但工作要做到最好，而且人员安排要做到最合理。"食品学院所承担的世博工作不但包括世博志愿者招募考核等校级统一工作内容，还担负着世博会食品安全检测实习生的招募、管理和培训。世博会持续186天，参观人数预计7000万人次，食品安全检测关系到世博会的成败。上海海洋大学向世博会输入210名食品安全检测实习生全部从食品学院2007级生物与制药、食品科学与工程、食品质量与安全专业的本科生及研究生中的优秀同学中筛选而来。世博食品安全实习生是食品学院特有的志愿者队伍，王老师为这支队伍倾注了无数心血，担任世博志愿者培训师的同时还负责统筹实习生招募、分组和培训等一系列工作。

在担任世博会上海海洋大学工作站食品学院分站负责人的同时，王老师所负责的学院工作和学生工作双管齐下。2009—2010 学年第二学期优秀毕业生评选如期进行，优秀团员、优秀团干、优秀班级的评选，年鉴的制作，以及世博志愿者、食品安全保障实习生工作同时开展，有时一天忙碌下来，王老师都难得喝上一口水。

距离世博会开幕还有12天，世博工作进入了倒计时状态，2010年4月19日，第一批世博食品安全实习生已经踏上工作岗位。实习生晚上九点到达学校，王老师一直在等候大家，询问一天的工作情况，是否需要学校提供服务的地方等等。王老师的问候给每一位志愿者以温暖和鼓励。

时间是海绵里的水，王老师工作的时间是从儿子、丈夫的"海绵"中挤出来的，每天和儿子打电话，是她最开心也是最内疚的时候。孩子总会很天真地问："妈妈你什么时候回家？""妈妈，我想你啦！""妈妈你是不是不喜欢我，怎么总不回家？"世博工作紧张的时候，有时王老师一周都没有时间回家看孩子，电话变成母子联系的唯一渠道。周末回家，把孩子哄睡，王老师又开始工作……

有这样一位老师，不畏辛苦做事尽善尽美；

有这样一位老师，为世博倾心尽力不辞劳苦；

有这样一位老师，顾全大局舍小家为大家；

有这样一位老师，为我们树立工作的榜样。

这位老师来自食品学院，在"非典"期间她冲在第一线，在世博紧要关头她争当前锋，哪里需要哪里便会出现她的身影。

"白菜"亲友团的问候

作者：崔美娜（华东理工大学）

链接：http://blog.sina.com.cn/s/blog_519bbfb30100i5bg.html

一周的自由活动日，校园里少了下课时风起云涌的人潮，大家慵懒地享用着明媚天气里的愉快日子，但我知道，你们，我的"小白菜"们，正顶着如火的骄阳，在没有树荫的园区里你们在辛苦地服务着。

每天新闻播报着关于世博的消息，从来都没有像现在这么关心、感兴趣，因为我的小白菜们在世博园区，一切都会和你们有关。听着一次又一次被刷新的游览人数，我知道，身在一线服务的你们，任务更重了。

每天早晨，梦里听到你们出发的汽笛；吃过晚饭，看到你们归来的身影。晒红的小脸蛋，笑意未尽的表情，虽然疲惫不堪，但还是会兴致勃勃地给我讲述世博园区的所见所闻，互换纪念章的兴奋，碰到突发事件时的当机立断，和"黄牛"斗智斗勇的智慧，不断重复着相同的回答变成了"复读机"……虽然白菜们累得上车倒头就睡，但他们还是争着去人流最多的地方、问题最多的地方，都不愿意做“寂寞”的志愿者。

可爱的“白菜”，面对着单调的重复，应对着各色陌生的人群，你们表现出的热情、坚强和坚持，让我刮目！亲爱的志愿者，可爱的海宝们，这段奉献的经历，必将是值得回忆的阅历，一定会一辈子受用！

天气会越来越热，人流会越来越多，你们还将继续“复读”，还得遇到新情况，除了祝愿，除了惦记，除了一声问候，除了来寝室看看有什么能为你们分担的，这也将是我们“白菜”亲友团的荣幸！

加油！

怀念2010上海世博会

作者：郭钊德（上海海洋大学）

链接： http://blog.21campus.cn/a/106343

上海世博会在我的见证下隆重开幕，
上海世博会在我的见证下成功闭幕。
一百八十四个日日夜夜，
七千三百零八万次游园，
成功精彩难忘的世界盛会，
在全球飞扬唱响震撼互动。
我欣喜地观赏世博的经典，
我幸运地分享世博的欢乐，
我志愿地服务世博的理念，
我珍惜地收藏世博的华章。
上海世博会让我十分怀念，

怀念的内容涉及方方面面，
来自世界参展国科技创新，
来自世界和诸友善心相连，
来自浓缩的世界城市生活，
来自美好的进步文明夙愿。
上海世博会让我十分怀念，
怀念角色精彩感动的表演，
舞台演员们技艺超群卓绝，
场馆讲解员口才娴熟精湛，
园区志愿者微笑热情尽职，
入口安检员执法公正明严。
上海世博会让我十分怀念，
怀念文化交流的深邃高雅，
世博护照铭记各国风情录，
世博徽章闪亮场馆内外景，
展馆建筑造型彰显民族味，
园区绽放美轮美奂低碳花。
世博会您给我无限的激越，
世博会您给我尽情的微笑，
世博会您给我满腔的奉献，
世博会您给我充实的睿智，
世博会您给我永生的怀念。

有什么新鲜事想告诉大家？　您还可以输入13字

《蓝精灵版大学实习生之歌》：在那山的那边海的那边，有一群实习生，他们勤勉又努力，他们聪明又灵敏，他们勤勤恳恳探索在那丰富的社会里。他们不计报酬人家都欢喜。Oh…勤勉的实习生，oh…勤勉的实习生，他们工作努力积累经验，斗败了内心恐惧，他们实习锻炼收获多欢喜。

话题　图片　表情　发布

第三部分

微言"博"语

——"易班"微语录

@复旦大学 李斅葳(ssmiley)：经历过大一的懵懂、大二的浮躁，你们将要步入大三。大三就是一道分界线，大家会真切感受自身的变化，开始正视以后的发展。失败的人可能从一开始萎靡不振了，而成功的人都是坚持到中场才奠定胜局。大三这一年将是你们梦想起飞的助跑道，好好把握，为自己打造一片灿烂的新天地！

@复旦大学 孙瓔竑(Haylee)：在复旦两年的时光就这样逝去了。或许有时还有些迷惘，但努力学习、积极生活，相信总会找到属于自己的一方舞台。希望大家毕业时，学有所得！希望大家一直都健健康康，开开心心！无论遇到什么困难，记得有我、有导师在你的身旁，帮助你、鼓励你、支持你。我爱你们每一个人，相信你们都会非常优秀！

@复旦大学 钟妮(Hyluda)：三年的学习成果到这一年要得到检验啦！没有人能随随便便成功，愿你们能以最积极的姿态迎接未知的挑战，从每一次准备中、每一场历练中有所收获。更重要的是，无论何时何地，无论结果如何，都不要忘记学习，只有不断地学习，才能不断攀越生命前方的每座山峰。

@复旦大学 吕杰(ljkillpad)：如果每天唤你起床的不是闹铃，而是你心中的理想，那么你离成功也就不远了。

@上海交通大学 朱健(mayyousucces)：学生工作要把握三个理念，发扬三种精神："一切为了学生，为了一切学生，为了学生一切"，这是全心全意的奉献精神；"取法乎上，得乎其中；取法乎中，得乎其下"，这是自我加压的进取精神；"塑造有灵魂的卓越"，这是登高望远的创新精神。

@上海交通大学 朱健(mayyousucces):在学生工作队伍工作,首先是心情舒畅;其次是在工作和学生成长中收获成就感;第三是通过工作历练比同龄人成长得更快。

@上海交通大学 倪邦辉(nbh):以青春之我,创建青春之国家、青春之民族、青春之人类。

@上海交通大学 姜伟(jwei):拼命地向前努力,方向很重要,方向直接决定着你的心理效能感和心理价值感。要体会学术的深邃意义,还是要体会忙碌后短暂成功的喜悦……的确需要想清楚。

@同济大学 王银栋(wydmagic12):生活中,希望你们积极上进,多关注周围的同学,提高生活品味。男生,可以长得不帅,但你的双肩要敢于担当责任,要内心坚毅,富有激情与活力;女生,可以长得不漂亮,但一定要学会美丽,温婉大方,乐观开朗。笃行,尚品,塑造人格,砥砺品质,提高思想境界,这些都将是你们未来发展的强大动力。

@同济大学 刘宇(太阳雨之夏):如果你四年内很少去图书馆,就等于浪费了一大笔财富。在学习上,除了专业知识,请多读一些其他门类的书,不拘一格。在社会中生存我们需要的不仅仅是专业知识,拥有广阔的知识面、深度的见解、敏锐的洞察力和富于创造精神的思考能力将更有利于我们成功。

@同济大学 田苏宏(TITI616):严谨求实,团结创新。或许现在的你还无法理解这八个字的深刻含义,但当你走完四年的大学旅程,步入职场,西装革履下跳动着的将是一颗国之栋梁的心。我们没有财富积累,但我们知识富有、精神富有!我们是同济人,我们怀着同济心,让同济精神在职场上延续!

@同济大学 方璐（婉如Sean）：初来乍到，你们会遇到各种困难，面临诸多挑战。有人说：“我不去想是否能够成功，既然选择了远方，便只顾风雨兼程；我不去想身后会不会袭来寒风冷雨，既然目标是地平线，留给世界的只能是背影。”希望大家在大学里遇到困难时多想想这句话，尽快完成从中学生到大学生的角色转变，塑造完美的大学生活！

@上海外国语大学 胡正明（云间日月）：如果把实习求职就业整个过程比作一条线的话，一头是自己的兴趣爱好专业能力等，一头是社会行业单位的实际需求，这两点所连接的线就是我们努力的方向。后面一点我们很难控制，但是要去多观察多了解多接触多认知。前面一点的主动权在我们手中，大三下学期需要把握好。

@上海外国语大学 周源源（quanquan）：大学生活是五彩斑斓的，你们会结识新的老师和同学，希望你们能够怀着包容与谅解，与人为善；将学到新的知识和道理，希望你们求知若渴，学以致用；也会遭遇新的问题和挑战，希望你们勇敢面对，永不言弃。愿你们都怀有一个梦想，为之努力，也愿你们每天充实快乐！

@上海外国语大学 刘燕（苹果薄荷）：开学啦！带着暑假美好的回忆，要投入军训喽。是不是在忐忑中带有一丝期待呢？大家要做好吃苦的准备，烈日、风雨将是我们最好的成长礼物，让我们张开双手拥抱这个特殊的成人礼吧！祝大家新学期开心、成功！

@上海外国语大学 黄玮（huangwei2010）：四年时间看似很长，实则很短，稍纵即逝。每个人都有潜在的能量，只是很容易被时间所迷离，被惰性所消磨，被习惯所遮盖。勇敢挑战，激发潜力，大学的精彩便会成为人生不可或缺的美好。

@东华大学　许兆洁（许兆洁）：改变世界的三个苹果，第一个被夏娃摘下驱动了人类永恒的好奇心；第二个砸在牛顿头上开辟了科学新时代；乔布斯创造了第三个苹果，设计了全新的感知世界。我们手中握着这只或那只"苹果"，那不应是禁锢思维的盲从道具，不应是炫富潮流的高级摆设，我们要学会思考，努力创新，用头脑改变世界！

@东华大学　刘余勤（刘余勤）：最近发现很多同学不会安排时间。要有所"舍弃"，学会把别人玩的时间用来给自己充电。一个优秀的学生，应该学会充分利用时间，抵制外界的诱惑，成功的人都是珍惜时间和会安排时间的人。

@东华大学　符晓兰（符晓兰）：2011年，东华60华诞，你走进了东华宽厚的心海。大学来了，上海来了，东华来了，服院来了！这里将考验你的适应能力、学习能力、自控力，Are you ready?

@东华大学　严晨（严晨）：从Freshman到Graduate，弹指一挥间。"总以为毕业遥遥无期，转眼就各奔东西。"不管未来你们从事设计工作或是管理工作，抑或是自创品牌艰苦创业，都需要从拿到录取通知书的这一刻起，好好开始规划大学生活。好好做艺术，好好做人！

@东华大学　秦泽峰（秦泽峰）：大二了，终于不再是校园里最年轻的群体了。你们会慢慢爱上学校，爱上周围的人们，爱上你们自己。你们会知道翘课不是好习惯，泡面不是好东西，堕落不是好借口。同学们，你们大二了，顺风还是逆风，要先找到属于自己的方向。话说回来，你们也算是奔三的人了，呵呵，你们懂的。

@上海体育学院 徐振（徐振）：我们的学生之中有很大一部分人，在大部分的时候只能靠自己，没什么背景，罕逢贵人，好运难有。而我想告诉你们，这些都不重要，重要的是你们要尽早想好自己准备成为什么样的人，并制定好计划，强大内心，整装出发，相信自己并且坚持梦想，只有这样，才有机会自我证明，找到想要的尊严。

@华东政法大学 丁福金（做最好的自己）：每个人都是梦的战士，因父辈的梦而生，为自己的梦而行，向智者的梦致敬，有梦的人永远最美、最有力量。刚经历过人生大考、迈入新征程的你们，要分析自己最初的梦想，找准自己的目标与方向，在梦这个天才的导演下，勤于编织，勇于实践，敢于思考，演绎自己精彩的人生。

@华东政法大学 张妍（echozhang1987）：请珍惜父母的疼爱和关心。也许运气好，会遇到一个对你视为珍宝的、同你共担风雨、忍受你脾气的爱人；也许运气好，能相识一帮两肋插刀、愿听你倾吐心事的好朋友。人生中会有最幸福的亲朋好友欢聚一堂的场面，但若哪一天少了父母相伴的身影，恐怕再完美的场景亦有莫大残缺吧！

@华东政法大学 魏巍（无言无香）：求学的道路充满很多诱惑，因为工作、因为生活、因为感情，我们每个人都没有理由拒绝诱惑，合理地接纳诱惑可以为我们带来丰富的视听，让我们内心得到平衡，让我们的生活充满精彩，但往往在这些诱惑间往返留恋之际，奋斗标离我们却越来越远。

@华东政法大学 魏巍（无言无香）：每个人的人生道路上都会有坎坷，关键是我们在坎坷的时候不能只看到最不利的一面，还要看到人性中最温暖的一面，而后者才是我们真正成长的财富。

@华东政法大学 魏巍(无言无香):千万别封闭自己,不要害怕失败和丢脸,我们每一个人的成长道路上都有太多的失败,而哇独只有失败是有累积能力的,它可以帮助我们更快地到达成功的彼岸,所以珍惜每次失败的经历,那会让你的心很强大。

@华东政法大学 魏巍(无言无香):人的一生,最宝贵的是如何让自己一直保持成长的状态,不为名利,只为自身的成长与成熟。这需要的不仅是求知若渴的状态,更需要有时候低下自己高贵的头颅,反思自己的言行,真诚地忏悔自己的错误。

@华东政法大学 魏巍(无言无香):要爱自己,不是自我,而是善待;要爱身边人,不是溺爱、偏爱,而是关爱;要分享快乐,要学会快乐,要大声的笑,还要能大声的哭,做个性情中人,但是也要理智而坚强。

@上海海洋大学 邹明明(zoumingmming):我不是太阳,没有太阳般的光亮;我不是海洋,没有海洋般的宽广;我不是高山,没有高山般的挺拔;我不是苍松,没有苍松般的坚韧。但我依然希望用我小小的温暖,小小的力量,小小的意志,小小的倔强,努力做学生成长过程中的一盏灯,一艘船,一个依靠,一个路标。这是我的工作,更是我的生活。

@上海海洋大学 刘智斌(zmjs):大学生活从"心"开始:平和心,适应新环境、接纳新朋友、交往新老师;归零心,高考无论辉煌还是遗憾都已过去,重要的是从现在开始;规划心,新的开始、新的征程、新的生活,当然也需要新的规划,这样才不会虚度美好的大学生活,最后一切都成了浮云。

@上海海洋大学　董玉来（yulai）：人生中也许没有最好，但是，因为我们有一颗追求完美的心，生活也就变得美好起来。

@上海海洋大学　刘海为（蓝色大海）：味千面汤、麦当劳鸡翅有虫、肯德基的豆浆粉，感觉被这些大的连锁餐饮给忽悠了，还是食堂好，还是爸妈做的菜好！常回家看看！

@上海大学　张红（新月如钩）：多年的工作经历让我幸运地发现，在这个世界上真正需要天才来解决的问题极为稀少，我们面对的问题，往往都是有着明确目标、真正努力且能够坚持不懈的普通人就能够解决的。

@上海大学　姜华（闻鸡起舞）：考试继续给我验证这样一个真理：没有付出，就没有收获！不管你的结果是好是坏，都已经成为过去，新的挑战又要来临，忘掉考得不好的悲伤或者后悔，人生路上没有回头路可走，只能勇往直前，越挫越勇，你才能看到黎明前的曙光。人的一生在于奋斗，唯有奋斗才能成功。

@上海大学　蔡金淋（蔡金淋）：2011年的8月，迎来了朝气蓬勃的你们，我会成为你们成长路上的“指南针”，全程陪伴在你们身边，在你们最需要帮助的时候，在你们遇到困惑的时候，请第一时间想到我，我们一起共同前行。

@上海大学　丁佳蒙（可乐阿蒙）：汲取知识，释放青春，展现自己，追求梦想！

@上海大学　陈然（工作狂）：新生同学们，欢迎来到你们梦寐以求的大学校园，享受大学生活的每一天，我愿意与你们相伴相知，同交流、共成长，我愿意做你们成长道路上的铺路石子，帮助你们实现美好的心愿和宏大的理想。

@上海大学　郁丽洁（爱睡觉的鱼）：当别人成为你的风景，内心有的是倾羡；当你成为别人的风景，内心有的是自信。大学生活就是让自己走入"风景"成为"风景"的过程。

@上海中医药大学　张莎莎（louisa0228）：一场成功的教学活动能将混沌懵懂的受众带入兴趣的殿堂；反之，则会让原本可能存在的兴趣荡然无存……学习基于兴趣的重要性也就是教育本身和教育者的重要性。大学的本质还是教书育人，"高级讲师"制度很有必要建立。

@上海中医药大学　郑智鑫（wingzzx）：我喜欢老师这个职业，不是因为赚钱，事实上也发不了财，而是真心喜爱。尽管一路上也有很多烦恼忧伤，但快乐和开心是主要的。

@上海中医药大学　任翔（shmily112）：所谓"医生"，即是由"医"而使人"生"，这是"医生"的"人生"。此"生"者，"三生"也，生存、生机、生育。若"医"能达此"三生"，是为"有幸"。

@上海中医药大学 梁尚华（梁尚华）：什么是团队，看这两个字就知道，有口才的人对着一群有耳朵的人说话，就是团队。说话，凭月依窗，誓参中医真谛。精勤不倦，旨在博极医源。

@上海师范大学 何佳（睡猪）：大学四年是一个人一生中十分重要且宝贵的时光，渐脱稚气的学子们来到象牙塔求学问道、践行励志，想为心中梦想插上翱天羽翅。然这双羽翅绝非轻易可造，如何为之，要从脚踏实地，做好每件小事入手，聚沙成塔，千里成行。我对大学生活的感悟是，惜时、勤勉、不懈、豁达，与君共勉。

@上海师范大学 蒋忠勇（jiangzy）：人生要结交两种人：良师，益友。能吃得下两样东西：苦，亏。始终把握两个原则：微观上问心无愧，宏观上遵纪守法。争取两个极致：把潜能发挥到最大，把生命延续到极致。要做两件事：感恩，结缘。人生要迈两道坎：情与钱。

@上海师范大学 韩林峰（woshihlf）：少年时拥有梦想，青年时觉得幼稚，于是梦想降为理想，人到中年发现理想也难以实现，于是只好面对现实。成功者通过自身努力实现了理想，杰出者则执著于梦想，最终梦想成真。志当存高远，未来不是梦！

@上海师范大学 何潇（笨笨熊22）：我们有属于自己的人生，而人生又充满了等待，有时像岩石，给你一种顽强的磨炼；有时又像劲竹，让你感受到一种坚定的态度，漫漫人生路上，接受，并坚定走下去。

@上海师范大学　蔡海云（水中鱼）：拥有了阳光的心态，就能享有快乐的心情，成就灿烂的人生！

@上海对外贸易学院　程栋（chengdong）：不知不觉中，我们已经走过了三年的时光，同时我的辅导员生涯也走过了三年，我从一名初涉工作的新手渐渐成熟，而你们亦如春风吹拂下的小树正慢慢长高，我想说："成长的路上，我与你们并肩。"

@上海对外贸易学院　赵静（赵静mirror）：在大学里，除了学习外，最重要的事情，就是一定要树立"个体的意义"，人有了意义后，才有真正的价值。"你一旦不自己定位，那么你就会被别人定位"，这种后果必定会使你失去主宰生活的控制权。

@上海对外贸易学院　李红利（timlee）：精英教育=道德教育+责任教育。大学教育是一种公民教育，也是一种精英教育。作为公民教育，大学强调的是培养公民的民主意识和能力；而作为精英教育，则注重的是道德的培养和责任的承担，也就是康德所说的"在我之上的星空和居我心中的道德法则"。

@上海对外贸易学院　张晴晴（导儿）：即将离开大学的倒数第二个学期，关键词是"信念"。不管是苦苦寻求offer的亲，还是奋斗在考研第一线亦或忙碌申请学校的亲，我都希望你们坚守信念，奋力拼搏，辛劳之后你们收获的将是这一季最温暖的阳光。

@上海工程技术大学　张辉(changhwi)：一直都是要求老师要像太阳一样，要阳光普照，把爱传达给每一位学生。可总有阳光照不到的地方，那里永远是不易知道也不易触碰的地方。所以老师还是做个黑洞吧，去吸收，去容纳学生的痛苦、悲伤、哭泣和那些不需要的一切。

@上海工程技术大学　叶寅(叶寅老师)：大学四年要牢记这些：职业规划，不可少；坚定信念，跟党走；学会思考，终受用；培养兴趣，拓眼界；掌控时间，慎网瘾；打好基础，利学业；实践培养，出真知；为人处事，很重要；做好这些，任驰骋。

@上海工程技术大学　刘江(牙刷)：一个有远见的民族，总是把关注的目光投向青年；一个有远见的青年，总能开悟"不怕苦吃苦半辈子，怕吃苦吃苦一辈子"的劝诫。在大学里学会做人、做事、做学问，充实而有为。今天是大学第一天，我们一起出发，去赢我们的未来!

@上海工程技术大学　朱文良(curtzwl)：历经十多年寒窗苦读，历经多载梦想催化，经历了恩师同窗的教诲与帮助，经历了亲朋故友的祝福与期待……你们走过了六月的冲刺、七月的等待，八月我们收获了季节的果实，收获了发自内心的更大的梦想与希望。在此，祝福你们，即将跨入大学校园的天之骄子。

@上海工程技术大学　宫海燕(高职海燕)：人一辈子要经历很多考试，紧张相伴我每一次考试，表面的冷静难以掩饰内心的慌乱，哈哈，其实我叫"不紧张"！自己能感觉到手微微地颤抖，面部表情微微地僵硬，眼神流露微微的恐惧！不，不，我要用自信压倒紧张，相信自己，为自己加油！我就是我，独一无二的我！抬起头勇往直前！与成功和胜利会合！

@上海第二工业大学 徐孝蕾（甜语草xu）：不是所有失败都能炼就成功，重要的是能重新爬起还依然面朝梦想的方向前行；不是所有成功都能笑到最后，重要的是在成功喜悦后的再接再厉。多经历些挫折吧，趁还年轻！多获得些成功吧，趁还年轻！

@上海第二工业大学 徐炜炜（goodmorningcandy）：《蓝精灵版大学实习生之歌》：在那山的那边海的那边，有一群实习生，他们勤勉又努力，他们聪明又灵敏，他们勤勤恳恳探索在那丰富的社会里。他们不计报酬人家都欢喜。Oh…勤勉的实习生，oh…勤勉的实习生，他们工作努力积累经验，斗败了内心恐惧，他们实习锻炼收获多欢喜。

@上海第二工业大学 文秀军（子文）：当你能飞的时候就不要放弃飞，当你能梦的时候就不要放弃梦，当你能爱的时候就不要放弃爱。有理想的地方，地狱就是天堂；有希望在的地方，痛苦也成欢乐。

@上海第二工业大学 孙颖（单豆）：回到学校，又有了变化。新的宿舍楼已经竣工，迎新的旗帜正在飘扬，似乎都在表达：欢迎你，新老同学。亲爱的同学们，你看到了学校的精心准备吗？收起你的行囊，背上你的背包，hold住你的心情，向新学期迈进吧。

@上海第二工业大学 丘璐（LTBY）：在人生的旅途中，要懂得发现生活中的美好，更要勇敢面对前行中的坎坷；要在逆境中学会坚强，更要在顺境中懂得恬淡。

@上海立信会计学院（上海立信会计学院）：诚信是中华民族的传统美德，"民无信不立"。当前社会转型期，社会中出现的不诚信现象严重影响了社会主义市场经济的发展。大学生肩负民族复兴的艰巨重任，更要坚持诚信做人。信以立志，信以守身，信以处事，信以待人，毋忘立信，当必有成！

@上海立信会计学院　张颖香（张颖香）：大学四年，无论树立何种目标，都要有坚韧的毅力支撑，现实中有太多的诱惑，跨过去，义无反顾地向着目标前进。当我们对那些成功者投以羡慕的目光时，是否想到每一个成功的背后都有艰苦的付出和持之以恒的战斗！更多的时候是战胜自我，与自己的战斗！

@上海立信会计学院　张希（张希）：大学四年要学会合理安排自己的时间，长远者如四年中不同阶段各有侧重，琐碎者如一个没课的下午怎么度过，每个人都可以不一样。安排好的计划做不到怎么办？给自己多少次机会算够？怎样去平衡你的计划和不断发生着的变化？发生了事情，是问"为什么"还是"现在怎么办"？或许这才是大学的必修课程。

@上海立信会计学院　翟孝强（zxqseu）：只要努力就会成功，但只有坚持才能成功。办法总比问题多，大家不要为失败找借口，要为成功找方法。当你失败的时候，你要想：地球是圆的，一个人不可能永远处于倒霉的位置。大家只要明确自己的目标，使用正确的方法并坚持下去，每个人都能成功！

@上海立信会计学院　张薇（vivena61）：军训中的师生都是战士。虽然只有短短十数天，但期间学到了军队的优良传统，又强健了体魄，锻炼了生活能力。它让我们看清自己，不再自私自利，不再推卸责任，不再胆怯懦弱。无论对个人还是集体，它都是一个锻炼和提升的平台。军训是对我们的洗礼，它让我们抛去浮华、虚荣，留下真诚、忠实！

@上海金融学院　郭昌德（郭昌德）：“虽然捕到鱼的只不过是一个网眼，但是在捕到鱼之前我们应该首先织一张网。”对于我们老师来讲，每一种思想政治教育方法都是一个网眼，可能只有一种方法对某个学生有效，因此我们需要掌握更多的方法才能满足更多学生的需要。

@上海金融学院　王文娟（九五年的松塔）：车尔尼霍夫斯基说过：“教师把学生塑造成一种什么人，自己也就该是这种人。”辅导员作为与大学生接触最多的教育者，更要努力提高自身职业素养，从思想道德、文化知识、心理素质、人格魅力、工作能力等各方面提升自己，做好育人工作。

@上海金融学院　于跃（海韵）：每个人都会以自己的逻辑习惯去思考、判断，但在我们的成长过程要学会两件事情——合理诉求、合理表达。不要总摆出“常有理”的姿态，换位思考和有效的沟通才能最终解决问题。

@上海金融学院　于跃（海韵）：你的昨天也许辉煌灿烂，也许平凡无奇，从现在起，从此刻起，学会“清零心态”，因为昨天已经过去。八个字——适应、学习、独立、规划，从现在起，坚实地走好每一步。

@上海金融学院　赵阳子（赵小p）：欢迎新生来报到，大学生活听我道。学生手册要记牢，求学办事有依靠。勤学专业勤用脑，莘莘学子好面貌。接人待物要友好，和谐快乐常萦绕。有了矛盾不要恼，各退一步百事了。大学精英如笋冒，找准自我最重要。树立理想要尽早，找准方向大步跑。大学生活很美好，勤奋努力步步高！

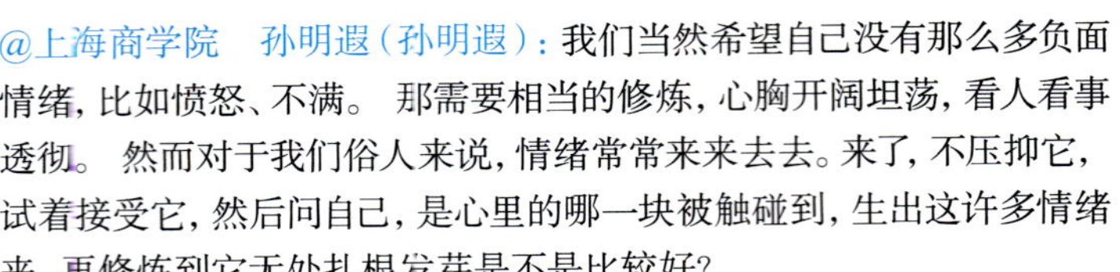

@上海商学院　孙明遐（孙明遐）：我们当然希望自己没有那么多负面情绪，比如愤怒、不满。那需要相当的修炼，心胸开阔坦荡，看人看事透彻。然而对于我们俗人来说，情绪常常来来去去。来了，不压抑它，试着接受它，然后问自己，是心里的哪一块被触碰到，生出这许多情绪来，再修炼到它无处扎根发芽是不是比较好？

@上海商学院　卞櫟(xisi1881)：我们来到这多姿多彩的世界，就应该像一个探险家，不能只是跋山涉水走完我们的旅程，而更应该懂得欣赏、懂得留连。趁我们都还年轻，多欣赏下沿途的风景，不要为了急于抵达目的地而错过了流年里温暖的人和物。我们想走的时候就走，想停的时候就停，去发现无所不在的乐趣和值得珍惜的东西。

@上海商学院　蒋苏(jsparrow)：有人习惯于早晨坐在教室里聆听上课的铃声，有人习惯于此时在寝室继续自己的梦乡；有人习惯于上课认真地笔记，有人习惯于考试前精心地准备小抄。习惯躺着的人总觉得站着是件吃力又麻烦的事，因此他永远看不到站着的人眼中的远方，只有当他们勇敢站起来的时候，才会收获成功。

@上海商学院　李爽（认真的消遣）：孩子们告诉我，大一里有时会感到莫名的忧伤，也许因为环境的陌生，也许因为学业的困惑……是那些突然释放的自由、压抑许久的情感陡然变成了无处安放的青春。然而老师还是要为你们庆祝，庆祝你们开始自立的第一天，庆祝你们将经历的每个第一次。从现在开始你的大学你做主，Let' s go，奔幸福！

@上海商学院　王滢涛（飞鼠）：作家葛拉威尔在《异数》中说："人们眼中的天才之所以卓越非凡，并非天资超人一等，而是付出了持续不断的努力。只要经过一万小时的锤炼，任何人都能从平凡变成超凡。"巴菲特、比尔·盖茨、贾伯斯，在他们的专业领域，投注都超过一万小时。今天，我们是否也肯花上一万小时在我们认定的路上？

@上海政法学院 王洪全(幸福生活):走过2010我们没有遗憾,迎接2011我们充满希望,我们要时刻在不同的位置上,扮演好各种不同的角色,逐步实现真实和完美的自我,因为人生最终的价值在于觉醒和思考的能力,而不只在于生存。

@上海政法学院 黄丹丹(Hdd):今年夏天,对即将成为应届毕业生的你来说,注定是一个忙碌的季节。你奔波在实习单位,积累实践经验;你驰骋在英文世界,攻克听说读写;你奋战在培训课堂,冲刺司法考试;你驻守在一方斗室,搏击浩瀚题海。炎炎夏日,你甘于寂寞、坚忍不拔,必将厚积而薄发!

@上海政法学院 谢涛丽(谢涛丽):近日读曾国藩颇多感触:"知难而进,遇险不退,功可强成,名可强立,方可指望其有所造就。"年轻人励志,不可不要强。在困难和阻碍面前,任何软弱或退让必定遭遇失败! 因为年轻,所以无所畏惧,快乐地享受奋斗的过程,这才是充实完美的人生!

@上海政法学院 于智慧(bella鱼):不论这个假期你是宅还是不宅,假期都将结束;不论你是收获满满还是空虚度日,新的学期已向你招手;不论你是挺小鬼、小万还是小美,回到现实都是你唯一的选择。也许有一天也会有很多人崇拜追随仰慕你,所以,从新的起点开始,给自己力量去实现梦想吧,信念和行动决定一切,不论你信还是不信,我是信了!

@上海政法学院　颜湘颖（幸福的颜色）：假期里打开电视，格格、阿哥铺天盖地，穿越、翻拍构成了电视暑期档的主旋律，好不容易找到《士兵突击》，很有看点。神马穿越、神马偶像只是暂时满足一下心理的感受罢了，浮云而已。突然觉得《士兵突击》里的人物其实也代表了现在大学生的几种典型，许三多表明了能力是资本，踏实努力才是硬道理，实在。

@上海杉达学院　谢雅婷（TT姐）：生活便是如此，等你想去珍惜的时候，值得珍惜的人和事已悄然而逝，想要告诉那位今天遇见我的学生，老师记得的永远是你们灿烂迷人的笑脸，记得的永远是你们告别往昔蹉跎岁月重新振发的模样，不要觉得亏欠老师什么，或者当时对老师不够理解和宽容，只要让我知道，你们一直朝着自己的目标前进着，足矣。

@上海杉达学院　周清芬（允真）：离开城市来到边远山村，看到了那些大山里的孩子，他们没有漂亮的文具，没有写字台，可是他们有一双清澈的眼睛；他们不善言谈，有些内向，却能够在得到别人帮助时弯腰鞠躬，说一声“谢谢”。他们每天翻山越岭几小时，只为来到破旧的学堂上学，面对这样的他们，作为城市里的孩子，我们应该思考更多。

@上海杉达学院　方达玮(davidpanda)：离开了学校，在外实习的亲们第一句话就是：老师，生活好艰辛！没错，社会就是一个让你感受成功、失败、荣耀、委屈的地方，而实习则是令你能够瞬间明白如何正确面对将来人生之路的小帆板，因为将来各位都是要站在“瓦良格”上抵御无数压力的优秀舰长！乘风破浪需要各位的努力，需要各位的成长！

@上海杉达学院 周士心(zhouzhou19811027):大学里的你,会沉湎于游戏么?在魔兽世界里练到80级所需要的时间,你可以多做这些事情:通读四大名著以及全部7本《哈里·波特》,每晚多睡3个小时,跑12趟马拉松,给家人写500封信,学会西班牙语和法语……请记住不要让游戏这种东西耗费了你的金色年华,代价将是你可能获得的种种成就。

@上海建桥学院 胡云(biscuit):这里有来自五湖四海的友人,这里有近在咫尺的同窗;这里有日常生活的点滴,这里有内心深处的呐喊。可能我们不相识,但是我们是心灵的挚友;可能我们正面对不同的人生,但是在这里我们同步!

@上海建桥学院 施红霞(施葭):建桥,将是你大学阶段的舞台,你已经站在舞台上,不要一味去抱怨舞台不够华丽,灯光不够绚烂,台下已经观众满席,你应当考虑的,是如何在这舞台上充分地展示自己。这场演出很大程度上影响着你下一个舞台的规模和档次。

@上海建桥学院 孔祥跃(七月流火):马常见而千里马不常见,时刻以鲜活生命力示人的千里马更不常见;河流很多但是奔腾咆哮的长河不常见,汹涌澎湃千转百回的壮丽长河更不常见。它们的生命力和追求来自内心,从不会因为环境的变化或同伴的懈怠而放弃自己的追求,或是怨天尤人,因为鲜活的生命源自内心的追求。

@上海旅游高等专科学校 张欣建(我是旅专):不要彷徨,不要迷茫,信仰着你的信仰,追逐着你的追逐,你一定会find the way!加油!上海旅游高等专科学校 沈燕(沈燕老师):有理想在的地方,地狱就是天堂;有希望在的地方,痛苦也成欢乐。在困苦中咬牙坚持,在孤寂时耐心等待。

@上海旅游高等专科学校　沈燕（沈燕老师）：有理想在的地方，地狱就是天堂；有希望在的地方，痛苦也成欢乐。在困苦中咬牙坚持，在孤寂时耐心等待。

@上海旅游高等专科学校　刘宗耀（Thomas_liu）：“我们不能改变我们手中的牌，但我们可以决定如何出牌。”请打好你手中的每一副“牌”。在既定规则无法打破的情况下，遵守现行游戏规则。就像一个人的出身是无法改变的，但是你后天的努力与认真程度，决定了你的地位和成效。如何活着是你自己的事情，自暴自弃只能让你的世界、你亲人的世界更加灰暗。

@上海行健学院　俞晖（鱼骨头）：人生就像一场旅行，不必在乎目的地，在乎的，是沿途的风景以及看风景的心情。在旅行中遇到的每一个人、每一件事与每一个美丽景色，都有可能成为一生中难忘的风景。用欣赏风景的心情迈开每一步，将阳光或风雨收进背后的行囊，人生的旅程定会丰富而精彩！

@上海行健学院　杨柏华（杨柏华）：如何成功就业？除了专业知识和技能外，关键在于基本素养。据调查，敬业、主动、学习、合作、沟通、激情、忠诚、勤奋等素质最为用人单位所重视！对照这些素养加强培养，既拥有基本素质的“内核”，又有知识、技能的“外在”，内外兼修，综合素质好，用人单位必会慧眼识珠。

@上海行健学院　李洁（蛋挞姐姐）：听着音乐，音符在心头跳跃，内心似沐浴在阳光下，金色的光晕在瞬间将幸福放大，把自己想象成向日葵，用自己的光感染着学生。逝去的残片在脑海里渐远，留下的是让人值得回味的美好，此刻，我在电脑屏幕上敲下：爱你，同学们，祝暑假快乐。

@上海行健学院　曹晓丹（兔牙妹）：爱的教育是一切理想的出发点和原动力，我们需要对大学生进行爱的教育，让他们在面对选择时不会失去这个原动力。爱是双向交流中的给予和获取，在爱的世界里，施爱与受爱两者间蕴含着人类对爱的朴实的价值期望。辅导员关爱学生是职业的内在要求，只有懂得爱，才能深深体味这散发出花香般的爱的感觉.

@上海中侨职业技术学院　何俊杰（小俊）：When someone forward, you can' t envy; When others envy, you need to move forward! 当别人前进时，你不能嫉妒；当别人嫉妒时，你必须前进！

@上海中侨职业技术学院　关睿（韵畅）：当今天送走第一届学生的时候，心里突然有点空落落的。偶尔想起过去，点点滴滴如春风化作雨。步入社会的你们又有一个新的起点。大学时代值得回味和保留的一些朋友，一些记忆，一些品质，将终生受益。

@上海中侨职业技术学院　王磊（wl2010）：幸福者应具备的心态：1. 不抱怨生活，努力去想解决问题的方法；2. 不贪图安逸；3. 感受友情，广交朋友；4. 勤奋工作；5. 降低负面影响，少接受负面消息；6. 生活充满理想，树立目标；7. 给自己动力；8. 有规律地生活；9. 珍惜时间；10. 心怀感激，把注意力集中在快乐的事情上。

@上海工商外国语职业学院　吴泽中（上海工商外国语）：一个人，过去如何，现在如何，这都不重要，重要的是将来想要获得什么成就。没有目标，不可能有成功。智力相差无几的同学，一同进校，起跑线上几乎同步。可是，几年一过，差距拉开。有的信心十足地奋力跑着，成绩显著，有的疲惫延宕，明显地落在后面，且问你将如何抉择？

后记

《"博"导人生——上海高校辅导员优秀博客文集》出版以后，得到了广泛好评。为了更好地反映上海高校辅导员运用博客开展网络思想政治教育的成效，进一步展现上海高校辅导员博客的整体水平，2011年，上海市教卫党委、市教委向全市高校广泛征集辅导员博客、博文，并在易班平台上精选优秀微博，经过精心评审，在选编10个优秀博客、67篇优秀博文、100条优秀微博的基础上，形成了《"博"出精彩——上海高校辅导员优秀博客文集》一书。

上海市教卫党委、市教委精心组织了本书的选编和出版工作。上海市教卫党委书记李宣海为本书作序。上海市教卫党委副书记、市教委副主任高德毅担任本书主编，主持了本书的选编和出版工作，并且审定了全部书稿。上海市教卫党委宣传处处长赵扬和上海市教卫党委宣传处副调研员耿绍宁担任本书的副主编，负责全书编撰的组织和协调工作。

本书得到了教育部思想政治工作司、上海市网宣办等单位一如既往的支持。上海交通大学的陈华栋，上海海洋大学的张水晶、周涛峰，上海教育系统网络文化发展研究中心的朱明伦、陶蔓菁、冯俊峰、王赛、侯劭勋、佘承云，《思想理论教育》编辑部的曹宁华、朱国栋等，参加了本书的选编工作，上海教育出版社的刘芳、任黎星为本书的顺利出版付出了大量辛勤的劳动，对他们以及所有参与或支持本书选编、出版工作的同志表示由衷的感谢！

由于编者水平有限，加上选编时间仓促，本书难免会存在不妥之处，敬请广大读者批评指正。

编　者

2011年9月